致 读 者

祝您成为卓越的
创新者和创业家

收藏编码
006028

创 新
与企业家精神

（全面修订新译本）

INNOVATION AND
ENTREPRENEURSHIP

Drucker

［美］彼得·德鲁克 著
(PETER F. DRUCKER)

魏江 陈侠飞 译

机械工业出版社
CHINA MACHINE PRESS

本书将创新与创业视为一种实践和一门学科。它探讨的不是企业家的心理和品格特质，而是他们的活动和行为。本书列举了很多例子，这些例子旨在阐释某个观点、规则或警示，而非讲述成功故事。因此，相比于此前已经出版或发表的关于创新与创业的图书和文章，本书在写作意图和写作手法上都有所不同。同现在的其他出版物一样，本书也强调创新与创业的重要性。但本书认为，美国在过去10～15年出现创业型经济，是近代经济和社会史上最振奋人心的事件。当下许多讨论认为创业是一种略带神秘色彩的东西，将其视为天赋、才干、灵感或"灵光乍现"（flash of genius）。而本书认为创新与创业是能够加以组织（且必须加以组织）的有目的的任务，也是系统性的工作。事实上，它是管理者工作的一部分。

这是一本关于实践的书，但并非"操作指南"。它讨论了什么是创新和创业，以及何时开展和为什么要开展创新和创业，也讨论了具体的策略和决策，机会和风险，结构和战略，用人、薪酬和激励。

本书主要包括三个主题：创新实践、创业实践和创业战略。每个主题都是创新与创业的一个"方面"，而非一个阶段。

本书第一部分是创新实践，指出创新是一门有目的的学科。首先，它阐释了企业家从何处以及如何寻找创新机会。其次，它进一步探讨了人们在将创意转化为可行的业务或服务的过程中，应遵循的行为原则与不能触碰的禁忌。

第二部分是创业实践，重点关注机构，即创新的载体。它从现有企业、公共服务机构、新创企业三个方面来讨论创业管理。什么样的策略和实践有助于机构（无论企业还是公共服务机构）成为成功的创业型机构？为了开展创业，应该如何组织和配备人员？会有哪些干扰、障碍、陷阱以及常见错误？本部分结尾讨论了创业者本人及其角色和决策。

第三部分是创业战略，主要讨论如何将创新成功地推向市场。创新的检验标准并不是它的新颖性、科技含量或者巧妙性，而是要在市场上取得成功。

本书的引言将创新与创业同经济相联系，结论则将它们与社会相联系。引言、三个主题和结论构成了整本书。

创业既非科学也非艺术，而是一种实践。当然，它具有一定的知识基础，本书将系统地呈现这一知识基础。正如医学、工程学等其他实践知识一样，创业的知识只是达到目的的一种手段。实践知识的内容主要由目的（也就是实践本身）来界定。因此，这样一本书应该基于多年的实践经验总结而成。

30 年前，也就是 20 世纪 50 年代，我开始研究创新与创业。当时有两年的时间，我所领导的纽约大学研究生商学院研究小组在每周一次的晚间研讨会上，都会对创新与创业进行长时间的探讨。这个小组的一些成员刚刚开始创业，大都很成功；还有一些成员在现有机构中担任中层管理者，这些机构大都规模庞大，包括两家大医院、IBM、通用电气公司、一两家大银行、一家证券经纪公司、几家杂志和图书出版商、几家制药公司、一家全球性慈善组织、纽约天主教大主教管辖区以及长老会，等等。

连续两年，研究小组成员在他们的工作中对讨论出的概念和想法加以检验。在随后长达 20 多年的咨询生涯中，我进一步对这些概念和想法加以检验、确认、精炼和修正。我的咨询工作同样涉及各种机构，一些是企业，如制药业和计算机业的高科技公司、灾害保险业的非科技公司、美国和欧洲的全球性银行、个人公司、区域性建材批发商以及日本的跨国公司等；还有一些是非营利组织，如工会组织、主要社区组织（如美国女童子军、国际救援与发展合作组织）、医院、大学、研究实验室和不同的宗教组织。

本书是从我多年的观察、研究和实践当中提炼出来的，因此我可以使用真实的"微案例"，从正反两方面来阐释相关策略和实践。书中提到名称的机构，要么不是我的客户（如 IBM），它们的案例是公开报道的，要么是我的客户，但案例是机构本身披露的（否则，我写的所有管理类图书都不会公布与我有业务往来的机构的名称）。本书所选取的案例都是真实案例，所讨论的企业也都是真实存在的企业。

直到最近几年，管理学者才开始更多地关注创新与创业。我数十年来在自己所写的管理类图书中都对这两个方面有所探讨。但是，全面和系统地阐述这个主题的书，本书是第一本。我确信本书是这一重要课题的开端而非结束，并衷心希望本书被人们当成一部开创性的作品。

加利福尼亚州克莱蒙特市

1984 年圣诞节

目 录 ◀ CONTENTS

I

20 世纪 70 年代中期以来，"经济零增长""美国去工业化"及长期的"康德拉季耶夫经济停滞"等口号广为流传，被视为真理。但是，事实和数据表明这些口号纯属谬论。这一时期，美国经济正在发生不同寻常的变化：从"管理型"向"创业型"的深刻转变。

1965～1985 年这 20 年间，16 岁以上的美国人口（按照美国统计标准，这些人口属于劳动力范畴）增长了 2/5，从 1.29 亿人增长到 1.8 亿人。同期美国就业人口增长了 1/2，从 0.71 亿人增长到 1.06 亿人。其中，在 1974～1984 年劳动力增长最快，这段时间，美国经济创造的就业岗位增加了 2 400 万个。

无论从百分比还是绝对数字来看，美国在这 20 年创造的就业岗位比其他任何和平时期都多。但自 1973 年深秋的"石油危机"之后的 10 年，美国社会动荡不安，经历了"能源危机"、"烟囱工业"几近崩溃和两次相当严重的经济衰退。

美国的这一发展情况极其独特，任何其他国家都未曾发生过类似情况。1970～1984 年，西欧实际上失去了三四百万个就业岗位。1970 年，西欧的就业岗位还比美国多 2 000 万个，但到了 1984 年，却比美国少了近 1 000 万个。在就业岗位创造方面，日本也远不如美国。1970 ～ 1982 年的 12 年间，日本的就业岗位只增长了 10%，还不到美国同期增长率的一半。

但是，美国就业岗位在 20 世纪 70 年代和 80 年代初的增长状况，与 25 年前专家的预测背道而驰。那时大多数劳动力分析专家预测，即便以最快速度发展，美国经济也无法在 70 年代与 80 年代初为达到就业年龄的男子提供足够的就业岗位。这些适龄劳动力出生于 1949 年和 1950 年，是"婴儿潮"的第一梯队。可事实上，美国需要吸纳的就业人口是这个数量的两倍。70 年代中期，许多已婚女性纷纷涌入劳动力市场，这在 1970 年是无法想象的。这就导致了 80 年代中期的今天，平均每 2 个有孩子的已婚女性中就有 1 个参加工作；而在 1970 年，平均每 5 个中才有 1 个。美国经济为这些女性都提供了就业岗位，而且大多数岗位的工作都优于过去女性所从事的工作。

然而，"人人都知道" 20 世纪 70 年代和 80 年代初是美国的"零增长"时期，经济陷入停滞和衰退，这一时期也是美国"去工业化"时期。之所以这样认为，是因为人们的关注点依然在第二次世界大战（简称二战）之后 25 年这段时期（大约结束于 1970 年）快速发展的领域。

在这些年，美国经济发展的动力主要来自规模庞大（而且越来越大）的机构，包括《财富》美国 500 强企业，联邦政府、州政府及当地政府，大型和超大型大学，学生人数为 6 000 人及以上的大型联合高中，成长型的大医院。二战后 25 年的美国新增就业岗位，实际上都是由这些机构创造的。这期间出现的经济衰退，包括就业岗位减少和失业现象，主要发生在小型机构中，当然主要是在小企业中。

但是，自 20 世纪 60 年代末以来，美国创造和新增就业岗位的领域发生了变化。过去 20 年，在先前创造工作机会的那些领域，工作机会在不断减少。自 1970 年以来，《财富》美国 500 强企业的固定岗位逐年减少（不考虑经济衰退引起的失业）。起初缓慢减少，到 1977 年或 1978 年，开始大幅削减。到 1984 年，《财富》美国 500 强企业至少削减了 400 万～ 600 万个就业岗位。美国政府机构的雇员，也比 10 年前或 15 年前要少。由于 60 年代初出现了生育低谷，入学人数减少，教师岗位也随之减少。到 1980 年，美国大学发展停滞，工作机会开始减少。80 年代初，甚至连医院的雇员数量也停止增长。换句话说，我们创造的就业岗位不是 3 500 万个，而是 4 000万个或者更多，因为我们必须先填补传统用人机构所失去的至少 500 万个固定岗位。这些新的就业岗位必然全是由中小型机构创造的。这些机构大部分是中小企业，当中有许多，甚至大部分，是在 20 年前还不存在的新创企业。据《经济学人》报道，现在美国每年新增的企业高达 60 万家，约是 20 世纪五六十年代繁荣时期的 7 倍。

II

美国为什么会出现这种情况呢？很多人会立刻联想到"高科技"。事实并非如此简单。1965 年以来创造的 4 000 多万个就业岗位中，高科技领域所贡献的不过 500 万～ 600 万个。高科技领域所创造的就业岗位最多只能弥补"烟囱工业"所失去的，其余的就业岗位则是由其他领域创造的。即便给"高科技"下一个最宽泛的定义，每 100 家新创企业当中也只有一两家勉强算得上"高科技"企业，也就是每年只有 1 万家新创的"高科技"企业。

我们正处于一场重大技术变革的初始阶段，这场变革的影响之大远远超过"未来学家"的设想，甚至连《大趋势》（*Megatrends*）和《未来的冲击》（*Future Shock*）中的描述都无可比拟。二战之后，历经 300 年的技术发展告一段落。在这 300 年里，技术发展无外乎是一种机械模式，也就是在太阳等恒星内部进行的各种反应的模式。1680 年左右，当时原本籍籍无名的法国物理学家丹尼斯·帕潘（Denis Papin）构思了第一台蒸汽机，揭开了这一时代科技发展的序幕。直到我们在核爆炸中再现恒星内部的核反应，这一时代才终结。由于技术在机械过程中的作用，这300年间的技术进步意味着更快的速度、更高的温度、更大的压力。二战之后，技术模式转变为生物过程模式，就像有机体内部的反应。在有机体内部，过程主要围绕信息来组织，而非围绕物理学家所阐述的能量来组织。

无论以计算机还是电信、工厂里的机器人还是办公自动化、生物遗传学还是生物工程的形式呈现，高科技的重要性都不可估量。高科技令人振奋，夺人眼球。它创造了创新和创业的愿景，并被人接受。由于高科技的神秘色彩，许多受过良好训练的年轻人更愿意去不知名的小企业，而非银行业巨头或世界级电气设备制造商。尽管这些年轻人去的绝大多数企业，它们的技术其实平淡无奇。此外，高科技也推动了美国资本市场的重大转变。20世纪60年代初，风险资本还几乎不见踪影，到80年代中期就达到了近乎过剩的状态。因此，高科技就是逻辑学家所说的"认识根据"。它是我们感知和理解现象的根据，而不是对现象发生以及现象存在的原因的解释。

从数量上看，如前所述，高科技的规模还相当小，所创造的就业岗位比总数的1/8多不了多少。从创造就业岗位来讲，在不久的将来，高科技的表现不会有所改善。从现在（1984年）到2000年，在美国经济创造的就业岗位中，高科技所创造的就业岗位所占的比例不会超过1/6。如果真如大多数人所认为的，高科技是美国经济中的创业领域，那么美国经济真的会"零增长"，并陷入"康德拉季耶夫波"中的停滞状态。

20世纪30年代中期，苏联经济学家尼古拉·康德拉季耶夫用其计量模型预测苏联的农业集体化将导致农场产量急剧下降。事实证明，这一预测完全正确。康德拉季耶夫周期理论基于技术进步的内在动力，提出50年为一个经济周期。康德拉季耶夫断言，技术进步每隔50年会到达一次顶峰。在康德拉季耶夫周期的后20年里，受最近一次技术进步推动成长的行业看起来格外繁荣。但是，这些行业看起来创纪录的利润只是发展停滞的产业不需要的资本回笼而已。这种发展态势不会超过20年，随后经济会突然陷入危机之中。这种危机出现之前，通常会有某种恐慌作为预兆。接下来就是长达20 年的经济停滞，新兴技术无法创造充足的就业岗位使经济自行复苏。对于这种境况，所有人都无能为力，政府尤其如此。⊖

　　二战之后，促使经济长期扩张的产业，如汽车、钢铁、橡胶、电气设备、消费电子、电话还有石油⊖，完全符合康德拉季耶夫周期理论。从技术层面来看，这些产业可以追溯到 19 世纪的最后 25 年，或者稍近一点，可以追溯到第一次世界大战（简称一战）之前。自 20 世纪 20 年代以来，无论在技术上还是经营理念上，这些产业都没有重大突破。二战后，当经济开始增长时，它们已经是成熟产业了。只需投入少许资本，这些产业就能扩张并创造新的就业岗位。这也解释了为何在工资和福利飞涨的情况下，它们依旧能获得高额利润。但是，正如康德拉季耶夫的预测，这些信号就像肺病患者红润的脸颊，只是经济强健的假象而已。事实上，这些产业内部已经开始衰败。它们并非陷入停滞或缓慢衰退，而是在 1973 年和 1979 年的"石油危机"之后迅速崩溃。短短几年，它们从利润创新高沦落到濒临破产。很快形势完全明朗，这些产业即便能够复苏，也很难在短时间内恢复到先前的雇用水平。

　　高科技产业也符合康德拉季耶夫周期理论。正如康德拉季耶夫所预测的那样，迄今为止，高科技产业创造的就业岗位不足以抵消旧产业失去的就业岗位。所有预测都表明，在未来相当长的时间内（至少在 20 世纪最后十几年）高科技产业提供就业岗位的情形不会有所改善。举例来说，虽然计算机业发展迅猛，但数据加工和信息处理（包括软硬件的设计与工程、生产、销

⊖　美籍奥地利经济学家约瑟夫·熊彼特（Joseph Schumpeter）的不朽巨著《商业周期》（*Business Cycles*，1939）一书，将康德拉季耶夫周期曲线传播到西方。如今，麻省理工学院的科学家杰伊·福里斯特（Jay Forrester）是康德拉季耶夫周期理论最著名、最严谨和最权威的信徒，也是经济长期停滞理论的最严肃和最博学的倡导者。

⊖　与普遍看法相反，石油业是第一个进入衰退阶段的。事实上，1950 年左右，石油业就不再发展了。自此，不管是制造业、交通业、取暖业还是空调业，产出每增加一单位所需要的石油增量一直在下降，起初较缓慢，在 1973 年以后，下滑速度迅速加快。

售与服务等）在 20 世纪 80 年代末和 90 年代初创造的就业岗位无法弥补钢铁业和汽车业同期（几乎确定）将失去的就业岗位。

然而，康德拉季耶夫周期理论完全无法解释美国经济创造的 4 000 万个就业岗位。迄今为止，西欧的发展一直遵循康德拉季耶夫模式，但美国并非如此，日本可能亦非如此。美国发生的某些事件，抵消了康德拉季耶夫"技术长波"的影响，而且与经济长期停滞理论并不相符。

美国并非仅仅延迟了康德拉季耶夫周期。在接下来的 20 年里，美国所需要的就业岗位将远少于过去 20 年所需要的，经济发展对新创就业机会的依赖程度也会降低。到 20 世纪末，确切地说到 2010 年，美国新增劳动力会比 1965 ~ 1980 年少 1/3。这是因为"婴儿潮"时期出生的婴儿在 1965 ~ 1980 年长大成人，而 1960 ~ 1961 年"生育低谷"时期的出生人口比"婴儿潮"时期少 30%。此外，随着 50 岁以下女性的劳动参与率与男性持平，从现在起新增职业女性数量也会受限于人口自然增长，也就是说，女性就业人数也会减少 30% 左右。

对于"烟囱工业"的未来，康德拉季耶夫周期理论必须被视为一个严谨的假设，甚至是所有已知解释当中最可信的。考虑到高科技产业的发展无法抵消昔日成长型产业的停滞效应，我们应该再次重视康德拉季耶夫周期理论。作为愿景的开拓者和带头人，高科技产业发挥着重大的实质性作用。就数量而言，高科技产业代表着明天而非今天，尤其是作为提供就业岗位的产业。它们创造的是未来的岗位，而不是现在的岗位。

但是，作为一个解释美国经济行为和预测发展方向的经济理论，康德拉季耶夫周期理论已被证明是不足信的。美国经济在"康德拉季耶夫长期停滞期"创造了 4 000 万个就业岗位，用这个理论无法解释。

我并不是指不存在经济问题或危机。恰恰相反。在 20 世纪即将结束的这 25 年中，经济的技术基础发生了重大转变，这将带来经济、社会和政治领域中的诸多问题。我们在经历一场重大政治危机。我们正在承受这场重大政治危机的剧痛。它就是福利国家的危机。福利国家是 20 世纪的伟大成功，但随之而来的危险是未加控制的，而且似乎无法控制却又快速膨胀的财政赤字。

国际经济无疑累积了足够大的风险，巴西和墨西哥等快速工业化的国家进是经济腾飞，退则可能陷入灾难性崩溃，这可能导致 1930 年那样的大萧条席卷全球且旷日持久。此外，还有一个令人恐惧的幽灵——失控的军备竞赛。不过，对于康德拉季耶夫经济停滞现象，美国至少可以将其视为幻象而非事实。因为，美国出现了全新的创业型经济。

现在去判断创业型经济将来仍然主要是美国现象，还是会出现在其他发达国家，还为时过早。我们有充分的理由相信，创业型经济正以其特有的模式在日本出现。不过，至今尚未确定创业型经济能否在西欧出现。从人口统计特征来看，西欧的发展滞后于美国 10 ～ 15 年。西欧的"婴儿潮"和"生育低谷"都比美国要晚。西欧延长学校教育年限的策略也比美国或日本晚了 10 年左右，而英国尚未启动这项举措。如果人口因素是美国创业型经济出现的原因之一（事实上，极有可能），那么可以预测，到 1990 年或 1995 年，欧洲会出现类似的发展。当然，这纯属猜测。迄今为止，创业型经济只是美国的特有现象。

III

这些新的就业岗位从何而来？答案是任何地方。换句话说，其来源并不唯一。

自 1982 年以来，波士顿一家名叫 *Inc.* 的杂志每年都会对 100 家增长最快、创立时间在 5 ～ 15 年的美国上市公司进行排名。由于仅限于上市公司，这个排行榜的排名明显偏向高科技企业。高科技企业备受推崇，易于找到证券承销商在股市中募集资金，在证券交易所或柜台交易股票。其他新创企业必须经过多年努力，必须连续 5 年以上都盈利，才能上市。即便如此，每年这个 100 强排行榜中，只有 1/4 是高科技企业，其余 3/4 大都是"低科技"企业。

例如，1982 年的排行榜中有 5 家连锁餐厅、2 家女装制造商、20 家医疗保健服务机构，而只有 20 ～ 30 家高科技企业。虽然 1982 年的美国报纸频频悲叹"美国去工业化"，但排行榜中制造业企业占 1/2，服务业企业仅占 1/3。虽然 1982 年有文章称，美国北部霜冻地带的经济衰竭，阳光地带可能是唯一的增长区域，但是排行榜中阳光地带的企业仅占 1/3。从排行榜来看，纽约、加利福尼亚和得克萨斯的企业所占比例相同。据推测，宾夕法尼亚、新泽西和马萨诸塞的经济濒临绝境。事实上，排行榜中这 3 个州的企业同纽约、加利福尼亚和得克萨斯 3 个州的一样多。甚至连冰雪天堂明尼苏达，也有 7 家企业榜上有名。在行业和地理分布上，1983 年和 1984 年的排行榜也是如此。

1983 年，在 *Inc.* 的另一个排行榜——"*Inc.*500"排行榜（成长快速且新近成立的非上市公司排行榜）中，排名前两位的是太平洋沿岸西北地区的一家建筑承包商（当年建筑业空前不景气）和加利福尼亚的一家家用健身设备制造商。

对风险投资家的调查结果，也遵循同样的模式。在风险投资家的投资组合中，高科技企业并不起眼。一位非常成功的风险投资家的投资组合中只包括几家高科技企业：一家新成立的计算机软件制造商、一家医药技术类的新创企业，等等。但是 1981 ～ 1983 年，该投资组合中营业收入和利润增长速度第一的是一家平淡无奇、毫无科技含量的理发连锁店。紧随其后的依次是一家牙医诊所连锁店、一家手工工具制造商和一家向小企业出租机器的金融企业。

据我所知，1979 ～ 1984 年的众多企业中，创造就业岗位最多的、营业收入和利润增长最快的企业是一家金融服务企业。这家企业在 5 年时间里创造了 2 000 个就业岗位，且大多数岗位的待遇极其优厚。虽然它是纽约证券交易所的成员，但股票交易业务的营业收入只占总营业收入的 1/8。它的其他业务包括年金、免税债券、货币市场基金和公募基金、抵押信托保证、避税项目合作，以及为该企业所说的"明智投资者"提供大量类似的投资项目。它所说的"明智投资者"包括小镇和郊区的并非极其富有的专业人士、小商人或农场主，他们希望有地方存放多余的资金。这类人是现实主义者，并不奢望通过投资致富。

我能找到的最能揭示美国经济增长点的资料，是一项针对 100 家增长最快的中等规模企业（年营业收入为 0.25 亿～ 10 亿美元）的研究。这项研究是美国商业联合会（American Business Conference）委托麦肯锡咨询公司的两位高级合伙人于 1981 ～ 1983 年开展的。[⊖]

无论销售收入还是利润，这些中等规模企业的增长速度都是《财富》美国 500 强企业的 3 倍。自 1970 年以来，《财富》美国 500 强企业的就业岗位不断流失，而在 1970 ～ 1983 年，这些中等规模成长型企业就业岗位的增长速度是整个美国就业岗位增长速度的 3 倍。即便在 1981 ～ 1982 年的经济萧条期，美国产业的就业岗位减少了近 2%，而这 100 家企业的雇用人数仍增加了 1%。这些企业遍及美国各经济领域。当然，一些高科技企业也包括在内。此外，也有一些金融服务企业，如纽约帝杰证券公司。这 100 家企业中，表现突出的，第一是一家生产和销售起居室家具的公司，第二是一家生产和销售甜甜圈的公司，第三是一家精品瓷器公司，第四是一家书写用品公司，第五是一家家用涂料公司，第六是一家从印刷出版当地报纸拓展到提供消费者市场营销服务的公司，第七是一家为纺织厂生产纱线的公司，等等。尽管"人人都知道"美国经济中只有服务业是增长的，但超过一半的中

⊖ 该研究的报告为《美国中等规模成长型企业给我们的启示》，由理查德·卡夫诺（Richard Cavenaugh）和小唐纳德·克利福德（Donald Clifford, Jr.）于 1983 年秋发表在《麦肯锡季刊》上。

等规模成长型企业属于制造业。

更令人费解的是，在过去 10 ～ 15 年，美国经济增长的领域中有数量很多且不断增加的通常不被视为企业的机构。这些都是非政府组织，而且很多正在转变为营利性企业。这些机构中，最为常见的是医疗保健机构。这段时期，传统的美国社区医院陷入困境，但也有很多连锁医院快速发展且欣欣向荣，包括营利性医院和日益增多的非营利性医院。一些"独立的"医疗机构发展更为快速，如临终关怀中心、医疗与诊断实验室、独立外科中心、独立妇产医院、"免预约"精神科诊所，或者老年疾病诊断和治疗中心。

如今，几乎所有美国社区的公立学校都日趋衰落。尽管 20 世纪 60 年代的"生育低谷"导致学龄儿童大量减少，一种全新的非营利性私立学校却在繁荣发展。1980 年左右，在我居住的加利福尼亚州的小城里，几个母亲为照顾自己的孩子成立了一家社区托儿所。到 1984 年，这家托儿所已经成为一所学校，拥有 200 名即将就读四年级的学生。此外，当地浸礼会教徒几年前创办的一所教会学校，正准备接管克莱蒙特的一所初级中学（这所中学创办于 15 年前，在过去 5 年里因为一直没有生源而空了下来）。不过，各种成人教育项目都在加快发展，无论是针对中层经理的行政管理项目，还是针对医生、工程师、律师和理疗师等的进修项目。即便在 1982 ～ 1983 年的经济萧条期，这些项目也只是暂时受挫而已。

另一个非常重要的创业领域是新兴的公私合营的"第四部门"。这一领域由政府（州政府或市政府）出资并确定绩效标准，然后将消防、垃圾回收或公共汽车运输等服务以公开招标方式委托给私营企业。这种方式能够以较低的成本获得更好的服务。自 1975 年海伦·布萨里斯（Helen Boosalis）首次当选为内布拉斯加州林肯市市长以来，林肯市一直是这一领域的开拓者。100 年前，同样在林肯市，平民党人和威廉·詹宁斯·布莱恩（William Jennings Bryan）首次引领我们走上公用事业市政所有之路。得克萨斯州也是公私合营方面的先行者，圣安东尼奥市和休斯敦市就是很好的例子。明尼阿波利斯市的明尼苏达大学休伯特·汉弗莱学院的表现尤为突出。同样地，位于该市的一家领先计算机制造商，控制数据公司（Control Data Corporation），在教育甚至罪犯管理和改造方面与政府建立了良好的公私合营关系。考虑到公众不愿为日益衰落的邮政服务支付更多的补贴和费用，从长期来看，能够拯救这项服务的唯一办法就是通过竞标选择"第四部门"以获取一类邮件服务。否则，10 年后，邮政服务将消失。

IV

除了快速增长和没有陷入康德拉季耶夫经济停滞之外，这些成长型机构还有什么共同之处呢？事实上，它们都是"新技术"的代表，都以全新的方式将知识应用到人类工作中，而这才是"技术"的定义。这种"新技术"不是电子学、遗传学或者新材料技术，而是创业管理。

只要弄清了这一点，美国经济在过去 20 年（尤其是最近 10 年）就业岗位的惊人增长就不难解释了，甚至可以与康德拉季耶夫周期理论相调和。美国正在经历一种所谓的"非典型康德拉季耶夫周期"。某种程度上，日本也是如此。

自约瑟夫·熊彼特于 1939 年首次在其著作中提到康德拉季耶夫周期理论以来，我们就意识到，从 1873 年到一战之间的近 50 年，美国和德国的实际发展状况与康德拉季耶夫周期理论并不相符。第一个康德拉季耶夫周期开始于铁路发展热潮，结束于 1873 年维也纳股市崩盘。那次股市崩盘对全球股票市场造成了沉重的打击，进而引发了经济大萧条。之后，英国和法国的工业发展都陷入漫长的停滞期。当时钢铁、化工、电气设备、电话以及最后出现的汽车业等新兴技术产业所创造的就业岗位，都不足以弥补铁路建设、煤矿开采及纺织业等传统产业停滞所引发的失业。

但是，这种情况并未出现在美国和德国。而且，尽管维也纳股市崩盘导致奥地利政治局势动荡不安且尚未恢复，但奥地利也未出现经济停滞现象。起初，这几个国家的经济也备受打击。但 5 年后，它们摆脱了困境，重新腾飞。就"技术"而言，这些国家与深受经济停滞之苦的英国和法国并无区别。企业家是唯一能够解释这种经济行为差异的因素。比如，在1870 ～ 1914 年，德国最重要的经济事件就是综合银行的成立。首个综合银行是由格奥尔格·西门子（Georg Siemens）于 1870 年创办的德意志银行（Deutsche Bank）。[○]德意志银行的使命是发现并投资创业者（创业型企业），对他们（它们）进行有组织有纪律的管理。在美国经济史上，具有创新精神的银行家，如纽约的 J. P. 摩根（J. P. Morgan），扮演着同样的角色。

如今，类似的情况再次出现在美国，或多或少也可能出现在日本。

事实上，高科技是唯一与"创业管理"这项"新技术"无关的领域。硅谷的高科技企业家依旧推崇 19 世纪的管理模式。他们深信本杰明·富兰克林的名言："如果你发明了一个更好的捕鼠器，你的门槛将被踏破。"可是，他们未曾想过："更好的"捕鼠器究竟是什么样的？为谁所用？

当然，现在也有很多例外。一些高科技企业懂得如何管理创业与创新。回到 19 世纪，这样的例外也是有的。德国人维尔纳·西门子（Werner Siemens）创办了一家至今仍以他的名字命名的公司（即西门子公司）。美国人乔治·威斯汀豪斯（George Westinghouse）不仅是伟大的发明家，还是成功的企业家，有两家公司至今仍以他的名字命名，一家是运输业的领先者（即西屋公司），另一家是电气设备业的主力（即西屋电气公司）。

但是，对"高科技"领域的企业家而言，他们的原型似乎依然是托马斯·爱迪生。爱迪生是 19 世纪最伟大的发明家。他将发明转变为一门学科，也就是我们现在所说的"研究"。但是，他真正的志向是创办企业，并成为商界大亨。然而，他对企业管理一窍不通，最终为了挽救企业不得不让位给

　○　详见第 9 章。

他人。如今，很多企业（即便不是大多数）仍然被以爱迪生的方式管理着。确切地说，这些企业管理不善。

这就解释了为什么高科技产业依然遵循传统模式。这种模式起初令人振奋，接着快速扩张，然后突然崩溃，在 5 年内经历了"乞丐变富翁，再变回乞丐"的转变。大部分硅谷企业以及大部分高科技生物企业，仍然是发明家而非创新者，是投机者而非创业者。这在一定程度上也解释了为何高科技产业突破不了康德拉季耶夫的预测，并且无法创造足够的就业岗位使经济复苏。

但是，有系统、有目的、有管理的"低科技"创业却能做到。

V

在所有重要的现代经济学家中，只有熊彼特关注企业家及其对经济的影响。每个经济学家都知道企业家的重要性和影响力。但是，经济学家认为创业活动是"超经济的"。它深刻影响并塑造经济，但并非经济的一部分。对经济学家来说，技术同样如此。换句话说，对于创业为何会在 19 世纪末发生，如今似乎又将发生，经济学家没有做出任何解释，对于创业为何只发生在某个国家或者某种文化当中，他们也没有给出任何解释。的确，使创业有效的原因也许并不属于经济范畴。它可能是价值观、认知和态度的变化，也可能是人口统计特征和机构（如 1870 年左右美国和德国的创业型银行）的变化，也可能是教育的变化。

无疑，在过去 20 ～ 25 年间，美国青年，而且是相当多的美国青年，他们的态度、价值观和志向发生了转变，只不过，那些只看 20 世纪 60 年代末美国青年的观察家，谁也预测不到这种变化。突然之间，很多人开始长年拼命工作，追求高风险，而非贪图大公司的安稳。这该如何解释呢？那些享乐主义者、追求地位者、附庸者、墨守成规者到哪儿去了呢？反过来，有人在

15 年前告诉我们即将出现的不求功名利禄，但求美国重回"闲散"甚至田园"绿色"的青年，又去哪儿了呢？不管怎样解释，这都不同于过去 30 年里预言家们的设想，如大卫·里斯曼（David Riesman）的《孤独的人群》（*The Lonely Crowd*）、威廉·H. 怀特（William H. Whyte）的《组织人》（*The Organization Man*）、查尔斯·赖克（Charles Reich）的《美国的再生》（*The Greening of America*）以及赫伯特·马库塞（Herbert Marcuse）等对青年一代的设想。的确，创业型经济的出现不仅是经济和技术事件，还是文化和心理事件。不管原因何在，它都最终影响了整个经济领域。

　　承载这些态度和价值观的深刻变化的，特别是行为的深刻变化的，是一项"技术"。我们称之为管理。正是管理的新应用催生了美国创业型经济的出现，主要表现为：

- 应用于新创企业，无论其是否为商业企业（然而直到现在，大多数人仍然认为管理只适用于现有企业）
- 应用于小规模企业（仅仅几年前，大多数人还断定管理只适用于大规模企业）
- 应用于非商业性机构，如医疗保健、教育机构（大多数人在遇到"管理"这个词时，想到的仍是"商业"）
- 应用于根本不被视为"企业"的单位，如当地餐馆
- 最重要的是，应用于系统性的创新（这是为满足人类需求而去寻找并利用新机会）

　　作为一种"有用的知识"、一种技术，管理与当今高科技产业的其他基本知识（如电子学、固态物理学、遗传学以及免疫学）出现在同一时期。管理起源于一战前后，发展于 20 世纪 20 年代中期，但管理是一门类似于工程或医学的"有用的知识"，首先必须成为一项实践，然后才能发展成为一门学科。20 世纪 30 年代末，美国有几家大型企业（主要是商业企业）开始运

用管理，如杜邦公司（DuPont Company）、通用汽车（General Motors，杜邦公司的兄弟公司）、大型零售商西尔斯百货（Sears，Roebuck）。在大西洋彼岸，有德国西门子公司和英国玛莎百货（Marks and Spencer）。管理成为一门学科，是在二战期间及之后。⊖

大约从 1955 年开始，发达国家经历了一股"管理热潮"。⊜大约 40 年前，我们称为"管理"的这一社会技术，首次出现在大众（包括管理者本人）的视野中。此后，管理迅速发展成为一门学科，而非少数独立信仰者的随意实践。40 年来，管理的影响力比得上同时期的任何"科学突破"，甚至还大得多。二战后，发达国家都变为"组织社会"，而管理也许并不是导致这个变化的唯一因素，甚至不是重要因素。如今，发达国家中的大多数人，尤其绝大多数接受过教育的人，都在组织中工作，包括老板自己。企业的老板日益趋向于变成"职业经理人"，身份是雇员而非企业所有者，而管理也许并不是导致这个现象的唯一因素，甚至不是重要因素。但可以肯定的是，"组织社会"和"雇员社会"在发达国家已经成为现实，如果管理没有成为一门系统的学科，我们就无法对这种现实加以组织。

对于管理，尤其对于知识工作者管理，我们还有很多东西需要学习。不过在很大程度上，管理的基本原理已经为人所知。40 年前，大部分人（甚至大公司的高层管理者）都没有意识到他们所做的是管理工作。如今，管理已是司空见惯。

但总的来说，人们直到最近仍然认为管理仅仅适用于企业，而且是"大企业"。20 世纪 70 年代初，美国管理协会邀请小企业负责人参加"高管培训项目"，得到的回复大都是："管理？那是针对大企业的，与我无关。"直到 1970 年或 1975 年，美国医院管理者还依然排斥任何带有"管理"标签

⊖　最早将管理作为一种系统性知识（即一门学科）进行阐述的两本管理著作，是我的《公司的概念》（1946 年，研究的是通用汽车公司）以及《管理的实践》（1954 年）。

⊜　如今，中国也出现了这股管理热潮。

的事物。他们声称："我们是医务人员，不是企业员工。"（大学的教职工现在还会这样讲，但同时会抱怨所在的机构"管理得如何糟糕"。）自二战结束到1970 年这段时间，"进步"意味着创办更大规模的机构。

这 25 年，企业、工会、医院、学校、大学等社会各领域都倾向于创建更大规模的组织，原因是多样的。但是，"我们知道如何管理大型机构，却不怎么知道如何管理小型机构"这样的观念无疑是一个主要因素。当初美国创办大型联合高中的热潮与这个观念有很大关系。人们声称："教育需要专业化管理，而专业化管理只有在大型机构中才能发挥效用。"

最近 10 年或 15 年里，这种趋势才得以逆转。事实上，美国现在的趋势是"去机构化"，而非"去工业化"。自 20 世纪 30 年代以来的近 50 年里，美国和西欧普遍认为身体不适者最好去医院，重症患者尤其如此。医生和病人持有同样的观念："病人来医院越早，医生对他们的疗护越好。"最近几年，这种观念也在转变。现在，我们愈加相信病人远离医院的时间越长越好，越早出院越好。当然，这种转变与医疗保健或管理毫不相干。它只是一种逆反心理（无论是长久的或短暂的），是对崇拜集中化、计划和政府等的反叛情绪。这里所说的崇拜现象始于 20 世纪二三十年代，在 60 年代肯尼迪和约翰逊执政期间到达顶峰。然而，如果我们没有能力和信心管理好小型机构以及医院等非商业机构，就不能沉湎于医疗保健的"去机构化"。

总体而言，相比于"管理良好"的大型组织，小型创业组织对于管理的需求更为迫切，管理所产生的影响也更大。最重要的是，我们越来越清楚，管理对新成立的创业型企业所能做出的贡献，跟对现有的"管理型"企业所能做出的贡献是一样大的。

举个具体的例子。早在 19 世纪，美国就出现了汉堡包店。二战之后，汉堡包店已风靡城市街头。而麦当劳汉堡包连锁店将管理应用到原本一直毫无规划的夫妻店中，成为一个近 25 年来广为流传的成功故事。首先，麦当劳设计了终端产品；其次，它重新设计了整个制作流程；再次，它重新设计或发明了制作工具，这样使得每块肉、每片洋葱、每块面包、每根炸薯条都是一样的，进而形成了一个可以精准控制的全自动化制作流程；最后，麦当劳将客户"价值"定义为产品的品质和可预知性、快速便捷的供餐服务、绝对干净以及亲切友好，并基于此制定标准和培训员工，根据标准确定员工收入。

这些举措就是管理，而且是相当先进的管理。

使美国经济成为创业型经济的就是这项新技术——管理，而非某种新科学或新发明。它也将促使美国走向创业型社会。事实上，在美国等发达国家，相比于商业和经济领域，社会创新在教育、医疗保健、政府和政治领域中具有更加广阔的发展空间。再次强调，社会领域极其需要的创新要求将管理的基本概念、基本技术应用于新问题和新机会。

这意味着，时机已经到来，我们要把在大约 30 年前为管理学所做的事情，为创业和创新再做一遍，那就是：建立原则、开展实践、创立学科。

1

创新实践

INNOVATION AND
ENTREPRENEURSHIP

创新是企业家的特有工具。凭借创新，企业家可以将变化视为开创新业务或新服务的机会。创新可以作为一门学科讲授，能够学习和实践。企业家必须有目的地搜寻创新机会源，也就是能够预示成功创新的变化和征兆。此外，他们还需要了解成功创新的基本原则，并加以利用。

系统的创业

I

1800 年左右，法国经济学家萨伊曾说："企业家的作用在于将经济资源从生产率和产出效率较低的领域转移到较高的领域。"但是，他并没有告诉我们企业家是谁。自从大约 200 年前萨伊提出企业家这个词以来，企业家和创业的定义就完全混乱不清。

例如，在美国，企业家通常被定义为成立新创企业的人。最近盛行于美国商学院的"创业"课程，就是从 30 年前的"如何创业"课程发展而来的。在许多方面，两者并无显著差异。

但是，并非所有新的小企业都是创业企业，或代表着创业。

一对夫妇在美国某市郊区开了一家熟食店或墨西哥餐馆，他们的确承担一定的风险。但是，他们是企业家吗？他们所做的事情只是已被重复过无数次的老套路而已。他们把赌注押在该地区外出就餐的人口会日渐增多之上，但并未创造出新的诉求或消费需求。从这一点来看，他们虽然开办了新店，也不能称为企业家。

然而，麦当劳做的则是创业。的确，麦当劳并没有发明任何新东西，任何一家不错的美国餐厅都能制作它的餐品。但是，通过应用管理概念和技巧，即研究顾客所注重的价值，实现产品标准化，设计烹制流程和工具，基于工作分析设定标准，并根据标准培训员工，麦当劳不仅大幅提高了资源的产出效率，而且开发了新市场和新客户。这就是创业。

几年前，美国中西部一对夫妇创办的一家欣欣向荣的铸造厂也是创业的体现。该铸造厂对铸铁进行热处理，以使其合乎高性能规格。例如，它制造大型推土机所用的车轴，这种推土机主要用于阿拉斯加天然气管道的建设。虽然这种生产作业所需的技术广为人知，这家公司所做的工作也基本都有人做过，但是，其不同之处在于：第一，它将技术信息系统化。这样可以将性能规格输入计算机，立即打印出所需的方案。第二，它将工艺系统化。一般来说，尺寸相同、金属成分相同、质量相同、性能规格相同的铸件订单数不会超过 6 件，通过计算机来控制设备并自动调节加热炉，该厂能以流水线式而非批量式生产铸件。

先前这类精密铸件的次品率高达 30% ～ 40%，而这家铸造厂的产品合格率却高达 90% 以上。虽然该厂要支付美国工会所规定的员工工资和福利，但与行业中价格最低的竞争者（一家韩国造船厂）相比，其成本仅为后者的 2/3，甚至更低。可见，这家工厂之所以是创业型企业，并非因为它是一家全新的小企业，而在于它认识到，这种铸件独具特色，且市场对这种铸件的需求已经大到足以创造出一个利基市场。此外，还在于它将技术（特别是计算机技术）应用到传统工艺中，将这种工艺转化成一套科学流程。

无可否认，所有新的小企业有很多共同点。但是，一家企业若要成为创业型企业，除了新和小之外，还必须具备一些特性。事实上，在新企业中，只有小部分属于创业型企业。这些创业型企业创造出了与众不同的东西，改变或转换了价值。

　　并非只有新的小企业才能成为创业型企业。事实上，许多大型的尤其是历史悠久的企业也擅长创业，比如全球大企业之一，具有 100 多年历史的通用电气公司。长久以来，通用电气公司善于从零开始创立创业型业务，并将其发展成具有相当规模的行业。通用电气公司并未将创业局限于制造业，它的融资机构通用电气信贷公司曾经掀起一场大变革，改变了美国的金融体系，而且这场变革正迅速扩展到全美国和西欧。20 世纪 60 年代，当通用电气信贷公司发现可以将商业票据用于金融业时，它便绕过了金融界的"马其诺防线"，打破了传统银行对商业信贷的垄断。

　　近 50 年来，英国的大型零售商玛莎百货可能比西欧任何一家企业有更多的创业和创新。玛莎百货对英国经济甚至社会产生了巨大影响。这可能比英国国内任何一个变革推动者（甚至比政府或法律）的影响还要大。

　　不过，通用电气公司和玛莎百货与其他规模庞大但很少创业的老牌企业有许多共同之处。通用电气公司和玛莎百货之所以成为"创业型"企业，并不是因为它们的规模或发展，而是因为其他特性。

　　此外，创业并非局限于经济机构。

　　关于"创业发展史"，没有比现代大学尤其是美国现代大学的创建和发展史更好的教材了。众所周知，现代大学是德国外交官、公务员威廉·冯·洪堡发明的。1809 年，洪堡构思并创办了柏林大学。当时他的目标非常明确：一是让德国人取代法国人，获得学术和科学的领导地位；二是吸收法国大革命所释放出的能量，并用来对抗法国人，特别是拿破仑。约 60 年以后，即 1870 年左右，当德国大学的声望如日中天时，洪堡将大学视为变革推动者的想法越过大西洋，为美国人所采纳。美国南北战争结束时，在殖民时期创办的旧式"学院"因过于陈旧而逐渐衰落。1870 年，美国的学院学生人数还不到 1830 年的一半，但美国人口几乎已增至 1830 年的 3 倍。接下来的 30 年里，一大批优秀的美国大学校长创办了新型美国大学，这些大学既新颖又美国化。一战后，凭借新型大学，美国获得了学术和研究领域的世界领导地位。这如同一个世纪之前洪堡创办的柏林大学使德国成为世界上学术和研究领域的领导者一样。

二战以后，美国学术界的新一代创业者再度创新，创办了一批私立、都市化的新型大学：纽约地区有佩斯大学、菲尔莱-狄更斯大学和纽约理工学院，波士顿有东北大学，西海岸有圣塔克拉拉大学和金门大学，等等。这些大学构成了近 30 年来美国高等教育的主要增长点。在课程设置上，大多数新型大学似乎与历史悠久的大学并无差异。但是，新型大学是针对一个新的"市场"精心设计的。它们招收的是有工作经历的人，而非应届高中毕业生；是整天往返于大学和住处之间的大城市学生，而非每周五天、朝九晚五上课的住校学生；是那些具有多样化背景的学生，而非传统的"高中毕业生"。它们因市场的重大转变而出现，这个转变就是大学文凭的地位从"精英阶层"的象征转变为"中产阶层"的象征。此外，"上大学"的意义也发生了重大转变。这些大学就代表了创业。

同样，根据医院的发展史也可以写一本创业案例集。18 世纪末，爱丁堡和维也纳出现了现代医院。到了 19 世纪，美国出现了各种形式的社区医院。20 世纪初，开始出现大型专业化中心，如梅奥诊所（Mayo Clinic）和门宁格基金会（Menninger Foundation）都是这个时期的产物。二战之后，又出现了医疗保健中心。如今，新一代的创业者又致力于将医院改变成专业化的治疗中心，包括流动的外科诊所、独立的妇产中心和心理治疗中心。与传统医院不同，它们的工作重点不再是对病人的护理，而是满足病人的特殊需求。

此外，并非所有的非商业性服务机构都擅长创业，而且可能相差甚远。少数擅长创业的服务机构，不仅具有传统服务机构的所有特征、所有问题以及所有识别性标志，还具备一些独特的因素，因而使这些服务机构擅长创业。

在英语中创业等同于新创企业，但在德语中它却与权力和产权等同起来，令人费解。德语中的 unternehmer（企业家）就是 entrepreneur 的德译词，主要是指那些拥有并自主经营企业的人（即英文中的 owner-manager）。这个词主要用于将"老板"（即企业的拥有者）与"职业经理人""雇员"区分开。

但是，人们最初尝试推动系统性创业并非着眼于产权。那是在 1857 年，法国的佩雷尔兄弟成立了创业型银行，即动产信贷银行（Crédit Mobilier）。1870 年，这种做法跨越莱茵河，在德国人格奥尔格·西门子建立的德意志银行中进一步发展和完善。同一时期，年轻的摩根也将这种做法引到了大西洋彼岸的纽约。创业型银行家的任务是将资金分配到高生产率、高产出效率的领域。早期的银行家会成为企业所有者，如罗斯柴尔德家族的人。他们都是动用自己的资金修建铁路。创业型银行家与之截然不同，他们不想成为所有者。这些银行家为筹建企业而融资，并通过向公众出售股票来赚钱。然后，他们再向公众募集资金进行下一次投资。

虽然企业家需要资本开展经济活动和大多数非经济活动，但他们并不是资本家，也不是投资者。他们需要承担风险，但这是任何从事经济活动的人都要面临的事情。经济活动的本质在于以现有的资源实现未来期望，这意味着不确定性和风险。一个企业家不一定是雇主，但他可以是（也往往是）一个雇员或一个单打独斗的人。

因此，创业是个人或机构的特性，而不是人格特征。30 年来，我见过许多个性不同、气质迥异的人在应对各种创业挑战时表现出色。诚然，追求确定性的人往往不能成为优秀的企业家。其实，这些人在其他很多领域中也不会有上佳表现，例如担任政界要员、部队指挥官或远洋轮船船长。他们在自己的工作当中不可避免地要决策，而决策的实质就是处理不确定性。

任何敢于直面决策的人都能学习成为企业家，并表现出创业行为。因此，创业是一种行为，而不是人格特征。它基于观念和理论，而非直觉。

II

一切实践都建立在理论之上，即使实践者本人并未意识到这一点。创业以一定的经济和社会理论为基础。该理论视变化为正常的，甚至健康的。它认为，在社会中，尤其在经济中，人们最主要的任务是创新，而非优化现有事物。这就是约 200 年前萨伊在提出企业家这一概念时所表达的含义。它原本是用来作为一种对现实不满的宣告，即企业家颠覆现状，推陈出新。正如熊彼特所阐明的，企业家的工作就是"创造性破坏"。

萨伊是亚当·斯密的一个仰慕者。他将斯密的《国富论》（1776 年）翻译成法文，终生不倦地宣扬斯密的思想和策略。但是，他本人对经济思想的贡献，即企业家和创业的概念，却与古典经济学的理论背道而驰。古典经济学注重优化现有事物，这与目前经济理论的主流思想（包括凯恩斯主义、弗里德曼货币学派理论、供给学派理论）是一致的。它注重发挥现有资源的最大效用，并力求实现均衡。由于它无法解释企业家这一现象，因此将企业家归为"外部力量"，与气候和天气、政府和政治、瘟疫和战争以及科技等划为一类。当然，传统经济学家无论属于何种学派或何种"主义"，都不否认这些外部力量的存在及其重要性。但是，这些因素不会成为他的研究对象，不会在他的模型、方程或者预测里得到解释。

约瑟夫·熊彼特是首个回归萨伊观点的主流经济学家。在 1911 年出版的经典之作《经济发展理论》中，熊彼特与传统经济学决裂。他的这一举动远比 20 年后凯恩斯的行为更激进。他主张由创新的企业家引起的动态失衡，而非均衡和最优化，是健康经济的"常态"，是经济理论和经济活动要面对的最大现实。

萨伊重点关注经济领域，但是他的定义只强调资源的经济特性，并不要求对这些资源的使用是出于传统意义上的经济目的。教育通常不被认为是经济的，虽然没有人知道应采用何种标准来评判教育产出，但经济标准是不适用的。然而，教育资源一定是经济资源。事实上，它们与用于具有明确经济目的活动（如生产肥皂，用于销售）的资源是相同的。用于人类社会活动的资源都是相同的经济资源，例如资本（即用当前消费换取未来期望的资源）、物质资源（无论是土地、玉米种子、铜、教室，还是病床）、劳动力、管理和时间等。因此，尽管创业一词源于经济领域，但它并不局限于经济领域。除了那些被称为"存在主义"而非"社会"的行为外，它适用于人类的所有行为。我们目前得知，无论在哪个领域，创业的差异都微乎其微。教育领域和医疗保健领域都是有丰硕创业成果的领域，这两个领域的创业者与企业或工会中的创业者做同样的事情，用同样的工具，面临同样的问题。

企业家将变化视为正常的和健康的。通常，企业家并不引发变化。但他们总是积极寻找变化和回应变化，将其视为机会并加以利用，这就是企业家与创业的定义。

III

人们普遍认为，创业充满风险。的确，在那些引人注目的创新领域（如微型计算机或生物遗传等高科技领域）中，创业的失败率非常高，成功甚至幸存的概率相当低。

为什么会这样？从定义来看，企业家将资源从低生产率和低产出效率的领域转移到高生产率和高产出效率的领域，这必然存在失败的风险。但是，只要略有成就，其回报就足以弥补这一过程中的风险。因此，创业风险应该显著低于实现资源最优配置所面临的风险。事实上，当创新是正确的并有利可图时，也就是创新机会已经存在时，没有比实现资源最优配置更有风险的了。从理论上讲，创业的风险应该最低而非最高。

事实上，许多创业型组织的高成功率足以推翻创新与创业具有高风险的普遍看法。

例如，美国贝尔系统的创新部门是贝尔实验室。从 1911 年前后设计的第一台自动交换机，到 1980 年前后设计的光缆，以及晶体管和半导体的发明、关于计算机的理论和工程工作，在 70 多年的时间里，贝尔实验室取得了一个又一个成功。贝尔实验室创造的这些纪录表明，即使在高科技领域，创新和创业也可能是低风险的。

IBM 处于快速发展的高科技领域计算机业中，虽然与电力和电子业的资深企业竞争，但迄今为止，尚未遇到重大挫败。英国玛莎百货是全球主要零售商中最擅长创业的大公司，虽然是处于普通行业中，也从未有过败绩。宝洁公司是全球最大的消费品制造商，同样拥有近乎完美的成功创新的纪录。3M 公司是位于明尼苏达州圣保罗市的"中等技术水平"公司，在过去的 60 年中，创立了近 100 个新创业务和全新的主要产品线，其中 4/5 均取得了成功。这只是一小部分创业者低风险从事创新活动的例子。当然，以低风险从事创业活动的成功个案太多了，绝不是纯属侥幸、天公作美、意外事件，或仅仅是运气好而已。

此外，还有很多个体创业者成立新创企业并有很高的成功率，这也足以反驳创业具有高风险的论调。

创业之所以"有风险"，主要是因为在所谓的创业者中，只有少数人知道自己在做什么。创业者，尤其是高科技领域的创业者，缺乏方法论，违背众所周知的基本原则。确切地说（第 9 章将会讨论到），从本质而言，相比基于经济理论和市场结构的创新、基于人口统计特征的创新，甚至基于看似虚无缥缈的认知和态度（即世界观）的创新，高科技领域的创业和创新更加困难，风险更大。但是，高科技领域的创业并非一定具有高风险，贝尔实验室和 IBM 已经证实了这一点。然而，它必须是系统性的，也必须加以管理。最重要的是，它应该以**有目的的创新**为基础。

有目的的创新及其七个机会源

创业者开展创新活动，创新是创业的具体工具。创新是赋予资源新的财富创造能力的行为。事实上，创新能够创造资源。只有当人类发现自然界中某种物质的用途，从而赋予它经济价值时，这种物质才得以被称为"资源"。在此之前，植物只是杂草，矿物只是岩石而已。100多年前，从地下渗出的石油以及露天铝土矿都还不是资源。它们都是有害物质，因为会导致土壤贫瘠。青霉菌也曾是有害物质，而不是资源。当时，细菌学家在培养细菌时，必须竭尽全力保护培养基以免被青霉菌污染。到了20世纪20年代，英国医生亚历山大·弗莱明（Alexander Fleming）发现，这种"有害物质"正是细菌学家苦苦寻找的细菌杀手。自此，青霉菌才成为一种有价值的资源。

在社会和经济领域，情况同样如此。在经济领域，"购买力"是最重要的资源，而它是由不断创新的创业家所创造的。

19世纪初期，美国农民的购买力水平很低，因此买不起农业机械。虽然市场上有各种收割机，但不管农民多么想要，就是买不起。于是，收割机的发明者之一赛勒斯·麦考密克（Cyrus McCormick）发明了分期付款。这样，农民可以用未来的收入购买收割机，而不是仅仅依靠过去的积蓄。忽然之间，农民就拥有了购买农业机械的"购买力"。

同样，凡是能够改变现有资源的财富创造潜力的事物，都是创新。

将卡车车厢从轮子上卸下来，装到货轮上去，这一想法不涉及什么新技术。这一"创新"，即集装箱，并不是源于技术，而是源于一种新的认知，即将货轮视为一种"货箱容器"，而不是一艘"船"。这意味着，真正重要的事情是，尽可能地缩短货轮在港口停泊的时间。这项看似普通的创新，却使远洋货轮的运载能力提高了近 3 倍，可能也因此拯救了船舶运输业。如果没有这项创新，世界贸易 40 年来的巨大增长就有可能不会发生——这是所有主要经济活动当中有史以来增长最快的一项。

真正使普及教育成为可能的，不是对教育价值的广泛承诺，也不是教师在教育学院受到的系统培训或某个教育理论，而是一项不起眼的创新：教科书。教科书很可能是捷克伟大的教育改革家约翰·阿莫斯·科梅纽斯（Johann Amos Comenius）的发明。17 世纪中期，科梅纽斯设计并使用了第一套拉丁文入门教材。如果没有教科书，即便是非常优秀的教师，一次也只能教授一两个学生。有了教科书，即便是普通的教师，一次也可以给三四十个学生传授知识。

上述事例表明，创新未必与技术相关，甚至不必是创造一个"实物"。就影响力而言，很少有技术创新能与报纸、保险之类的社会创新相提并论。分期付款购买方式会完全改变经济。任何地方只要引入分期付款购买方式，不管当地生产力水平如何，它都能使经济由供给驱动型变为需求驱动型。作为起源于 18 世纪欧洲启蒙运动时期的社会创新，现代医院对医疗保健的影响，远远大于其他医学上的进步。管理作为"有用的知识"，首次使具有不同技能和知识的人在一个"组织"里工作，这是 20 世纪的创新。它将现代社会转变为一个我们过去的政治理论和社会理论中都没有的崭新体系——组织社会。

经济史记载奥古斯特·博尔西希（August Borsig）是德国制造蒸汽机

车的第一人，但真正重要得多的是他的另一项创新——这项创新当时遭到了同业工会、教师和政府官员的强烈反对，时至今日却仍然是联邦德国工厂的独特组织模式和联邦德国工业实力的基础。正是博尔西希发明了"师傅"这个概念和"学徒制"。"师傅"指的是技术超群、备受尊敬的老工人，他们在管理车间方面拥有相当大的自主权。"学徒制"则是把在岗实训和课堂教学结合在了一起。1513 年马基雅维利在他的《君主论》一书中提出的"现代政府"，以及其思想的早期追随者让·博丹在 60 年后主张的"现代民族国家"，这两项密切相关的社会创新显然比大多数技术创新影响更为深远。

一个非常有意思的社会创新及其重要性的例子，出现在现代日本。

自 1867 年向现代世界开放门户以来，日本尽管在 20 世纪七八十年代一跃成为超级经济强国和国际市场中强有力的竞争对手，但一直受到西方人士的轻视。出现这种现象的主要原因在于"创新必须与实物相关并以科技为基础"的盛行观念。无论西方人还是日本人，都普遍将日本视为模仿者，而非创新者。这是因为，总体而言，日本人并没有取得令人瞩目的技术创新或科学创新，他们的成功源于社会创新。

日本人 1867 年开始实行明治维新，极不情愿地向世界敞开了国门，目的在于避免重蹈印度的覆辙。当时，印度正遭受西方国家的征服和殖民，在被西化。日本的基本目标，是以纯粹"柔道"的方式，运用西方的武器将西方人"抵御"在国门之外，保持日本的独立。

这表明社会创新远比蒸汽机车或电报重要。而且，从中小学校、大学、行政机关、银行等机构以及劳资关系的发展来看，实现社会创新远比制造蒸汽机车或者发明电报困难。能把车厢从伦敦拉到利物浦的蒸汽机车，不经任何改造或调整，同样能把车厢从东京拉到大阪。但是，日本的社会机构必须纯粹是"日式的"，但又必须是"现代化的"。它们必须由日本人经营，但又要服务于具有高科技特征的"西化的"经济体系。技术能够以较低成本从国外引进，而且不会有太大的文化冲突风险。与之相反，各种机构必须依赖深厚的文化根基才能发展。100 多年前，经过再三考虑，日本人决定集中资源全力发展社会创新，而通过模仿、引进和改造来进行技术创新，最后取得了惊人的成就。事实上，即使现在，这一政策依然是日本最好的选择。如同在第 17 章中将要谈到的，人们有时开玩笑似的称之为创造性模仿，其实它是一种备受推崇、非常有效的创业战略。

尽管当下日本人必须学会自主创新，而不是简单地模仿、引进和改造其他国家的技术，为慎重起见，我们还是不应低估他们的能力。科学研究本身就是一个诞生不久的"社会创新"。历史表明，只要形势需要，日本总能表现出强大的社会创新能力。最重要的是，它已经展示了其运用创业战略的超凡能力。

由此可知，"创新"是一个经济术语或者社会术语，而非技术术语。借用萨伊对创业的定义，我们可以将其定义为：创新是改变资源的产出效率。或者按照现代经济学家的习惯，从需求角度而非从供给角度将其定义为：创新就是改变消费者从资源中获取的价值和满足。

我认为，不能根据理论模型来判断哪种定义更为合适，而应视具体情况而定。例如，钢铁厂从一体化生产转变为短流程生产，就适合从供给的角度加以描述和分析。短流程钢铁厂（mini-mill）以废钢而非铁矿石为原料，以某个最终产品（例如钢梁或圆钢）而非用于再加工的粗钢为成品。这种转变使成本大大降低，但并没有改变最终产品、最终用途及客户。同样地，我们可以从供给角度分析集装箱的出现。而对于录音带或录像带，虽然其技术含量可能比钢铁更高（至少与之持平），但采用消费者价值和满足对其创新加以分析，则更为合适。20 世纪 20 年代由亨利·卢斯（Henry Luce）创办的《时代》《生活》和《财富》等杂志，以及 20 世纪 70 年代末 80 年代初出现的货币市场基金等，这些社会创新也更加适合从需求的角度加以分析。

现在我们虽然不能构建出创新的理论，但所掌握的知识足以让我们知道在什么时间、去哪些地方、以怎样的方式系统地寻找创新的机会，以及如何判断成功的机会或失败的风险。也就是说，我们所掌握的知识足以让我们搭建起创新实践的框架。

19 世纪最伟大的成就之一是"发明的发明"。对科技史学家而言，这已是老生常谈。大约在 1880 年以前，发明带有浓厚的神秘色彩。19 世纪早期的书总是提到"灵光乍现"。发明家被认为是既浪漫又荒谬的人物，把自己关在孤寂的阁楼里摆弄捣鼓。1914 年一战爆发时，"发明"已变成了"研究"，变成了一种系统的、有目的的活动——通过计划和组织使得目标和预期成果都具有高度的可预见性。

对创新而言，情况同样如此。如今，创业者应该学习如何进行系统的创新实践。

成功的创业者不会坐等"缪斯之吻"给他们"灵感"，他们通常勤奋实干。他们并非想要取得惊天动地的成就，诸如那些能够引起产业变革、高达 10 亿美元的业务或能够一夜暴富的创新。而那些急于成就一番大事业的创业者注定会做错事。一项看似伟大的创新有可能最终被证明不过是一堆精湛的技术，而一个看似寻常的创新，比如麦当劳的创新，反而可能成就一番惊人且具有高利润的事业。这一道理同样也适用于非商业性的公共服务的创新。

不论出于何种动机，如金钱、权力、好奇心，或名誉及他人的认可，成功的创业者总是希望能够创造价值、做出贡献。他们目标远大，并不满足于对现有事物的改进或者修正，而是试图创造出全新的、独特的价值和满足，尝试将"物质"转化成"资源"，或者以一种新型的、生产率更高的方式对现有资源进行整合。

正是变化总能为独特的新生事物的产生提供机会。**因此，系统的创新存在于有目的、有组织地对变化的寻找之中，存在于对这些变化所催生的经济或社会创新机会的系统的分析之中。**

通常来说，这些变化已经发生，或者正在发生。绝大多数成功的创新**充**

分利用了变化。诚然，有些创新本身就蕴含着重大变化，例如莱特兄弟发明的飞机。但这些是例外，而且是很不常见的例外。成功的创新大都很普通，仅仅是利用了变化而已。因此，创新学科（它是创业的知识基础），是一门诊断式学科，它系统地审查能够带来创业机会的那些变化的领域。

具体而言，系统的创新需要关注七个创新机会源。

前四个创新机会源存在于机构内部（不论是商业机构还是公共服务机构），或是存在于某一产业部门或服务部门内部。因此，它们主要会被内部人士看到。它们虽然基本上只是表征，但能非常可靠地指明某些已经发生或者轻易就可以触发的变化。这四个创新机会源是：

- 意外事件——意外成功、意外失败、意外的外部事件
- 不协调事件——现实情况与大家假设的情况或者"应该的"情况不一致
- 流程需求
- 悄然发生的产业结构和市场结构变化

后三个创新机会源，指的是存在于机构或产业部门之外的变化：

- 人口统计特征变化（人口变化）
- 感知、意义及情绪的变化
- 新知识，包括科学知识和非科学知识

这七个创新机会源的界限模糊，且存在很大的重叠部分。好比同一建筑物上不同侧面的七扇窗户，透过某扇窗户可以看到相邻窗户所展现的景致。但是，透过特定窗户的中心所看到的景致是截然不同的。

考虑到每个创新机会源都有其独特性，我们应分别对其加以分析。从本质上讲，没有一个机会源比其他机会源更重要或更有生产率。重大创新可能来自对变化表征（如产品或价格的微小变化所引起的意外成功）的分析，也

可能来自重大突破性知识的广泛应用。

这些创新机会源是按照可靠性和可预见性的高低依次讨论的，而非随意排序的。与大众的认知不同，新知识（特别是新科学知识）并非成功创新的最可靠或最可预见的来源。虽然基于科学知识的创新是可见的、迷人的、重要的，但实际上它也是最不可靠的、最不可预见的。相反，对诸如意外成功或意外失败等潜在变化的表征的一般性分析，其风险和不确定性则相当低。通常情况下，由意外事件所引起的创新，从新企业的创立到产生结果（无论成败），历程最短。

创新机会源一：意外事件

I

意外成功

在所有创新机会源中，没有哪种机会源能比意外成功创造更多的创新机会了。而且，意外成功带来的创新机会的风险更小，相应的创新过程也更顺畅。但是，意外成功往往被忽视。更为糟糕的是，管理者还往往将其拒之门外。

下面举个例子。

30 多年前，纽约第一大百货公司梅西百货（R. H. Macy）的董事长告诉我："我们不知道如何才能抑制家电的销售势头。"

"为什么要抑制这种销售势头呢？"我疑惑地问，"难道这项业务赔钱了吗？"

"恰恰相反，"这位董事长答道，"家电的利润率高于时装，而且没有退货，也没有出现小偷小摸现象。"

"是不是这些家电客户挤走了时装客户呢？"我问道。

"哦，不是。"他答道。"以前，我们主要向购买时装的客户推销家电，现在反过来向购买家电的客户推销时装。但是，"他继续说道，"像我们这种商店，时装的销售额占总销售额的 70% 才算得上是正常的、健康的。现在，家电销售额增长过快，已占到总销售额的 3/5，这太反常了。我们尝试过各种方法使时装销售额占比恢复到正常水平，但成效甚微。目前唯一的办法就是降低家电的销量，使其回到正常水平。"

这番对话之后的近 20 年内，纽约梅西百货的发展每况愈下。关于梅西百货无法维持其在纽约市场中的主导地位的原因，众说不一，比如市中心的衰落、规模"过大"导致不经济，等等。1970 年，梅西百货更换了管理层，转变了经营重心，认可了家电对销售收入的贡献。尽管市中心依然衰落，人力成本依然高昂，规模依然庞大，但梅西百货却实现了再度繁荣。

在梅西百货拒绝意外成功的同时，纽约另一家零售商店布鲁明戴尔百货（Bloomingdale's）对同样的意外成功加以利用，因此跃升为纽约市场第二名。在此之前，布鲁明戴尔百货最好的时候也只能排在第四名。相比于梅西百货，布鲁明戴尔百货更是一家以时装销售为主的公司。但是，20 世纪 50 年代早期，当家电销量逐渐攀升时，布鲁明戴尔百货把握住了这个机会。它察觉到某种意料之外的事正在发生，并加以分析。随后，它调整了家庭用品部，并将其在市场中重新定位；同时调整时装、服饰的销售重心，以获取新客户。家电销量的剧增只是这一新客户群体出现的一个表征。虽然在纽约市场中梅西百货的销量仍占据首位，但布鲁明戴尔百货已经赢得"聪明的纽约商店"的头衔。而 30 年前那些为这一头衔角逐的商店——如 1950 年的时装先驱贝斯特（Best），以及昔日排行数一数二的那些百货商店，如今在排行榜上早已消失得无影无踪（更多例子，详见第 15 章）。

梅西百货的案例可能被认为是一个极端案例。在这个案例中，唯一的不寻常之处是，公司董事长对自己的所作所为了然于胸。然而，大多数管理者对自己的愚蠢行为浑然不知，却也按照梅西百货的处理方式行事。让管理者接受意外成功并非易事。它需要决心、具体策略、直面现实的意愿，以及足够的谦逊（来说"我们错了"）。

管理者难以接受意外成功的原因之一是，人们往往认为，凡是能够长时间持续存在的事物一定是"正常的"且"永恒的"。因此，那些违背人们认定的自然法则的事物，通常被视为是不合理的、不健康的，而且是反常的，从而加以排斥。

这也解释了 1970 年左右美国一家大型钢铁厂为什么拒绝实行短流程钢铁厂[⊖]模式。管理者知道，他们的钢铁厂很快就会惨遭淘汰，必须投入数十亿美元才能使其现代化。他们知道自己根本无法获取必要的资金。在这种情况下，只有小而新的短流程钢铁厂才是解决之道。

几乎是偶然，该公司收购了一家短流程钢铁厂。不久，这家短流程钢铁厂就开始迅速发展，创造现金流，并获得利润。一些年轻员工建议，用手头的资金再收购几家短流程钢铁厂并新建一些短流程钢铁厂。这样，几年之内，凭借高技术含量、低人工成本和清晰的市场前景，这些短流程钢铁厂就能为公司带来数百万吨的钢产量。然而，高层管理者愤怒地否决了这项提议。随后的几年内，参与这项提议的人员陆续被解雇。高层管理者声称："一体化炼钢工艺是唯一正确的工艺，其他东西都是骗人的把戏，是一时的狂热，是不健康现象，根本不会持久。"毋庸讳言，十年后美国钢铁产业中，依然能够健康发展且相当繁荣的只有短流程钢铁厂。

对一个用尽毕生精力来完善一体化炼钢工序的人、一个以大型钢铁厂为家的人、一个可能是钢铁工人后代的人（很多美国钢铁公司的高管都是如此）而言，除了大型钢铁厂之外，其他事物都是诡异和陌生的，甚至是一种威胁。要从"敌对事物"当中找到最佳发展机会，的确需要付出努力。

　　⊖　关于短流程钢铁厂，参见第 4 章。

大多数组织，无论规模是大还是小，无论是公共服务机构还是企业，其高管人员，通常都是从某一职能或某一领域成长起来的。对他们而言，只有这个职能或领域才能使他们感到舒心。例如，我在和梅西百货的董事长交流时得知，梅西百货的高管人员，除了一位人事副总裁之外，起初都是时装采购者，最终也是在服装业中成就自己的事业的。对这些人而言，家电与他们不大相关。

意外成功有时令人感到尴尬。设想一下，一家公司全心全意地改进和完善一种旧产品。这种旧产品是该公司多年以来的"旗舰产品"，代表着公司的"品质"。与此同时，公司不得不对另一种陈旧过时且质量低劣的产品进行改进，人人都觉得这项改进毫无意义。之所以这样做，只是因为公司某个销售领导者的游说，或因为某个客户让人无法拒绝的要求。但是，没有人认为这种产品能够大卖，甚至根本没人愿意推销它。结果这种不被看好的产品却轻松地赢得市场，销售额甚至达到了那种备受期望的产品的预期水平。每个人都感到吃惊，并将这一成功视为"鸠占鹊巢"（这个词我已经听过多次）。人们的反应可能与梅西百货的董事长看到家电的表现超过其钟爱的时装一样。毕竟他将全部的工作和毕生精力都倾注于时装之上。

对管理者的判断力而言，意外成功是一种挑战。那家大型钢铁厂的董事长在否决短流程钢铁厂的提议时曾说："如果短流程钢铁厂是一个机会，我们自己肯定能看得出来。"管理者的确是凭借判断力来获取薪酬，但这并非意味着他们的判断不会出错。事实上，企业在聘用管理者时，也希望他们能够意识到并承认错误，尤其是当承认错误能够为公司打开新机会之门时。但是，这并不常见。

瑞士有一家制药公司，虽然从未自主研发过一种兽药，如今却在兽药制造领域占据世界领先地位。究其原因，是研制这些药物的制药厂或制药公司当时拒绝将药物供应给兽药市场。这些药物，主要是抗生素，起初是为了治疗人类疾病而研发的。当兽医们发现这些药物对动物疗效显著并下单订购时，制药厂却大为不快。一些制药厂拒绝向兽医供货，还有一些制药厂不愿为动物重新调配药方或更换药物包装，等等。1953 年左右，一家领先的制药厂的药品主管还抗议将新抗生素用于动物治疗，认为这是滥用药物的行为。结果，当瑞士人与这几家制药厂接洽时，毫不费力地以低廉价格获取了这些药物的兽用许可。一些制药厂也为能够摆脱这种意外成功带来的尴尬感到欣慰。

之后，人类用药的价格压力越来越大，并且受到监管当局的严格管制。这使兽药成为医药行业中最为盈利的领域。但是，早期研发这些药物的制药厂并没有从中获利。

通常情况下，意外成功根本不会被人们看到。人们没有注意到它，更不会对它加以利用。无法避免的是，竞争对手往往会抓住机会，获得回报。

某领先的医疗设备供应商新推出一个生物检验和临床检验仪器系列。新产品反响很好。很快，工业界和大学实验室也纷纷下单订购。但是，该医疗设备供应商事先不知道这些客户，也没有注意这些客户，更没有意识到除了预期客户之外，新产品还意外地吸引了其他更多更好的客户。该公司并未派销售人员去拜访这些新客户，也没有提供相应的服务支持。5 ~ 8 年后，另外一家公司占领了这些新市场。由于这些新市场具有足够大的交易量，很快新进入者就以比原来的领先者更低的价格和更好的服务进入了医院市场。

对意外成功缺乏认知的原因之一，在于现有报告体系并未报告意外成功，更不用说引起管理者的注意了。

实际上，任何一家公司（以及公共服务机构）都有月度或季度报告。报告的第一页通常是绩效低于预期的领域，主要是存在的问题。因此，在管理层和董事会的月度会议上，每个人只关注不足之处，而不会去注意业绩表现异常突出的地方。另外，如果意外成功表现在质上而不是量上，比如上文提到的医疗设备打开了重要的新市场，数字通常无法显示出这种意外成功。

要利用意外成功所带来的创新机会，我们必须进行分析。意外成功只是一个表征，但它表示什么呢？人们对现象的分析，往往会受自身认知、知识和理解力所限。以上面讲的制药厂为例，它们拒绝接受其药品在兽药市场的意外成功。这表明它们不了解全球牲畜有多少和有多重要，没有看到二战之后全球对动物蛋白质的巨大需求，也不知道全球农牧民的知识、经验和管理能力的巨大变化。

梅西百货在家电上的意外成功，表明大批消费者的行为、期望和价值观发生了根本转变。布鲁明戴尔百货清晰地认识到了这一点。二战之前，美国百货商店的消费市场主要是按照社会经济地位即收入状况来划分。二战之后，消费市场逐渐按照我们所说的"生活方式"来划分。布鲁明戴尔百货是第一家（尤其是美国东海岸的第一家）意识到这种现象并对其加以利用，进而创建全新零售形象的百货商店。

为医院设计的检验仪器却在工业和大学实验室获得意外成功，表明科学仪器用户之间的差异消失了。过去近一个世纪里，这种差异带来了截然不同的市场，不同的用途、规格和期望。这一现象不仅表明某个产品具有出乎意料的用途，还表明该公司在医院市场所享有的特定市场利基的终结，然而它却没有意识到这一点。在过去三四十年的时间里，该公司已成功地将自己定义为医院检验仪器的设计者、制造者和经销者，却最终被迫将自己重新定义为检验仪器的制造者，并在原领域之外发展新的设计、制造、分销和服务能力。然而，等一切就绪，它已经失去了大部分市场。

由此可见，意外成功不仅是开展创新的机会，同时还需要有所创新。它迫使我们自问：对这个组织定义自身业务的方式，现在做出哪些基本的改变是合适的呢？对它的技术呢？对它的市场呢？如果能够慎重对待这些问题，那么意外成功可能会带来回报最高、风险最小的创新机会。

世界上最大的两家企业，全球最大的化工企业杜邦公司和计算机业的巨头 IBM，都将其卓越成就归功于把意外成功视为创新机会，并积极加以利用。

在长达 130 年的时间里，杜邦公司的业务聚焦于军火和炸药领域。20世纪 20 年代中期，它开始将研发拓展到其他领域，其中之一是全新的高分子化学，这是德国人一战期间率先探索的领域。持续几年后，杜邦公司的该项研究毫无进展。1928 年，一位研究助理因忘记关掉炉火，导致炉火烧了整整一个周末。到周一早晨，公司有机化学部的负责人华莱士·H. 卡罗瑟斯（Wallace H. Carothers）发现，炉子上的壶里的东西已经凝结成纤维。随后又过了 10 年，杜邦公司才找到稳定生产尼龙的方法。这个故事的关键在于，很早之前，德国大型化学公司的实验室里也多次发生过同样的意外。那时，德国人正在寻找聚合纤维，他们本可以在杜邦公司研制出尼龙的 10年前获得这种纤维，并获得全球化工领域的领导地位。但是，由于这个实验不是按照计划开展的，所以他们忽略了实验的结果，把意外产生的纤维倒掉，又从头开始做实验。

IBM 的发展史同样表明，企业对意外成功予以重视能够带来什么好处。IBM 之所以能够成就今日的辉煌，很大程度上是由于利用了意外成功，而且利用了两次。20 世纪 30 年代初，IBM 面临倒闭。它将全部资金用于设计第一台银行专用的机电式记账机。但是在 30 年代初的大萧条时期，美国的银行并不想购买任何新设备。即便在那时，IBM 也不曾实行减员策略，它继续生产这种机器，而成品不得不囤放在仓库里。

就在 IBM 处于低谷时，故事发生了。一天，IBM 的创始人老托马斯·沃森参加一个晚宴，他旁边坐着一位女士。当这位女士得知他的名字时，她问道："你就是 IBM 的沃森先生？你的销售经理为何不愿向我展示你们的机器呢？""一位女士要记账机做什么？"老沃森有点困惑。当她告诉老沃森自己是纽约公共图书馆馆长时，他仍旧困惑不解。这也说明老沃森从未去过公共图书馆。第二天早上，图书馆刚开门，他就出现在了那里。

当时，图书馆拥有数目可观的政府拨款。两个小时后，当老沃森走出图书馆时，他手中拿着一份足够让他支付下个月工资的订单。后来每次谈及此事，他都会笑着补充一句："我当场提出一项新要求，先交款，后送货。"

15 年后，IBM 研制出一台早期计算机。与其他早期的美国计算机一样，IBM 的计算机是专为科学研究设计的。事实上，IBM 之所以会进入计算机业，很大程度上源于老沃森对天文学的浓厚兴趣。当 IBM 的计算机首次在麦迪逊大街的 IBM 展览窗亮相时，很多人争相围观。通过编程设计，这台计算机能够计算月亮过去、现在、未来的所有状态。

但是随后，企业开始购买这项"科技奇迹"用于处理一般性事务，比如工资结算。当时 Univac 公司拥有最先进、最适用于商业用途的计算机，但它却不愿供货给企业，生怕贬低了自己的科技奇迹。虽然 IBM 对企业界的计算机需求同样感到惊讶，但是它对这一现象立即做出回应。考虑到自己的计算机设计并不特别适用于会计工作，IBM 使用了竞争对手 Univac 公司的产品设计。于是，短短 4 年之内，IBM 就获得了计算机市场的领导地位，虽然在技术层面上，IBM 的计算机在随后的 10 年里依然比不上 Univac 公司的计算机。IBM 非常乐意站在企业的立场上，满足企业的业务需求，比如为企业培训编程人员。

同样地，日本龙头电器公司松下电器（以品牌 Panasonic 和 National 闻名于世）也将其崛起归功于对意外成功的利用。

20 世纪 50 年代初期，松下电器还是一家不起眼的小公司，各方面都远远落后于历史悠久且实力雄厚的行业巨头，如东芝、日立。正如同时期其他日本家电厂商一样，松下公司"知道""电视机在日本难以迅速发展"。1954年或 1955 年，东芝公司总裁在纽约的一次会议上说道："日本人还很穷，买不起这样的奢侈品。"但松下公司相当聪明，它认为日本农民显然不觉得自己太穷而买不起电视机。这些农民所知道的是电视机能帮助他们了解外面的世界。虽然暂时无力购买，但他们无论如何都是愿意购买电视机的。当时，东芝和日立生产的电视机质量比较好，它们只将这些电视机放在东京的银座和大城市的百货公司里展示。在这些高雅的地方，农民显然不太受欢迎。然而，松下却来到农村，挨家挨户地推销电视机。在当时的日本，根本没有人用这种方式推销比棉布裤或围裙贵重的产品。

当然，仅仅靠意外事件是远远不够的，苦等邻座的女士对一个濒临失败的产品表现出意外的兴趣（IBM 的故事），也不是办法。因此，必须有组织地寻找意外成功。

首先要确保意外成功能够引来人们的关注。应该以特写的形式将它刊载于管理者接触和研究的信息册子中（如何做到这一点，详见第 13 章）。

管理者必须带着问题来看待每一次意外成功。这些问题包括：①如果对它加以利用，对我们有什么意义？②它会将我们引领到何处？③如何才能将它转换成机会？④如何着手进行？这意味着，首先，管理者要安排具体时间来讨论意外成功；其次，要委派相关人员研究意外成功，以及如何对它加以利用。

管理者还要了解意外成功对管理者的要求。举一个具体的例子来说明这一点。

20 世纪 50 年代初，美国东海岸一所著名大学为成年人开设"继续教育"的夜校项目，计划为拥有高中学历的成年人讲授正规大学课程，并向他们颁发大学学位。

没有一个教职工真正认可这个项目。开设这个项目的唯一原因是参加二战的退伍军人中，有一部分人没有获得大学学位就被迫去服役了。这些人吵嚷着希望有机会完成未完成的学业。令人吃惊的是，很多满足要求的人都来申请参加该项目，这个夜校项目取得了巨大的成功。事实上，参加这个项目的学生比普通在校生的表现更为出色。这一现象反而使学校陷入尴尬境地。如果利用这个意外成功，学校必须为该项目配备一流的师资队伍。但这样会削弱学校的主要项目，至少会分散学校的注意力而不能专注于培养在校生的使命。另一个方案就是停办这个新项目。这两种方案都是负责任的决策。然而，学校却选用低薪的临时教职工，大多是正在攻读更高学位的助教来担任该项目的教员。结果，这种做法在几年内就毁了这个项目。更为糟糕的是，学校的声誉也受到了严重损害。

意外成功是一种机会，但它也有一定的要求。它要求人们慎重地对待它；它要求配备最优秀的、最有能力的人员，而不是随意抽调人员；它要求管理者给予与机会相匹配的关注和支持。这样做，抓住机会的可能性就大了。

II

意外失败

不同于成功，失败是无法拒绝的，而且很难被忽视。人们很少会将失败视为机会的表征。当然，很多失败不过是错误、贪婪、愚昧、盲目追风或者设计和执行不力的结果。但是，如果在仔细规划、精心设计并审慎执行之后，仍然失败，那么这种失败常常预示着根本性变化，随之而来的还有机会。

也许是产品或服务的设计或者营销策略所依据的前提假设与现实情况不再相符；也许是客户价值和客户认知发生了转变，即便购买同一种"东西"，客户实际购买的"价值"已截然不同；也许是原来的同一市场或同一终端用途现在细分成两个或者更多，而且具有各不相同的需求。诸如此类的变化都是创新机会。

大约 60 年前，刚刚高中毕业的我在职业生涯初期经历了第一次意外失败。我的第一份工作是在一家老牌出口公司当实习生。100 多年来，这家公司一直向印度出口五金产品。多年来，这家公司的畅销产品一直是一种便宜的挂锁，每个月都能整船出口。这种挂锁很不牢靠，用一枚别针就能轻易地打开它。20 世纪 20 年代，印度人的收入增长了，这种挂锁的销量反而急剧下降。我的老板于是采取了显而易见的行动，重新设计挂锁使它更牢靠，也就是提高挂锁的质量。这种改变所增加的成本微不足道，但挂锁的质量大为提升。然而，改良后的挂锁依然滞销。四年后，这家公司停业清算，其破产的首要原因是挂锁业务在印度市场的失利。

在出口印度的业务领域，曾有一家规模很小的公司是我所在公司的竞争对手。这家小公司的规模不到我所在公司的 1/10，当时几乎难以继续生存，但这家小公司意识到，这个意外失败其实是根本性变化的一个表征。据我所知，对居住在乡村的大多数印度人而言，挂锁是一种神秘的象征，目前仍然如此。从来没有小偷胆敢开启这种锁。因此，钥匙从未派上用场，反而常常丢失。如此一来，拥有一把没有钥匙就很难打开的锁，就像我老板花费极少成本改良的那种锁，实在是一种灾难而不是福利。

但是，居住在城市里的中产阶层需要真正的锁。他们虽然人数不多，但在迅速增加。由于不够牢靠而难以满足他们的需求，老式挂锁逐渐失去了客户和市场。即便是重新设计改良后的挂锁，对他们而言，仍然不太适用。

老板的竞争对手将挂锁细分为两种不同的产品。一种没有锁头和钥匙，仅仅是一个简单的拉栓，其售价比老款便宜 1/3，利润却是后者的两倍。另外一种非常牢靠，配有三把钥匙，其售价是老式挂锁的两倍，利润也远远高于后者。这两种产品很快就在市场上大受欢迎。短短两年，这个竞争对手就一跃成为向印度出口五金产品最大的欧洲公司。它维持这一地位长达十年之久，直到二战爆发终止了欧洲对印度的出口。

人们可能会说，这只是陈年旧事罢了。当然，在当今的计算机时代，在市场调查和 MBA 商学院普及的时代，人们会愈加成熟。

但是，下面这个半个世纪之后发生在"成熟"行业的案例，给了我们同样的启示。

1973 ～ 1974 年，当第一批"婴儿潮"人群到二十五六岁时，即到成家立业购置房屋时，经济出现大衰退。通货膨胀严重，尤其是房价，比其他任何东西的价格上涨得都快。与此同时，房屋抵押贷款的利率也在飙升。美国建筑商开始设计并提供所谓的"基础房屋"。这种房屋比标准房屋要小一些，设计更简单，价格更便宜。

虽然这种基础房屋具有这样的价值，价格也在首次购房者的财力范围之内，但它还是惨遭失败。建筑商试图通过降低贷款利率、延长贷款期限以及大幅降低价格来挽回败局，但没有任何起色。

同一般商人遭遇意外失败时一样，大多数建筑商将失败归咎于"不理性的客户"。然而，一个很小的建筑商决定出去看看到底是什么情况。他发现美国年轻夫妇对第一栋房屋的要求已经有所变化。与他们的祖父母辈不同，对他们而言，第一栋房屋不再代表家庭的永久住房（一个用于度过余生至少相当长时间的房屋）。20 世纪 70 年代，年轻夫妇在购买第一栋房屋时，所购买的不是一种而是两种不同的"价值"。他们先买下一个栖身之所，以度过短暂时光。同时也购买了一个选择权，几年之后可以在一个拥有优质教育资源的、更好的社区购买一栋大而豪华的"真正的住房"。依靠投入到第一栋房屋上的资产净值，他们才能支付价格昂贵的永久住房的首付款。虽然有能力购买基础房屋，但这些年轻人清楚地知道，这些基础房屋并非他们和同时代人的理想住房。他们担心这些基础房屋很难卖到一个好价钱，这完全合乎情理。所以，基础房屋不仅不能帮助他们获得将来购置"真正的住房"的选择权，反而会阻碍他们实现愿望。

总的来说，1950 年的年轻夫妇大都认为自己是"工人阶级"。在西方，工人阶级中的那些刚刚结束学徒生涯、获得第一份正式工作的人，并不奢望自己的收入和生活水平能够得到显著改善。除了日本之外，对西方国家的工人阶级而言，资历意味着工作更有保障，而不是收入更高。但是，按惯例，"中产阶层"家庭的一家之主在 45 岁或 48 岁之前，收入都会稳步提高。1950 ～ 1975 年，美国年轻人的现实状况及自我印象，包括教育、期望和工作，都已从工人阶级转变为中产阶层。伴随这一变化的，是年轻人第一个家的意义及相关价值的巨大转变。

只要花费几个周末的时间去倾听潜在购买者的想法，就能了解这一点。这时，成功的创新也就很容易产生了。房屋没做大的改动，只是重新设计厨房使它更加宽敞。除此之外，这种房屋同其他建筑商没有销路的基础房屋相差无几。但是，这种房屋并不是以"你的房屋"的方式推出，而是以"你的第一栋房屋"和"构筑你理想房屋的基石"的方式出售。确切地说，这意味着展现在年轻夫妇面前的，不仅仅是眼前的这栋房屋，也就是"基础房屋"，还有这栋房屋未来扩建的模型，如增加一个卫生间、一两个或更多卧室，或地下室。事实上，该建筑商已经获得了必要的城建许可证，以便能够将基础房屋改建成永久住房。此外，建筑商还向年轻夫妇承诺，给予第一栋房屋一个固定的出让价格，可以用于抵扣他们在 5 ～ 7 年之内向该建筑商的公司购买第二栋更大的永久性住房的房款。"这样做没有任何风险，"该建筑商解释道，"毕竟人口统计特征表明，到 20 世纪八九十年代，这段时间正好是 1961 年生育低谷期出生的婴儿长到 25 岁左右，开始成家立业之时。市场对第一栋房屋的需求会稳步上升。"

这个建筑商在将失败转化为创新机会之前，其业务仅限于一个大都市内，而且市场份额很小。五年之后，他的公司的业务扩展到 7 个大都市，并且在每个大都市都占据了数一数二的市场份额。1981 ～ 1982 年，建筑业处于严重的衰退期，有些美国建筑商在一个季度里一栋房屋都卖不出去。即便在如此萧条的时期，这个创新建筑商的公司的销量仍在增长。"其中一个理由是，"公司创始人解释道，"当我决定向首次购房者提供房屋出让价格保证时，未曾料想到，这竟然使我们不断地获得建造良好且相当新的房屋。只需对这些房屋稍加整修，我们就可以将它们转售给下一批首次购房者，并获得相当可观的利润。"

面对意外失败时，高层管理者，尤其是大型组织中的高层管理者，往往会倾向于做更多的研究和分析。但是，正如挂锁和基础房屋的例子所示，这种反应是错误的。当遭遇意外失败时，你需要走出去，四处察看并仔细倾听。失败始终应该被视为创新机会的表征，并得到认真对待。

同从客户的角度出发一样，从供应商的角度出发观察意外事件同样重要。举个例子来说，麦当劳的创立就是因为其创始人雷·克罗克（Ray Kroc）留意到他的一个客户的成功。当时，克罗克正在向汉堡包店推销冰激凌机。他发现加利福尼亚州某偏远小镇一个汉堡包店的经营者购买了几倍于同样规模店铺所需的冰激凌机。调查之后，他发现这位老人将快餐业务加以系统化并重新定义了快餐的经营模式。于是，克罗克买下了这位老人的快餐店，并在先前意外成功基础上，将该快餐店发展成价值数十亿美元的企业。

同样地，竞争对手的意外成功或者意外失败也很重要。任何情况下，人们都应该将这些事件看作创新机会的表征，并慎重对待。对于意外事件，不仅仅要加以"分析"，还要走出去调查。

创新，即本书的主题之一，是一种有组织的、系统的、理性的工作。但它不仅是概念性的，也是感知性的。诚然，对创新者的所见所闻必须进行严格的逻辑分析，而不能仅仅凭借直觉进行判断。事实上，如果直觉就是"我觉得"，那直觉就变得毫无益处了。通常情况下，那只不过是"我希望它怎样"的另一种说法，而不是"我认识到它怎样"。虽然分析是严谨的，需要进行测试、试验和评估，但这些分析必须建立在对变化、机遇和新情况的感知上，建立在对人们所确信的情况和实际情况之间不协调的感知上。这需要人们意识到："我所知道的不足以去进行分析，但我会进一步去发现。我应该走出去，四处观察，提出问题并用心倾听。"

意外事件能使我们超越预设观念、假设及先前的必然之事，因此它是创新的不竭源泉。

事实上，企业家并非一定要弄清楚现实情况为何会发生变化。在上述两个案例中，我们很容易就能了解发生了什么以及事情发生的原因。通常，我们虽然知道所发生的事情，但无法对它加以解释。这种情况下，我们仍然能进行成功的创新。

下面我讲一个例子。

1957 年，福特汽车推出的一款新型汽车埃德塞尔（Edsel）惨遭失败，这是美国家喻户晓的故事。在那以后出生的人也听说过这个故事，至少在美国是这样。人们普遍将埃德塞尔的推出视为一种轻率的赌博行为，这种看法完全是错误的。

很少有产品能够像埃德塞尔那样精心地设计、审慎地推出并巧妙地营销。埃德塞尔的推出原本是美国商业史上最详细的战略规划的最后一步。经过长达十年的努力，二战后，福特汽车从濒临破产转变为汽车业一个强有力的竞争者，在美国市场位居第二。几年之后，在迅速发展的欧洲市场，它成为争夺霸主地位的有力角逐者。

1957 年，在美国四大汽车市场的三大市场，福特汽车已经成功地重新确立了自己强有力的竞争地位。在标准市场，它的品牌有福特（Ford）；在中低端市场，有水星（Mercury）；在高端市场，有大陆（Continental）。为了打入最后一个市场，即中高端市场，福特汽车专门设计了埃德塞尔。在中高端市场，有福特汽车的头号劲敌通用汽车生产的别克（Buick）和奥尔兹莫比尔（Oldsmobile）。二战后，中高端市场成为汽车市场发展最快的领域。当时位列第三的汽车公司克莱斯勒尚未进入这一领域，市场向福特汽车敞开了大门。

福特汽车全力地规划和设计埃德塞尔。埃德塞尔的设计，融入了市场调研所获得的最新信息、客户对汽车外观和款式的偏好信息以及高标准的质量控制。

但是，埃德塞尔一面市就彻底失败了。

福特汽车对这次失败的反应，令人深思。它并没有归咎于"不理性的消费者"。福特汽车认为一定存在某些事情，与汽车从业者对消费者行为的假设不符。而长久以来，他们一直把这些假设视为不容置疑的真理。

福特汽车的人员决定走出办公室对失败进行调查。调查带来的结果是继阿尔弗雷德·斯隆之后美国汽车史上一项真正的创举。20 世纪 20 年代，按照社会经济地位，斯隆将美国汽车市场划分为低端、中低端、中高端和高端四个细分市场，并在此基础上创办了通用汽车。当福特汽车的人员走出去后，发现这种划分方式正被另一种方式快速取代（至少是同时存在）。这种新的划分方式，就是我们所说的生活方式划分法。于是，在埃德塞尔失败后不久，福特汽车推出了雷鸟（Thunderbird），它是 1908 年亨利·福特推出的 T 型车之后最成功的美国汽车。雷鸟使福特汽车凭借自身实力再度成为主要汽车制造商，而不再是通用汽车的追随者或模仿者。

时至今日，我们仍然不清楚引起这种变化的根本原因。经常被用来解释变化出现的事件，如战后"婴儿潮"所引起的人口结构重心向青少年转移、高等教育的迅速普及以及性观念的转变等，都在这个变化之后。同时，我们并不能理解生活方式的真正含义。迄今为止，所有试图对其加以解释的尝试都是徒劳。我们所知道的只是发生了某些事情。

但是，这足以将意外事件（无论是成功还是失败）转化为有效且有目的的创新机会。

Ⅲ

意外的外部事件

到目前为止，我们所讨论的意外成功和意外失败都发生在企业或者产业内部。但是那些没有记录在管理者用以掌管其机构的信息和数字资料中的外部事件，同样重要。事实上，应该说它们往往更为重要。

下面列举了一些典型的意外的外部事件。这些外部事件也是成功创新的重大机会。

第一个与 IBM 和个人计算机有关。

不管 IBM 的管理人员和工程师的想法多么不同，直到 20 世纪 70 年代中后期，他们对一件事的看法几乎完全一致。这个看法就是，未来属于具有更大内存和更强算力的"大型机"。而其他产品不是更加昂贵，就是令人混淆不清，或者运行能力有限。关于这一点，IBM 的任何一位工程师都能充分证明。于是，IBM 集中全部力量和资源以保持其在大型机市场上的领导地位。

1975 年或 1976 年左右，令人惊奇的是，10 岁和 11 岁的小孩竟然玩起了计算机游戏。他们的父亲则想要一台自己的办公计算机或个人计算机，即一台与大型机分开的、独立的小型机器，算力即便比最小的大型机还小也无所谓。IBM 预料的不好的事情最终还是发生了。这些独立的机器比插拔式"终端"在成本上高出好几倍，而且算力小很多。这种机器及相关程序如雨后春笋般涌现，彼此之间很难兼容。计算机市场开始陷入混乱状态，基本的服务和维修也跟不上。但是，这并没有影响消费者的购买欲望。与之相反，1979～1984 年这短短 5 年内，在美国计算机市场，个人计算机的年销售额就达到了大型机用了 30 年才达到的水平，即 150 亿～160 亿美元。

按说 IBM 是有可能忽视这一发展趋势的。然而，早在 1977 年，当全球个人计算机的销售额还不到 2 亿美元，大型机的销售额还是 70 亿美元时，IBM 就成立了彼此竞争的多个任务攻关小组来研发个人计算机。1980 年，IBM 生产出个人计算机，恰好赶上了个人计算机市场的蓬勃发展期。3 年之后，即 1983 年，如同在大型机领域一样，IBM 占据了个人计算机领域的世界领导地位。同年，IBM 还推出了微型家用计算机，被称为"花生"（Peanut）。

每当与 IBM 的人员讨论起这段经历时，我都会问同样的问题："既然当时 IBM 的每个人都确信这种事情不可能发生而且毫无意义，那是什么使你们将这种变化视为机会呢？"我得到的回复总是一样的："就是因为我们认为这种事情不可能发生并且毫无意义，所以这种变化令我们震惊。我们意识到，先前所做的假设以及确定的事情全被否定了。因此，我们必须走出去，重新组织自己，充分利用我们认为不会发生却真实存在的变化。"

第二个案例较为平淡。虽然缺乏迷人之处，但同样具有启发性。

在美国，由于免费的公共图书馆随处都是，人们大多没有购书的习惯。20世纪50年代初，电视机出现了。越来越多的美国人把越来越多的时间花费在电视机前，特别是正处于重要读书阶段的高中生和大学生。当时，"人人都知道"书的销量将大幅下滑。于是出版商们开始疯狂地转向"高科技媒体"，如教学片或者计算机程序，但大都以失败告终。然而，自电视机出现以来，书的销量非但没有暴跌，反而大幅增长。其增幅比人们用任何一个指标（如家庭收入、处于最佳"读书阶段"的人数、拥有较高学位的人数）所预测出来的增幅高好几倍。

对于为什么会出现这种情况，我们不得而知。事实上，没人真正了解究竟发生了什么。与从前一样，在典型的美国家庭里，藏书量同样少。那么，这些书都到哪里去了呢？虽然我们无法回答这个问题，但这并不会改变图书销量日益增加的事实。

当然，所有出版商和书店都知道图书的销量与日俱增。然而，谁也没有采取任何行动。这个意外事件倒是被几家大型零售商利用起来，如明尼阿波利斯和洛杉矶的一些百货公司利用了这个意外事件。这些零售业的人以前并未涉足过图书领域，不过他们了解零售业。他们创建了与美国早期书店截然不同的连锁书店。从本质上而言，这些书店都是超市。他们并不把书视为文学作品，而将其视为"大众商品"。此外，他们专营畅销书，以确保每单位的货架能产生最大的销售额。这些连锁书店通常位于租金昂贵、客流量较大的购物中心，而一般从事图书生意的人认为，书店应该位于租金低廉、最好离大学较近的地方。传统的书商通常"书卷气十足"，也喜欢雇用一些"爱书"人士。新式连锁书店的经理们则都是化妆品推销员出身。他们之间流传着一则笑话：任何一个除了看书的标价还想看书的内容的人，都不是一个有希望的、合格的推销员。

10年来，这些新式连锁书店成为美国零售业中最为成功、发展最快的领域，同时也是美国发展最快的新兴企业。

上述案例都代表着真正的创新，但都不能代表多元化。

IBM自始至终都在计算机业。连锁书店是由一直在零售业、购物中心或时装店工作的人经营。

成功地利用意外的外部事件的一个前提是，意外事件必须与自身所在行业的知识和技巧相吻合。没有零售业知识的公司，甚至是大公司，贸然进入图书市场或大众商品市场，无一例外都失败了。

尤为重要的是，意外的外部事件只是一种将已有专业知识重新应用的机会，这种应用并不能改变我们"现有业务"的本质。它不是多元化，而是一种扩展。然而，正如上述案例所示，它也要求我们在产品、服务以及分销渠道等方面进行创新。

这些案例的第二个特点是，它们都是大公司的例子。同许多管理类图书一样，本书列举的大都是大公司的案例。一般而言，大公司的案例更容易获得，是在出版物上唯一能找到的案例，也是在报刊或杂志的商业版上唯一能公开讨论的案例。小公司的案例通常不易获得，而且很难在不泄露商业机密的情况下加以讨论。

利用意外的外部事件似乎特别适用于现有的企业，尤其是具有一定规模的企业。据我所知，能够成功利用意外的外部事件的小企业少之又少。参加我的创新与创业研讨班的学生，也深有同感。这可能只是一种巧合，也可能是因为大企业更能看到"全局"。

美国的大型零售商习惯看数据，这些数据能够显示消费者的消费目标和消费方式。大型零售商知道购物中心的位置以及如何得到一个好位置。而小企业是否能像 IBM 那样，派遣四组由一流设计人员和工程师组成的攻关小组来开发新产品呢？处于快速发展行业里的小型高科技公司，在现有业务上都感到人手不足，更不用说开发新产品了。

对大型企业而言，意外的外部事件也许是机会最大且风险最小的创新领域。它也许是特别适于现有大型企业进行创新的领域。它也许是专业知识最具影响力，且迅速调动大量资源的能力非常重要的领域。

但是，正如这些例子所示，成立时间久和规模大不能保证企业能够察觉到意外事件并成功地加以利用。IBM 的美国竞争对手都是销售额高达数十亿美元的大企业，它们都忙于与 IBM 竞争，却没有一家企业开发个人计算机。美国的旧式大型连锁书店，如纽约的布伦塔诺书店，也没有利用新的图书市场。

换言之，机会就在眼前。重大机会经常会出现。机会一旦出现，就能带来广阔的前景，尤其对大企业而言。但是，把握这些机会所需要的并非只是运气或直觉。企业要积极寻求创新，并加以组织和管理，以便抓住机会。

创新机会源二：不协调事件

不协调是指现状与预期之间有差距，或者现状与假设不符。我们也许不能了解它产生的原因，而且事实上，我们往往并不了解它。但是，不协调仍然是创新机会的一个表征。用地质学家的话来说，它表示存在一个断层，这个断层能提供创新机会。不协调能够引起不稳定，在这种不稳定状态下，只要用很小的力气就能产生巨大的影响，并导致经济结构和社会结构的重新调整。通常情况下，管理人员收到以及研究的数据和报告并不能显现出不协调事件。这些不协调事件是定性的而非定量的。

同意外成功或意外失败一样，不协调事件也是变化的表征，无论这种变化是已经发生的还是将能够发生的。而且，就像存在于意外事件之中的变化一样，不协调事件之中的变化也通常发生在产业、市场或者流程内。因此，对接近或者处于该产业、市场或流程内的人来说，不协调事件很容易被察觉，因为就在他们眼前。但是业内人士往往将不协调事件视为理所当然的而忽略它们。他们会说，"事情一直是这样的"，即使这个"一直"极可能只是最近而已。

不协调事件有以下几种情形：

- 产业（或公共服务领域）的经济现状之间的不协调
- 产业（或公共服务领域）的现实与假设之间的不协调
- 产业（或公共服务领域）的努力与客户价值和期望之间的不协调
- 流程的节奏或逻辑的内部不协调

I

经济现状之间的不协调

如果某个产品或服务的需求稳步增长，那么其经济效益也应该稳步提升。在一个需求稳步增长的产业里，赢利是顺其自然的事情。如果这样的产业不能赢利，则说明经济现状之间存在着不协调。

一般而言，这种不协调都是宏观现象，发生在整个产业或整个服务部门内。不协调之中孕育着重大的创新机会，这种机会通常只适合高度专业的小型新创企业、新流程或新服务。在现有企业和供应商意识到危险的新竞争对手的存在之前，利用这种不协调的创新者往往有较长时间不受干扰。因为前者忙于弥补不断增长的需求与滞后的效益之间的差距，无暇顾及其他公司正在做不同的事情。而这些不同的事情能够产生成果和利用不断增长的需求。

有时，我们能够理解究竟发生了什么，但有时，我们无法弄清楚为什么需求增长了却并没有带来效益提升。所以，创新者不必非要弄清楚为什么事情没有按照预定的模式发展，而是要提出下述问题："如何才能利用这种不协调？如何将它转化为机会？我们能做些什么？"经济现状之间的不协调是需要采取行动的一个信号。有时候，尽管问题本身相当模糊，所需要采取的行动却很明确；有时候，虽然我们完全理解问题，却不知该如何行动。

　　"短流程钢铁厂"就是一个很好的例子，它成功地利用了不协调进行创新。

　　在一战结束之后的 50 多年中，发达国家的大型一体化钢铁厂只有在战争时期才出现过辉煌。在和平年代，尽管钢铁的需求量稳步上升，至少在 1973 年以前如此，这些工厂的表现却一直不尽如人意。

　　出现这种不协调的原因，早已众所周知。一体化钢铁厂为了满足额外的需求，每次新建的最小产能都需要巨额的投资，并且导致产能大增。但如果扩建现有钢铁厂的规模，在相当长的一段时间内，钢铁厂的利用率都会偏低，直到需求水平达到新的产能水平为止。然而，除了战争时期，钢铁的需求量总是少量地、缓慢地增加。但是如果面对增长的需求不进行扩产，就意味着永远失去了这部分市场份额。没有哪家公司敢冒这种风险。因此，整个产业只能在短暂的几年内有利可图，即从每家公司开始扩建产能之时到全部新增产能建成投产之时。

　　多年以来，人们都认识到 19 世纪 70 年代发明的炼钢工艺并不经济。这种炼钢工艺试图挑战物理定律，这意味着它违反了经济学准则。在物理学中，除了克服重力和惯性，没有比制温更费劲的事了，无论是制热还是制冷。而综合炼钢工艺要求有四次相当高的温度，而且每次还要降温。此外，在这个过程中，有大量沉重的灼热物质被吊起，并移动相当长的距离。

　　众所周知，工艺中的创新如果能够减少这些固有的不足，将会使成本大幅下降。这正是短流程钢铁厂所做的事情。"短流程"钢铁厂并非什么"小型"工厂，其最低经济规模能产生大约 1 亿美元的年销售额。但是，这只是一体化钢铁厂最小经济规模的 1/10 ～ 1/6。因此，通过创建短流程钢铁厂来满足市场上额外的钢铁需求，是非常经济的。短流程钢铁厂在整个炼钢过程中，只产生一次高温且不必降温，而是将热量用到接下来的工艺中。它的原材料是废钢而非铁矿石，只集中生产一种最终产品，比如钢板、钢梁或钢棒。一体化钢铁厂是劳动高度密集型企业，而短流程钢铁厂是自动化控制的，它的炼钢工艺成本还不到传统炼钢工艺成本的一半。

虽然遭到政府、工会以及一体化钢铁厂的不断阻挠，短流程钢铁厂依然顽强地稳步发展。预计到 2000 年左右，美国使用的钢材中，一半或者更多将来自短流程钢铁厂，而大型钢铁厂将不可逆转地走向衰败。

但是，这里有一个困难，而且相当重要。在造纸业中，需求与制造工艺的经济现状之间，同样存在着这种不协调现象。不过在这个案例中，我们不知道如何将其转化为创新和机会。

虽然发达国家和大多数发展中国家政府都在持续不断地努力提高纸张的需求量，这也许是各国政府唯一一致的目标，但造纸业的表现仍然欠佳。造纸业通常是持续 3 年获得"空前利润"，接着必是长达 5 年的"生产过剩"和亏损状态。迄今为止，我们还找不出类似于短流程钢铁厂的方案来解决造纸业的问题。八九十年以前，我们已经知道木质纤维是一种单体。也许有人会说，寻找一种塑化剂将它转化成聚合体，这并不困难。这种创新能使造纸业从原先低效率、高浪费的机械工艺转变成高效率的化学工艺。事实上，大约在 100 年前，人们就用这种方法成功地从木浆中提炼出纺织纤维，那就是人造丝的制造过程，它可以追溯到 19 世纪 80 年代。尽管人们在造纸研究中已经投入了大量资金，但目前仍未发现用化学工艺造纸的新技术。

上述案例表明，在不协调事件中，创新的解决方案应该能够被清楚地界定，应该能够依靠现有的已知技术和可用资源来实现。当然，它同样需要艰苦的研发工作。如果它还需要大量的研究和新的知识，那么时机就尚未成熟，难以被企业家应用。成功利用经济现状之间的不协调而进行的创新，必须是简单的而非复杂的，必须是"显而易见"的而非华而不实的。

同样地，公共服务领域也存在着经济现状不协调状况。

发达国家的医疗保健提供了一个很好的案例。近至 1929 年，医疗保健支出在发达国家的支出中只占很小的比例，还不到国民生产总值或消费者支出的 1%。半个世纪之后的今天，医疗保健支出尤其是在医院的支出，在国民生产总值中所占比例已高达 7% ～ 11%。但是，医疗保健的经济绩效非但没有提高反而降低了。成本的增长远远快于业务的增长，前者的增长速度可能是后者的三四倍。在接下来的 30 年中，随着老年人口的稳步增长，发达国家的医疗保健需求也会持续增长。由于成本与人口的年龄结构紧密相关，成本也会随之增加。

我们并不理解这一现象。[⊖]但是，英国和美国已经出现了简单的、针对具体目标的成功创新。由于英美两国的医疗体系存在很大的差异，这些创新也完全不同。它们都利用了自己国家体系的薄弱环节，并将其转化为机会。

英国的"激进式创新"是私人健康保险。目前私人健康保险在英国是发展最快、备受推崇的员工福利。这个保险的唯一服务，就是让投保人能够立刻接受专家的诊断，并在需要接受"择期手术"的时候插队到最前面，无须排队等候。[⊖]英国的制度原先是通过"分流"降低医疗保健成本。这种方法是立刻治疗常规疾病和"危及生命的"疾病，而延迟治疗其他疾病特别是择期手术。有些择期手术已经排到几年之后了，如治疗因关节炎而受损的髋关节的手术。私人健康保险则可以使投保人立即接受治疗。

不同于英国，美国不计成本地满足各类医疗保健需求，结果导致医院成本急剧增长。这种现象产生了一个创新机会——剥离。把某些不需要高成本医疗设备设施（如癌症诊治用的人体扫描仪或钴 X– 射线放疗设备、仪器齐备的自动化医学实验室或康复治疗中心）的服务从医院剥离出来，放到独立的场所。这些创新机构小而专业，比如，为母亲和新生儿提供旅馆设施的独立妇产中心、为开展无须住院和术后护理的外科手术准备的流动外科手术中心、心理诊断和咨询中心、类似性质的老年中心，等等。

这些新机构并没有取代医院。实际上，它们推动了美国医院去承担英国

⊖　1984 年 4 月 29 日发表在《经济学人》上的一篇文章，是迄今对医疗保健问题最好的论述，也是唯一超越国家来审视医疗保健的文章。

⊖　有些手术不进行，相关的症状就不会好转，但不会"危及生命"，例如白内障、髋关节移植手术以及一般意义上的整形外科手术，或者是子宫下垂手术等。

赋予医院的角色，即成为治疗急诊病人和危及生命的疾病以及提供悉心护理的场所。同英国一样，这些主要出现在营利性"企业"里的创新，把不断增长的医疗保健需求与不断下降的医疗保健绩效这两种经济现状之间的不协调转化成了机会。

这些"大"案例都来自重点行业和公共服务机构。正是如此，我们才能够接近、察看并理解它们。最重要的是，这些例子说明了为什么经济现状之间的不协调能够产生如此巨大的创新机会。在这些行业或公共服务机构工作的人们，对这些根本缺陷都了然于胸，但是由于整天忙于修修补补和救急之类的工作，几乎是被迫忽视这些缺陷。如此一来，他们就无法认真对待新生事物，更不会与它开展竞争。一般而言，只有当新生事物成长到足以侵犯他们所在的行业或者服务领域时，他们才会加以注意。到那时，一切都已无法逆转，而创新者拥有了整个领域。

II

现实与假设之间的不协调

无论何时，如果某一产业或者服务领域中的人错误地理解现实并做出错误的假设，他们就会朝着错误的方向努力。他们将精力投入到不会有结果的领域。这样现实和行为之间就产生了不协调。任何人如果能有所察觉并加以利用，这种不协调就会提供成功的创新机会。

举一个简单的例子来说明，它就是昔日世界贸易的重要运输工具远洋货轮。

早在 35 年前，即 20 世纪 50 年代初，人们就认为远洋货轮将会消失。除了用来运输大宗货物之外，远洋货轮将被航空运输取代。当时，海运成本快速上升。由于港口往往拥挤不堪，货轮运送货物所花费的时间大大增加。

除此之外，当货轮尚未停靠到码头时，随着码头上堆积的货物越来越多，盗窃现象也越来越多。

多年来，航运业一直将精力投入到错误的领域，是导致这种混乱局面的根源。航运业专注于船只在海上及各港口间运输的经济性。因此，它努力设计并制造用作货轮的速度更快的轮船，还有需要更少燃料和船员的轮船。

然而，轮船是资本设备，资本设备的最大成本在于闲置成本。设备一旦闲置，就无法赚钱，但仍要支付利息。当然航运业的人都知道，轮船的主要花费是对轮船投资的利息。但是，业界依旧将重心放在已经相当低的花费上，也就是轮船在海上和运输航程中的费用上。

只需将装货和装船两个步骤分开，就能解决这个问题。陆地上的空间足够大，可以在轮船进入港口之前先在陆地上完成装货。这样等轮船进入港口之后，将预先装好的货物运到轮船上就可以了。换句话说，要重点解决轮船的闲置成本而不是运输成本。使用滚装船和集装箱船则可以解决这一问题。

这些简单的创新产生的成果惊人。30年来，轮船货运量提高到了之前的5倍，总体成本却下降了60%。多数情况下，轮船在港口停留的时间下降了75%，港口不再拥挤，码头盗窃现象也大幅减少。

感知到的现实与真正的现实之间的不协调，通常是显而易见的。如果努力专注地工作反而使情况恶化，正如更快的船只会造成港口的严重拥堵和货运时间更长，这很可能是努力的方向错了。只要将精力投到会产生结果的领域，就可能会快速获得高额回报。

实际上，利用感知到的现实与真正的现实之间的不协调，很少需要进行"伟大"的创新。将装货从装运作业中剥离出来，只是对铁路和卡车运输业的方法加以改进应用到远洋运输业而已。

感知到的现实与真正的现实之间的不一致，通常是整个产业或者服务领域的特点。解决方案应该小而简单，专注且具体。

Ⅲ

感知到的与实际的客户价值和期望之间的不协调

在第 3 章中，我提到了日本电视机的案例，并将其作为意外成功的一个例子。它也是感知到的与实际的客户价值和期望之间的不协调的好例子。美国和欧洲的穷人早已表示电视机能够满足他们的某些期望，这些期望与经济状况无关。这比日本的一位实业家向美国人发表"日本穷人根本买不起电视机，也不会购买它"的言论还要早。但是，这位聪明的日本人无法理解一个事实，即对客户而言，尤其是贫穷的客户，电视机不只是一件"物品"，它还代表了走向新世界甚至新生活的通道。

1956 年，赫鲁晓夫访问美国时说："俄罗斯人永远都不会想拥有自己的汽车，便宜的出租车要合适得多。"这说明他也没有认识到汽车不只是一件"物品"。任何一个青少年都知道，四轮汽车不仅是交通工具，还是自由、流动、权力和浪漫的象征。赫鲁晓夫的错误认知创造了一个最为疯狂的创业机会：俄罗斯的汽车短缺创造了一个最大且最活跃的黑车市场。

有人会说，这些例子过于"宏大"，对商人和医院、大学或贸易协会的管理人员的启示不大。但其实这些例子都是普遍存在的现象。下面是另一个不同的例子，同样"宏大"，但很有实践意义。

过去几年，美国成长最快的金融机构之一是一家位于中西部城市的郊区而不是位于纽约的证券公司。如今，这家证券公司在美国已经有 2 000 个分支机构。它认为自己的成功来自对某种不协调事件的利用。

那些大型的金融机构，如美林（Merrill Lynches）、添惠（Dean Witters）以及哈顿（E. F. Huttons），认为它们与客户的观念一致。在它们看来，人们投资的目的就是赚钱，这即便不是真理也是显而易见的事情。这是纽约证券交易所成员的动机所在，也决定了它们所说的"成功"。但是，这个假设只适用于一部分投资者而非大多数人。大多数人并非"金融人员"。通过投资"致富"需要投入大量的时间和精力，还要具备充足的金融知识，然而，当地的专业人士、小商人以及富裕农民既没有时间也没有足够的相关知识。他们通常忙于赚钱，无暇管理资金。

这家中西部的证券公司正是利用了这种不协调。表面看来，它与其他证券公司别无二致。它也是纽约证券交易所的成员，但是只有很少一部分股票交易业务，大约占其业务总量的1/8。它避开华尔街上大型交易所极力推崇的项目，如期权、商品期货等，而去吸引它所认为的"明智投资者"。它并不向客户承诺会赚大钱，向客户承诺会赚大钱是美国金融服务机构的一大创新。它甚至不想要做大买卖的客户。它青睐的客户是那些收入超过支出的人，如成功的专业人士、富裕的农民和小镇的商人。之所以选择这些客户，主要是因为这些人消费适度，而非收入较高。它主要满足了这些人储存保值的心理需求。这家证券公司出售的是保证资金不贬值的机会，主要投资债券和股票，还有递延年金、避税项目合作、房地产信托等。该公司提供了一项与众不同的"产品"——平静心灵，这是华尔街券商从未出售过的产品。这代表着为"明智投资者"提供的真正的"价值"。

华尔街的大型券商甚至无法相信这种客户的存在，这种客户的出现否定了它们一直深信不疑、视为真理的事情。如今，这家成功的公司被广泛报道。在每个成长型大型证券交易公司榜单上，都有它的名字。但是，那些大型证券公司的高管人员并未把这家公司当作竞争者，更不用说认可它的成功了。

现实与感知的不协调的背后，往往存在知识的傲慢、知识的僵化和教条主义。那位日本实业家断言："是我而不是他们了解日本穷人买得起什么。"这也解释了创新者为什么能够更容易利用不协调：它们无人理会，也不受干扰。

在所有不协调事件中，现实与感知的不协调最为常见。制造商和供应商对顾客的真实需求往往存在误解。它们总把对自己的"价值"与对顾客的"价值"等同起来。的确，如果想成功地做一件事情，必须相信这件事情并认真去做。化妆品制造商必须相信自己的产品，否则这些产品就变成了劣质产品，将很快失去客户。医院经营者必须相信医疗保健的重要性，否则医疗质量和护理水平将迅速下降。然而，没有一个顾客认为他的需求等同于制造商或供应商的供给。两者在价值和期望上，总是存在差异。

对于这种差异，制造商和供应商总是抱怨顾客"不理智"或者"不愿为高品质买单"。只要听到这种抱怨，我们就有理由相信，制造商或供应商与顾客在价值和期望上存在不协调。此时，我们有足够的理由去寻找一种具体的、成功率极高的创新机会。

VI

流程的节奏或逻辑的内部不协调

大约 25 年前，也就是 20 世纪 50 年代末，一家制药公司的一名推销员决定自主创业。他开始在医疗操作流程中寻找不协调之处，并很快就找到了。老年人白内障切除手术是一种很常见的手术。多年来，该手术过程已经十分精细化、程序化和仪器化，整个手术过程完全可控、节奏完美。但是，这个手术仍然存在一个不完善、不协调之处。在手术的某个阶段，眼科医生必须切断一根韧带并结扎血管，这可能导致出血使眼睛受损。虽然这一步骤的成功率大于 99%，完成这一步骤也不困难，但是它会干扰眼科医生。这会改变医生的操作节奏，并引起他们的担忧。任何一位眼科医生，不管做过多少次手术，在这一环节都会感到些许恐惧。

制药公司的这名推销员威廉·科纳（William Connor），稍做研究就发现 19 世纪 90 年代分离出的一种酶能够迅速溶解那根特殊的韧带。只是在当时，没有人能使这种酶长期保存，即便在冷冻状态下，也存放不了几个小时。然而，自1890年以来，储存技术取得了相当大的进步。因此短短的几个月内，通过反复试验，科纳就发现了一种可以长期储存酶又不使其丧失活性的防腐剂。随后，科纳的专利化合物在短短几年内就被全球的眼科医生采用。20年后，一家跨国公司高价收购了科纳创办的爱尔康公司（Alcon Laboratories）。

下面还有一个很好的例子。

斯科特公司（O. M. Scott & Co.）是美国草坪护理产品制造商的领导者，其产品包括草籽、肥料和杀虫剂等。该公司目前是一家大型公司ITT的子公司。当还是一家独立小公司时，斯科特公司就与超出其规模几倍的公司展开竞争，从西尔斯百货到陶氏化学公司，并占据领导地位。斯科特公司的产品很好，那些竞争对手的也很好。它之所以能够获胜，主要在于一种被称为"撒布机"的简单轻便的独轮车。这种独轮车上的一些小孔能使斯科特公司的产品适量地、均匀地撒播。草坪护理产品一向被宣称是"科学的"，是经过大量实验以后合成的。在一定的土壤条件和温度下应撒播多少草坪护理产品，所有公司都会对这一点给出详细说明。它们都在向消费者传递一个信息：草坪种植即便不是一项"科学"作业，也是一项"精细的""需要控制的"作业。但在斯科特公司推出撒布机之前，没有一家厂商提供工具帮助客户控制作业流程。没有这样一个工具，使得整个流程逻辑内部存在某种不协调，令客户失望和沮丧。

对这种流程内部不协调的识别，得依赖"直觉"和意外事件，还是可以加以组织或系统化呢？

威廉·科纳通过向外科医生询问他们工作中不甚如意的地方，得以开始进行创新。斯科特公司通过向批发商和客户了解现有产品的不足之处，得以从一家地方性种子零售商发展成一家具有相当规模的全国性公司。随后，它开始围绕"撒布机"设计自己的产品线。

流程内部的不协调，无论在节奏上还是逻辑上，都并非难以捉摸。产品的使用者总能意识到这种不协调。每位眼科医生都很清楚自己在切割眼部韧带时的不协调，并经常谈论这个问题。同样地，每个五金店的员工都知道草坪护理客户的困扰，也经常谈论它。但是真正缺少的是有人愿意倾听并愿意认真对待大家挂在嘴边的信念——产品或服务的目的是满足客户需求。如果人们接受这个信念，并付诸实践，那么利用这种不协调所产生的创新机会，将会变得容易而高效。

但是，这里存在一个严格的限制条件，就是通常只有特定产业或者服务领域的内部人员才能发现这种不协调，而外部人员很难发现、理解并加以利用。

创新机会源三：流程需求

前面章节的主题都是"机会是创新的来源"，但是，正如古谚所言，"需求乃发明之母"，所以，本章把需求看作创新的一个来源，并且实际上把它视为一个重要的创新机会。

我们所要讨论的作为创新机会源之一的需求，是一种具体的需求，我称之为"流程需求"。这种需求既不模糊也非笼统，而是相当具体。就像意外事件或不协调事件，它也存在于企业、产业或者服务领域内部。一些基于流程需求的创新利用的是不协调事件，另一些利用的是人口统计特征。不同于其他创新机会源，流程需求并非源于内外环境中的事件，而是基于有待完成的工作。它以任务为中心，而非以环境为中心。它完善现有流程，替换薄弱环节，用新知识重新设计旧流程。它有时通过补齐缺失环节使某个流程成为可能。

基于流程需求的创新中，组织中的每个人都知道需求的存在。但是，人们常常对它无动于衷。而一旦出现创新，人们立即把创新视为"显而易见之事"，并很快当作"标准"。

我们在第 4 章曾提到一个案例。威廉·科纳将白内障手术中分解韧带的酶从一个书本中的名词概念转变为手术必需的产品。白内障手术的流程由来已久。能够完善该流程的酶几十年来也早已为人所知。这里的创新仅仅是使酶在冷冻状态下保持活性的防腐剂。当这一流程需求得以满足后，眼科医生无法想象如果没有科纳的产品会是怎样的情形。

在基于流程需求的创新中，很少有创新像上述的例子那样聚焦，即一旦发现需求立即能找到解决方案。但是大多数（如果不是全部）基于流程需求的创新本质上都有一些共性。

下面是另一个基于流程需求进行创新的案例。

1885 年，奥特马尔·默根特勒（Ottmar Mergenthaler）发明了用于排版的莱诺铸排机。在此之前的几十年里，随着识字人口的增长和交通、通信的发展，各种印刷品（杂志、报纸和图书）都呈指数增长，印刷流程的其他要素均已得到改善。例如，当时已经有高速印刷机和高速造纸机。然而，自古登堡时代以来的 400 年里，排字这一工序一直没有变化。排字是一项耗时耗力的成本高昂的手工作业，需要高超的技艺和多年的学习训练。同科纳一样，默根特勒首先界定需求，包括一个可以自动从字母库里挑选正确字母的键盘，一个可以拼组字母并将它们排成一条线的机械装置，以及一个将字母准确放回容器以供将来使用的机械装置，这也是最为困难的一个部分。以上每一部分都需要多年的努力和足够的才能，但并不需要新知识，更别说需要新科技了。尽管遭到了老排字工的激烈反对，但是在不到五年的时间里，默根特勒的莱诺铸排机就成为行业标准。

上述两个案例（科纳的酶和默根特勒的莱诺铸排机）中，流程需求都是因流程中的不协调而产生的。此外，人口统计特征变化也是流程需求的重要来源，也是流程创新的机会所在。

1909 年左右，贝尔电话公司的一名统计员绘制了两条从那之后 15 年的预测发展曲线：一条是美国人口的增长曲线，另一条是日益增长的电话量所需要的中心局接线员数量的增长曲线。这两条曲线表明，如果继续使用人工接线，到 1925 年或 1930 年，17 ～ 60 岁的美国妇女都要从事接线员工作。两年以后，贝尔电话公司的工程师设计出第一台自动交换机，并投入使用。

现在，人口统计特征变化带来的流程需求还引发了机器人的研究热潮。人们早已熟知机器人的相关知识，但在工业化国家，尤其是日本和美国，直到生育低谷的影响显现在主要制造商面前，它们才意识到机器取代半熟练装配工人的必要性。日本在机器人领域的领先地位，并非在于技术优势。它的技术大多是由美国引进的。其主要原因是，日本的生育低谷比美国早四五年，比联邦德国早十年左右。日本用了十年时间意识到劳动力短缺的问题，这与联邦德国和美国所用的时间一样。但是，日本比美国更早启动机器人的研究，而在我写下这几句话的时候，联邦德国的十年尚未结束。

默根特勒的莱诺铸排机在很大程度上也是人口压力造成的结果。随着印刷品需求的激增，具有 6 ～ 8 年学徒经验的排字工大量紧缺，而且排字工的薪酬飞涨。印刷商开始意识到这个"薄弱环节"，很乐意花费大价钱购买一台可以用一名半熟练操作工替代五名高薪技术工人的机器。

不协调事件和人口统计特征变化可能是流程需求最常见的来源。还有一种难度更大、风险更高也更重要的来源，这一来源就是所谓的项目研究（与传统的纯科学研究相对应）。事实上，确实存在一种"薄弱环节"，它是可以界定的，而且清晰可见，并能引起人们的强烈感受。只有获得大量的新知识，才能满足这种流程需求。

很少有发明能比摄影技术更快地取得成功。摄影在发明后不到 20 年，就已风靡全球。不到 20 年，每个国家都出现了伟大的摄影师。如马修·布雷迪（Mathew Brady），他的关于美国内战的作品，至今无人超越。到 1860 年，几乎每位新娘都会拍照留念。日本在明治维新之前首次引进的西方技术就是摄影技术，而当时的日本可是极度排斥外国人和外国思想的。

1870 年，业余摄影师纷纷出现。但对他们而言，当时的技术水平使摄影显得异常困难。摄影需要的一种重且易碎的玻璃板，必须极其小心地随身携带。另外，还需要一台笨重的照相机，而且拍照之前要长时间准备、精心布置，等等。这些困难是众所周知的。当时的摄影杂志，也是首批发行的专业性大众杂志，充斥着对这种极其困难的拍照的抱怨，也提出了很多改进建议。但是，1870 年的科学技术水平并不能解决这些问题。

到 19 世纪 80 年代中期，新知识出现了。柯达公司的创始人乔治·伊士曼（George Eastman）发明了可以替代厚重玻璃板的超轻薄纤维胶片。这种胶片无须小心操作，一般不会损坏。基于这种胶片，伊士曼还设计了一款轻便的照相机。10 年内，柯达占据了世界摄影市场的领导地位，并维持至今。

将流程从可能转化为现实，往往需要"项目研究"。当然，人们必须能够感知需求并清晰识别需求，接下来去创造新知识。爱迪生就是基于流程需求进行创新的典型创新者（详见第 9 章）。曾经有二十多年，人人都知道将会出现"电气业"。在那个阶段的最后五六年，情形越发清晰，"缺失环节"就是电灯泡。没有电灯泡，就不可能有电气业。爱迪生明确了使潜在的电气业成为现实的新知识，然后开展研究工作，并在两年内发明了电灯泡。

将可能变为现实的项目研究，已经成为一流工业研究实验室的主要方法。同样地，它也是国防、农业、医药、环境保护等方面研究的主要方法。

项目研究听起来很宏大。对很多人来说，它意味着"把人送上月球"或是研发小儿麻痹症疫苗之类的项目。但实际上，项目研究最成功的应用是在小而具体的项目上，越小越专注越好。最好的例子，也许是基于流程需求创新的最佳案例，正是一个非常小的项目。这个项目就是使日本的汽车事故减少了近 2/3 的公路反射镜项目。

直到 1965 年，除了大城市之外，日本的各地区基本没有铺设公路。但整个国家迅速进入了汽车时代，因此日本政府开始疯狂地铺设公路。现在，汽车可以并且确实在公路上高速行驶了。但是，路还是原来的老路，是按照 10 世纪走牛车的规格修筑的——勉强够两辆汽车并行，而且处处都是死角和隐蔽的入口。每隔几公里，就有多条道路从不同角度相交，形成交叉路口。因此，交通事故发生率以惊人的速度攀升，尤其是夜间交通事故发生率。新闻、广播和电视媒体以及议会的反对党很快开始大声疾呼，要求政府有所作为。但是重新修建公路是不可能的，因为那至少需要 20 年的时间。与以往相同类型活动一样，倡导小心驾驶的公众宣传活动也毫无效用。

日本的一个年轻人岩佐多闻抓住了这个危机，把它当作创新机会。他改进了传统的公路反射镜，使得作为反射镜的玻璃珠可以把从任何方向射来的汽车灯光反射到任何方向去。政府随即大量安装这种反射镜，交通事故发生率大大降低。

再举一个例子。

一战催生了美国大众对国内外新闻的兴趣。每个人都注意到了这一点。事实上，一战后初期，报社和杂志社就如何满足这种需求进行了广泛的探讨。地方报纸是无法胜任这项工作的。纽约时报社等几家大型出版商也进行过这方面的尝试，但都没有成功。后来，亨利·卢斯确定了流程需求以及如何满足这一需求。这种出版物不能是地方性出版物，必须是全国性出版物，否则很难吸引足够多的读者和广告商。除此之外，这种出版物不能每日一期，因为难以有足够多的趣闻来吸引读者。这些要求大体明确了出版物的风格。作为全球第一本新闻性杂志，《时代》一面世，就大获成功。

这些案例，尤其是岩佐多闻的故事，表明基于流程需求的成功创新要具备五种基本要素：

- 一个独立的流程
- 一个薄弱或缺失的环节
- 一个明确的目标
- 可以清晰界定的解决方案
- 对于"应该存在更好的方式"有广泛的认可，即具有较高的可接受性

但需要特别注意的是：

1. 需求必须能够被清楚理解。仅仅感知到需求是远远不够的，否则，将无法明确解决方案的要求。

例如，几百年来，数学一直是学校里较难的一门学科。只有很少一部分学生（不超过 1/5）学习数学没有什么困难而且还相当轻松，但其他学生从未真正学会它。的确，学生可以通过做大量练习题来通过数学考试。日本人就是通过极为重视这门学科做到这一点的，但这并不意味着日本的孩子都学会了数学。他们只是学会了如何通过考试，随即就把数学全忘了。十年后，当他们快 30 岁时，他们数学考试的表现同西方人一样差。然而，每个时代都会有天才教师，他们能教毫无天赋的学生学好数学，至少能够让学生有很大进步。但是，没有人能够复制这种教师的做法。人们切实感受到了这种需求，但是却不能理解这个问题。是孩子缺乏天赋？是我们的教育方法不对？还是心理和情感问题？没有人知道答案。对这个问题没有透彻的理解，我们就无法找到解决方案。

2. 我们可能了解流程，但仍缺乏解决问题的知识。第 4 章提到了造纸业中存在人人皆知的明显不协调，即要找到一种更少浪费、更加经济的造纸流程。一个世纪以来，许多有能力的人都曾努力去解决这个问题。我们清楚地知道需求是木质素的聚合物。我们已经有很多类似的分子聚合物，因此它应该容易获得。尽管 100 年来，受过良好训练的人们为此辛勤工作，但仍然缺乏所需的知识。我们只能说一句："让我们再试点别的材料吧。"

3. 解决方案必须符合人们的做事方式和意愿。业余摄影师对早期摄影流程的复杂技术没有心理投资，只想要尽可能简单地得到一张不错的照片。因此，他们很乐意能有一个只需要较少操作和技能的摄影流程。同样地，眼科医生感兴趣的只是一个精细的、合理的和不出血的治疗流程，因此具备这种效用的酶就可以满足他们的期望和价值诉求。

但是，下面还有一个例子。它是基于明确且实际的流程需求的创新，但不符合人们的做事方式，因此尚未得到认可。

多年以来，许多专业人士（如律师、会计师、工程师、医生）所需要信息的增长量已远远超过他们的搜寻能力。这些专业人员一直抱怨，他们不得不花费更多时间借助法律图书馆、手册、教科书以及专题检索服务来查询所需要的信息。因此有人认为做一种能提供这些信息的"数据库"能立即取得成功。通过计算机程序和显示器终端，这种数据库能够直接向专业人员提供信息：为律师提供法院判决信息，为会计师提供税收政策，为医生提供药物及其药性信息。但是这些服务却很难吸引到客户，以至于连收支平衡都无法实现。现实生活中，为律师提供服务的律商联讯集团，用了超过十年的时间并投入了巨额资金才获得客户。造成这种状况的根源，可能是数据库使得信息获取变得过于简单了。专业人士为之自豪的资本是他们的记忆力，也就是能够牢记所需要的信息或者找到这些信息的能力。"你必须记住你所需要的法院裁决信息，并清楚地知道如何获取这些信息。"这依然是新入行的律师从资深律师那里得到的忠告。尽管数据库对专业人士的工作有很大帮助，大大节省了工作时间和金钱，却违背了他们的价值观。有一位著名的医生，病人问他，为什么不使用能够帮助他核查诊断并选择特定病例最佳疗法的信息服务？这位医生答道："如果信息服务能够用来检查和诊断，那还要我做什么？"

人们可以系统地寻找基于流程需求的创新机会。正是采取了这种方法，爱迪生在电子和电力领域做出了卓越的贡献。当时还是耶鲁大学的一名在读生的卢斯采用了同样的方法，科纳也不例外。事实上，这一创新机会源本身也适用于系统的研究和分析。

一旦找到某种流程需求，必须根据上述五个基本要素进行检验。最后，还要看它是否符合三个限制条件：我们理解需求是什么吗？我们拥有解决问题的知识吗，或者最新技术可以解决这个问题吗？解决方案是否符合目标用户的习惯和价值观？

创新机会源四：产业结构和市场结构变化

有时候，产业结构和市场结构会持续很多年不变，看起来非常稳定。例如，一个世纪以来，世界制铝业的领导者一直是位于匹兹堡的美国铝业公司及其位于加拿大蒙特利尔的子公司。美国铝业公司拥有原始专利权。自20世纪20年代以来，世界烟草业只增加了一个重要新成员——南非伦勃朗集团。整整一个世纪里，只有两家企业成为世界领先的电器制造公司：荷兰飞利浦和日本日立。自20世纪20年代初期西尔斯公司从邮购业进入零售业起，到60年代中期历史久远的连锁廉价小商品店克雷斯吉创办了凯马特折扣商店止，在这40多年里，美国的零售连锁店没有重要的新成员出现。产业结构和市场结构显得如此坚不可摧，业内人士因此认为它们是注定的，是自然规律，而且必然一直延续。

实际上，产业结构和市场结构相当脆弱，一个小小的干扰就能使它们迅速瓦解。一旦出现这种情况，产业内的成员都要采取应对措施。因循守旧注定会给企业带来灾难，甚至会使企业走向灭亡。不采取应对措施，企业至少会失去领导地位，而一旦跌下神坛，就很难重登宝座。但是，产业结构和市场结构变化也是一个重要的创新机会。

产业结构变化要求产业内部成员都要发挥企业家精神。每个人都要自问："我们的业务是什么？"当然，不同的人会给出不同的答案。重要的是这些答案都是全新的。

I

汽车的故事

20 世纪初，汽车业迅速发展，汽车市场发生了彻底的改变。针对这种变化，人们采取了四种应对策略，最终都取得了成功。1900 年左右的早期汽车业主要为富人提供汽车这一奢侈品。当时汽车销量每三年翻一番，汽车市场早已超出上层人士这一狭窄市场。然而，当时的汽车公司依旧专注于满足"上层人士"的需求。

针对这种现象，创办于 1904 的英国劳斯莱斯采取了应对措施。公司创始人意识到，汽车保有量正快速增长，汽车势必走向"大众化"。于是他们决定生产并销售具有"贵族气质"的汽车，这也是公司早期创业计划书里的设想。他们特意采用早已过时的制造方法，即每一辆车由一个熟练的机械师独自手工制造并完成装配。他们做出承诺，保证车永不磨损。他们把车设计成只有接受过劳斯莱斯培训的专业司机才能驾驶。他们严格限制目标客户群体，比较偏好那些有尊贵头衔的人。为了不让一般的"平民"购买，劳斯莱斯汽车的价格高昂，与小游艇的价格不相上下，相当于一个熟练的机械师或者富裕的小店主年收入的 40 倍。

几年后，底特律的年轻人亨利·福特也注意到了这一市场结构的变化：美国的汽车不再只是富人的玩物。他决定设计一种可以批量生产、由半熟练工人装配的汽车。这种汽车可以由车主本人驾驶和修理。但是，1908 年推出的 T 型车并不像传说中那样"便宜"。它的价格比世界上薪金最高的熟练机械师（也就是美国熟练机械师）的年收入还要略高。目前，美国市场上最便宜的汽车价格仅为非技术性装配工人一年收入和福利的 1/10。不过在当时，T 型车的价格是之前市场中最便宜的汽车的 1/5，而且更易于驾驶和保养。

另一个美国人威廉·杜兰特，从市场结构的变化中看到了成立专业管理型大型汽车公司的机会。他预计一个全方位市场将会出现，并试图满足不同细分市场的汽车需求。1905 年，杜兰特创办了通用汽车，开始收购当时的汽车公司，并将它们整合为一家大型的现代化企业。

在此之前的 1899 年，年轻的意大利人乔瓦尼·阿涅利（Giovanni Agnelli）认为汽车将会成为军需品，尤其是作为军官的指挥车。因此，他在都灵创立了菲亚特汽车。短短几年，该公司就成为意大利、俄国和奥匈帝国军队指挥车的主要供应商。

1960 ~ 1980 年，全球汽车业的市场结构再次发生变化。一战之后的40 年里，各国的汽车市场由本国的汽车厂商主导。在意大利的公路上和停车场内，汽车大都是菲亚特，还有小部分是阿尔法·罗密欧和蓝旗亚，而在意大利之外的国家，人们就很难看到这些品牌的汽车了。在法国，有雷诺、标致和雪铁龙汽车；在德国，有梅赛德斯、欧宝和德国福特汽车；在美国，到处都是通用、福特和克莱斯勒汽车。然而到 1960 年左右，汽车业突然成了"全球性"产业。

对此，不同公司的反应截然不同。当时的日本（仍然相当封闭并且几乎没有出口过汽车），决定成为全球汽车出口国。20 世纪 60 年代末，日本汽车公司进入美国市场的首次尝试遭遇惨败。随后，它们重新部署，再三考虑出口策略，重新设计用以出口美国的汽车。这种汽车具有美式汽车特点，如美式设计风格、美式舒适度和美式性能，同时又兼具日式汽车特点，如车身较小、耗油量更低、质量控制更为严格，以及最重要的，客户服务更为完善。在 1979 年的石油危机时期，日本抓住了这一机会并大获成功。与此同时，福特汽车也决定进入"欧洲市场"以走向"全球化"。到了 20 世纪 70 年代中期，福特汽车成为欧洲汽车市场中头把交椅的有力竞争者。

菲亚特决定成为一家欧洲公司，而不仅仅是一家意大利公司。在保持其在意大利汽车市场主导地位的同时，菲亚特计划进入其他主要的欧洲国家，并在这些国家的汽车市场占据第二的位置。通用汽车起初决定坚守美国市场，并保持美国汽车市场 50% 的份额，进而获得北美汽车市场利润总额的 70%。这一计划获得了成功。到了 20 世纪 70 年代中期，通用汽车改变了想法，决定同福特汽车和菲亚特竞争欧洲市场的领导地位，并再次获得了成功。1983 ～ 1984 年，通用汽车最终决定成为一家真正的全球化公司，并和一些日本公司开展合作，起初是两家规模较小的公司，后来是丰田。联邦德国的梅赛德斯采取了另外一种全球化战略。它专注于全球市场中的几个细分市场，包括豪华轿车、出租车和公共汽车市场。

所有的战略都获得了成功。的确，我们无法评判哪种战略更好。但是，那些拒绝改变、拒绝接受变化的公司，最后境况都很糟糕。如果它们现在还活着，也仅仅是由于政府不愿坐视其倒闭。

克莱斯勒就是一个例子。公司内部人士都清楚所发生的变化（业界人士都知道），但他们没有采取任何行动。考虑到美国当时仍然是世界上最大的汽车市场，克莱斯勒可以选择美国本土化战略，集中资源巩固其在美国市场的地位。它也可以与某家强大的欧洲公司合并，力争在全球最重要的汽车市场——欧洲市场和美国市场中占据第三的位置。众所周知，梅赛德斯曾对此表现出极大的兴趣，但是克莱斯勒却没有什么兴趣。与之相反，克莱斯勒把资源一点点地浪费在表面功夫上。它收购了一些在欧洲市场遭遇挫败的公司，以打造跨国公司的形象。这种做法非但没有增强克莱斯勒的实力，反而耗尽资源，致使它无法在美国市场投资。1979 年石油危机之后，克莱斯勒在欧洲市场和美国市场几乎没有了什么份额，最后依靠美国政府的救助才得以存活。

与克莱斯勒一样，英国利兰也经历了相似的境遇。利兰曾是英国最大的汽车公司，也是欧洲汽车市场领导地位的有力竞争者。法国标致的情况同样如此。这两家公司都不愿做出必要的决策，结果迅速失去了原有的市场地位和盈利能力。目前这三家公司，克莱斯勒、利兰和标致，都处于汽车市场的边缘位置。

那些小公司的案例更加有趣，也更加重要。全球市场中的汽车制造商，无论规模是大还是小，都不得不采取行动，否则就面临永久的衰败。然而，三家小型的边缘公司从中看到了重大的创新机会。这三家小公司是沃尔沃、宝马和保时捷。

1960 年左右，汽车市场突然变化。知情人士断言，在即将开始的大淘汰中，这三家公司将会消失。然而这三家公司表现出色，创造了自己的利基市场并成为其中的领导者。它们之所以取得如此成就，全在于采用了创新战略。这种创新战略使它们转型成为焕然一新的企业。1965 年，沃尔沃只是一家挣扎在收支平衡边缘的小公司。在关键的几年里，它出现严重亏损，后来不断重塑自己。它在全球，尤其是在美国，将自己打造为"明智型"汽车的世界级营销者。这种汽车并非豪华，价格不低，也不能引领潮流。但是它很牢靠，彰显出一种判断力与"更好的价值"。沃尔沃将自己定位为专业人士用车的提供者。专业人士通常无须通过所驾驶的汽车来展示自己的成功，他们更加重视因"明智决策"而为人所知。

1960 年的宝马公司同样无足轻重，后来也获得了成功，尤其是在意大利和法国。它将自己定位为"有望成功的年轻人"用车的提供者，这些人主要包括在工作或者职业中已经取得成功，但仍然希望被视为年轻人的人，或者想要展示出他们"知道差异"并愿意为此买单的人。宝马毫无疑问是属于富人的高档汽车，但它对那些希望看似平凡的富人具有更大的吸引力。奔驰和凯迪拉克主要适合企业领导者或者国家领导人，而宝马则将自己定位为"终极驾驶机器"并加以推广。

保时捷，起初是大众汽车的一个特别款式，把自己重新定位为首选跑车。它的目标客户是将汽车视为寻求刺激的工具而不仅仅是交通工具的人群。

然而，那些在产业变化后没有进行创新也没有显示出独特性的因循守旧的汽车企业，处境堪忧。比如，英国标志性汽车品牌 MG，30 年前就已经拥有今日保时捷的地位。MG 的跑车曾闻名于世，现在却不见踪影。雪铁龙又在何方呢？ 30 年前，雪铁龙拥有雄厚的创新基础、牢靠的车身以及中产阶层认可的可靠性，其定位应该是当下沃尔沃所在的细分市场。然而，它并没有深入思考自身业务并开展创新，导致创新产品和战略的缺失。

II

机会

产业结构变化提供了极好的机会。对于外部人士，这些机会是可见的、可预测的。业内人士通常将这些变化视为威胁。因此，开展创新的外部人士可以迅速而且风险很小地成为某一重要产业或领域的重要力量。下面是一些例子。

20 世纪 50 年代末，三个年轻人偶然在纽约相遇。他们都在金融业（主要是华尔街的金融公司）工作。他们有一个共同的看法：自二十多年前的大萧条以来，一直未变的证券业可能会经历快速的结构转变。他们相信这种转变将创造新的机会，于是他们对金融业和金融市场进行系统的研究，希望能发现适合资金有限又没有社会关系的新进入者的创业机会。1959 年，他们创立了一家新公司——帝杰证券。五年后，这家公司成为华尔街的重要力量。

这三位年轻人发现，新的客户（即养老基金管理者）正在出现。这些客户需要的不是什么特别难以提供的东西，而是一些不同的东西，只不过那时还没有提供这类服务的公司。于是，唐纳森（Donaldson）、拉夫金（Lufkin）和詹雷特（Jenrette）这三个年轻人成立了帝杰证券，专注于为这些客户提供所需的服务。

与此同时，证券业的另一位年轻人也意识到证券业正在发生结构变化，这提供了创办不同类型的证券公司的机会。他发现的机会就是前文提到的"明智投资者"。他抓住了这个机会并创办了如今规模庞大且发展迅速的公司。

20 世纪 60 年代早期或中期，美国医疗保健业开始发生快速的结构变化。当时在中西部一家大型医院做基层管理者的三个年轻人（最大的不到 30 岁），认为这为他们提供了自主创业的机会。他们断定，医院对后勤服务方面（如厨房服务、洗衣服务、维修服务等）的专业技能需求将会大大增加。他们将要做的事情系统化并与医院签订合同。他们的公司派遣专业人员提供这些服务，收费只相当于医院所节省费用的一小部分。20 年后，这家公司每年收取的服务费已经高达 10 亿美元。

最后一个例子是美国长途电话市场中的折扣运营商，如 MCI 和斯普林特（Sprint）。它们完全是产业外的企业，例如斯普林特的创办者是南太平洋铁路公司。这些产业外的企业开始挖掘贝尔系统的不足之处。它们发现了它的长途电话服务的定价结构问题。直到二战，长途电话仍是一种奢侈品，仅限于政府和大型企业使用，或者用于家人去世之类的紧急事件联络。二战之后，长途电话开始普及。的确，它已成为电信业中的增长型业务。但是在各州控制电话费率的监管机构的压力下，贝尔系统仍然将长途电话作为奢侈品来定价，价格远远高于成本，并将所得利润用于补贴市内电话业务。为了增加长途电话的吸引力，贝尔系统给予长途电话的大客户较大折扣。

1970 年，长途电话的收入很快赶上并超过市内电话的收入。但是，先前的价格结构依旧保持不变。这恰恰是新进入者的机会所在。它们以折扣价格购买批量服务，然后以零售方式卖给小客户并与之共享折扣。这为它们带来巨额利润，也使客户能以较低价格使用长途电话服务。10 年后，也就是20 世纪 80 年代初，长途折扣运营商处理的电话业务量比它们成立初期整个贝尔系统处理的电话业务量还要多。

如果不是因为存在一个事实，这些例子就只是奇闻逸事而已。这个事实就是：每个创新者都知道产业内存在一个重大的创新机会。他们同时确信创新会冒极小的风险获得成功。他们为何如此确信呢？

Ⅲ

产业结构何时变化

下面四个指标能够近乎确定地、清楚地表明产业结构即将发生变化。

1. 最可靠也最易于确定的指标是产业的快速增长。这实际上也是上述例子（包括汽车业的例子）的共同点。如果一个产业的增长速度远远超过经济或者人口的增长速度，我们可以推断其产业结构极有可能发生巨大变化——最迟在产业规模翻番的时候发生。目前的运营方式依然很成功，因此没有人想要做出改变，其实这些运营方式正在逐渐变得不合时宜。但是，雪铁龙和贝尔电话公司的人都不愿意接受这一事实。这也解释了为什么一些"新进入者""外部人士"或者起初"微不足道的人"能够在成功企业已占据的市场中战胜它们。

2. 当一个产业翻番增长时，旧的对市场的感知方式和服务方式可能不再适用。特别是，传统领导者界定和划分市场的方式不再能反映现实，而只能反映历史。同时，报告和数字也只代表传统市场观念。这就是两个不同的创新者（帝杰证券公司和中西部"明智投资者"的经纪公司）都能取得成功的原因。它们各自找到了现有金融服务机构既没有感知到也没有提供充分服务的细分市场：养老基金比较新颖，而"明智投资者"不是华尔街定义的客户群体。

医院管理的例子同样说明，经历了一段快速发展之后，传统的综合医院已不足以满足需求。二战之后，医院里的"医护人员"大大增加了。这些专职人员包括放射科、医学实验室的工作人员，以及病理学家和各种治疗学家，等等。而二战之前，医院里根本没有相应的职业。医院管理也成了一项专业化的工作。早期属于医院运营头等大事的传统"后勤"服务，现在成了让医院管理者头疼的问题。医院职工尤其是低收入人群成立工会之后，医院管理工作变得更为棘手。

第 3 章提到的连锁书店，也是由于快速发展引起结构变化的例子。出版商和传统美国书店都没有意识到新客户（商店里的购物者）正与老客户（传统读者）一同出现。因为没有意识到新客户群体的出现，所以从未尝试为他们提供服务。

产业如果增长过快，可能会出现自满现象并采用"撇脂定价"策略。这也是贝尔系统针对长途电话所采用的策略。这种做法的唯一后果就是导致竞争（详见第 17 章）。

美国的艺术领域中也有同样的例子。二战之前，博物馆被视为上层人士的专属场所；二战之后，参观博物馆成为中产阶层的习惯，各个城市开始建立博物馆。二战之前，艺术品收藏只是极少数有钱人的喜好；二战之后，艺术品收藏变得流行起来，成千上万的人开始收藏艺术品，包括一些资源有限的人。

博物馆的一位年轻工作人员从中看到了创新机会。他在保险业发现机会，这是他未曾想过甚至未曾听过的领域。他成为一名专注于艺术领域的保险经纪人，为博物馆和收藏家投保。由于他的艺术专长，一些过去不愿意为艺术收藏品承保的保险公司开始愿意承担这种风险，而且保费比先前低70%。如今，这位年轻人拥有了一家大型保险经纪公司。

3.多种过去被认为完全独立的技术发生融合，也会导致产业结构突然变化。

一个例子就是用户交换机（PBX），用于办公场所和其他大型电话客户的电话总机。在美国，用户交换机的相关科技工作基本都是在贝尔系统下属的贝尔实验室完成的。该项研究的主要受益者却是像罗尔姆公司（ROLM Corporation）这样的新进入者。新型用户交换机技术融合了电话和计算机两种技术，因此既可以看成应用计算机技术的电话设备，也可以看成应用电话技术的计算机。从技术层面来讲，贝尔系统完全能处理这个问题。事实上，贝尔系统一直是计算机先驱。然而，从市场和用户的角度来看，贝尔系统将计算机技术和电话技术视为完全独立且不同的事物。虽然它设计并引进了计算机式用户交换机，但并未加以推广。结果，新进入者成为这一市场中的主要竞争者。由四位年轻工程师创立的罗尔姆公司，起初研究用于战斗机的小型计算机，却误打误撞地进入了电话业务。尽管贝尔系统在技术上仍然占据领导地位，但其市场份额只有 1/3 略多一点。

4.产业运营方式的快速变化，说明产业结构变化的时机已经成熟。

30 年前，美国绝大多数医生都是独立行医。到 1980 年，只有 60% 的医生独立行医。现在 40% 的医生（其中 75% 是年轻医生）采取团体行医方式，即合伙行医或者成为医疗保健机构（或医院）的雇员。早在 1970 年左右，一些人就看到正在发生的变化并意识到这是一个创新机会，于是成立了一家服务公司，为医生团体设计办公室，为他们建议合适的设备仪器，帮助他们管理团队或者培训管理者。

如果某个产业或市场由一个或少数几个大型制造商或供应商主导，那么利用产业结构变化开展创新会特别有效。即便没有实现真正的垄断，这些大型制造商或供应商多年来一直很成功且无可匹敌，难免会狂妄自大。一开始，它们认为新进入者只是业余性的，无足轻重，故而不予理会。随着新进入者所占市场份额越来越大，它们才发现已经很难反击了。大概历经十年，贝尔系统对长途折扣运营商和用户交换机制造商才做出反应。

当非阿司匹林类药品泰诺和达特利尔出现时，美国阿司匹林类药品制造商同样反应迟缓（详见第 17 章）。产业的快速发展使创新者从即将发生变化的产业结构中捕捉到创新机会。现有的几家阿司匹林制造商都是制药巨头，没有任何理由生产不出"不含阿司匹林的镇痛药"并且高效地销售。毕竟，阿司匹林类药品的不良反应和禁忌早已广为人知。医学文献里对这一点也做了全面论述。但是，在非阿司匹林类药品面世后的 5 ～ 8 年内，新进入者一直独占市场。

同样地，在创新者拿走越来越多的高利润业务的同时，美国邮政署（United States Postal Service）持续多年毫无回应。先是美国联合包裹服务公司（United Parcel Service，UPS）拿走了普通包裹运输业务。随后，埃默里航空运输公司（Emery Air Freight）和联邦快递（Federal Express）分别拿走了更高利润的加急件、高价值物品和信件业务。美国邮政署之所以如此容易丢掉业务，主要在于其本身的快速增长。业务量的快速增长使它忽视了一些看似不重要的细分领域，从而为创新者提供了机会。

当产业结构和市场结构变化时，行业领导者（无论是制造商还是供应商）往往会忽视一些增长最快的细分市场。它们依旧坚守正在迅速失效和过时的做法。新增长机会很少会与业界一贯接触市场、界定市场以及根据市场进行自我组织的方式一致。产业内的创新者可以不受干扰地发展。因为在一段时间内，特定领域的旧业务或旧服务通常用老方法为市场提供产品、服务，并表现良好。它们很少留意新的挑战，或者不以为意，甚至直接无视。

有一个重要提醒：在产业结构和市场结构这一领域，创新必须坚持简单性原则。复杂的创新往往行不通。这里有一个例子,是我所知的最明智的企业战略的案例,但损失也最为惨重。

1960 年左右,大众汽车发动了一场变革,将汽车业的市场转变成了全球性市场。自 40 年前福特汽车推出 T 型车以来,大众汽车的甲壳虫成为第一款真正意义上的国际汽车。同在联邦德国一样,甲壳虫在美国也随处可见,在坦噶尼喀和所罗门群岛同样声名远扬。但是由于过于聪明,大众汽车错失了自己创造的机会。

在进入全球市场约 10 年之后的 1970 年,甲壳虫在欧洲就过时了;在它的第二大市场美国,销量依然良好;在它的第三大市场巴西,增长势头明显。显而易见,是时候实施全新的战略了。

大众汽车的首席执行官提议联邦德国工厂全部投入甲壳虫后继车型的生产,美国市场的新款车也由联邦德国工厂供货。美国市场对甲壳虫的持续需求全由大众汽车巴西分公司负责满足。这样,巴西分公司就具有足够的销量来支撑其扩大企业规模,同时也可以使甲壳虫在巴西市场获得另一个 10 年领导地位。为了确保美国顾客继续获得"联邦德国品质"(这是甲壳虫的一个主要亮点),在北美销售的所有汽车,其引擎和变速箱等关键部件,仍然在联邦德国制造,最后在美国完成总装。

这是第一个真正的全球化战略。在不同国家生产不同的零部件,并根据不同的市场需求在不同地方组装。如果这个战略行得通,它将不仅是一个正确的战略,也将是一个高度创新的战略。但是,由于联邦德国工会的反对,它最终未能实施。他们反对说:"在美国组装甲壳虫就意味着联邦德国的就业机会减少……我们绝不能容忍这种行为。"此外,尽管关键部件仍由联邦德国制造,美国经销商对"巴西制造"的汽车依旧心存疑虑。最后,大众汽车不得不放弃这个完美的计划。

后来,大众汽车失去了它的第二大市场美国。由伊朗伊斯兰革命引发的第二次石油危机,使得小型汽车风靡一时。大众汽车原本可以占领小型车市场，而不是被日本抢占，但联邦德国当时没有产品来满足小型车市场的需求。几年后，巴西陷入严重的经济危机，汽车销量大幅下降。大众汽车的巴西分公司陷入危机，20 世纪 70 年代的扩增产能也没有了外销客户。

大众汽车这一明智战略的失败，致使企业的未来发展危机重重。它失败的具体原因是次要的。这个案例的主要启示是："聪明"的战略总会失败，尤其当它旨在利用产业结构变化产生的机会时。在这种情况下，只有简单的、明确的战略才有可能成功。

创新机会源五：人口统计特征变化

到目前为止，从第 3 章到第 6 章，我们讨论的创新机会源包括意外事件、不协调事件、流程需求、产业结构和市场结构变化。这些来源都体现在企业、产业或市场的内部。它们可能是经济、社会或知识等方面的外部变化的表征，但都是从内部展现出来的。

其他创新机会源包括：

- 人口统计特征变化
- 感知、意义及情绪的变化
- 新知识

这些来源都是外部的。它们是社会、哲学、政治和知识环境方面的变化。

I

在所有外部变化中，人口统计特征变化最为明显。人口统计特征是指人口规模、年龄结构、人口构成、就业情况、教育状况和收入水平等。人口统计特征变化非常清晰，并且最容易产生可以预见的后果。

同时，人口统计特征有着已知且基本确定的提前期。比如，即便此时并非全部生活在美国，那些在 2000 年将成为美国劳动力的人现在也都已出生。15 年后的许多美国工人现在可能是墨西哥某印第安村落里的孩子。发达国家中，在 2030 年将达到退休年龄的人现在已经在劳动大军中。大多数情况下，他们会在自己的行业领域中工作，直到退休或者死亡。目前 20 岁出头的人所接受的教育，将在很大程度上决定他们今后 40 年的职业道路。

人口统计特征变化会极大地影响购买对象、购买人群以及购买数量。比如，美国青少年一年会购买许多双便宜的鞋子，他们是为了时尚而非耐用性，而且他们的经济能力有限。十年后，这群人一年将只购买几双鞋子（仅仅是他们 17 岁时所购买的 1/6），他们首先为了舒适性和耐用性，其次才是时尚。发达国家中那些六七十岁的人，也就是退休没多久的人，通常是旅游市场和度假市场的主力军。十年后，同样的人群将会是退休社区、养老院和收费高昂的医疗护理机构的客户。双职工家庭有更多的金钱和较少的时间，并以这两个要素为基础进行消费。那些年轻时接受了大量学校教育（尤其是专业和技术教育）的人，10 ～ 20 年后会成为高级职业培训的客户。

接受过大量学校教育的人主要是知识工作者。1955 年后，由于婴儿死亡率的下降，第三世界国家的年轻人数量激增。这些大量过剩的年轻人通常只被培训为非熟练工人或半熟练工人。即便没有那些低收入国家的竞争，西方国家或者日本等工业发达的国家也必将推行自动化。仅仅是出生率下降和"教育爆炸"结合所导致的人口统计特征变化，就能几近确定这样一个事实：发达国家制造业聘用的传统蓝领工人数量，到 2010 年将仅为 1970 年的 1/3 或者更少。（然而到那时，由于自动化的应用，制造业的产出可能会达到 1970 年的三四倍。）

一切如此明显，以至于人们认为根本无须强调人口统计特征变化的重要性。的确，商人、经济学家和政客高度认可人口趋势、人口流动和人口动态的重要性。但是，他们认为在日常决策中无须特别关注人口统计特征。人口变化如此缓慢，需要相当长的时间，因此没什么实际意义（无论这些人口变化是出生率或者死亡率的变化、教育水平的变化、劳动力构成和就业的变化，还是人口位置或流动的变化）。只有诸如 14 世纪发生在欧洲的黑死病之类的巨大人口灾难才会很快对社会和经济产生影响。但其他方面，人口变化是"长期性"变化，只会引起历史学家和统计学家的兴趣，而不会引起商人或者管理者的兴趣。

这一直是一个危险的错误认识。通过 19 世纪的移民潮，大批人口从欧洲迁移到南美、北美、澳大利亚和新西兰，极大地改变了世界经济和政治地理。这种变化远远超出了人们的认知。这次移民潮催生了大量的创业机会。它还让欧洲的地缘政治概念变得过时——这些概念是欧洲几个世纪以来制定政治和军事方略的基础。这一切仅仅发生在 50 年内（从 19 世纪 60 年代中期到 1914 年）。任何忽视这些变化的人，很快就被时代抛弃了。

举个例子，在 1860 年之前，罗斯柴尔德家族一直是世界金融市场的主导力量。它由于没有意识到这次移民潮的意义，认为只有"平民"才会离开欧洲，而最终没落。到 1870 年，罗斯柴尔德家族的地位变得无足轻重。他们仅仅是有钱人而已。J. P. 摩根取代罗斯柴尔德家族成为金融市场的领导者。他之所以取得如此成就，全在于他对移民潮的警觉和重视。他充分利用这次移民潮的机会，在纽约而非欧洲建立全球性银行，给因为移民潮而兴起的美国工业提供融资。仅仅用了 30 年时间（1830 ～ 1860 年），西欧和美国东部以农业为主的乡村社会就转变为工业化城市。

更早时期，人口统计特征变化同样迅速、突然，具有巨大的影响力。"人口统计特征在过去变化缓慢"这一观念纯粹是谬误。从历史上看，人口在较长一段时间内保持不变只是例外，而非常态。[⊖]

　　⊖　这方面的法国文明史学家的作品最具权威性。

在 20 世纪，忽视人口统计特征变化的行为愚蠢至极。人口本质上极不稳定，会突然发生变化，这必须是我们这个时代的基本假设。无论商人还是政客在制定决策时，都应把这一假设当作首要条件来分析。比如，在 20 世纪，不论是国内政治还是国际政治，最重要的挑战有两点：一是发达国家的老龄化，二是发展中国家的年轻人过剩。无论出于何种原因，20 世纪的发达国家和发展中国家都容易发生剧烈的人口变化。这些变化通常发生得毫无征兆。

1938 年，美国总统富兰克林·罗斯福将最有名的人口专家召集在一起。他们一致预测，美国人口将在 1943 年或 1944 年达到 1.4 亿人的峰值，随后缓慢下降。事实是，加上小部分移民，现在（1984 年）美国人口已达到 2.4 亿人。因为在 1949 年，美国毫无征兆地出现了"婴儿潮"，在随后的 12 年里出现了数量空前的多子女家庭。1960 年，美国又突然迎来了生育低谷，产生了同样数量空前的少子女家庭。1938 年的人口统计学家并非无能之辈或愚蠢之人，只是因为婴儿潮的出现过于突然。

20 年后，美国另一位总统约翰·肯尼迪也组织一群知名专家来推出针对拉美的援助和发展计划项目，即"争取进步联盟"（Alliance for Progress）。1961 年，没有一个专家预料到婴儿死亡率的大幅下降，而这种下降彻底改变了 15 年后拉美的社会和经济发展。这些专家毫无保留地认为拉美只是偏远乡村地区而已。同样地，他们也并非无能之辈或者愚蠢之人。只是当时拉美的婴儿死亡率下降趋势尚未显现，城镇化也毫无迹象。

1972～1973 年，美国资深劳动力分析师断定，与多年来一样，美国女性劳动者数量将会持续下降。当婴儿潮一代以创纪录的人数进入劳动力市场时，分析师们担心没有足够的工作来满足年轻男性的需求。虽然事后证明，这种担心毫无必要。人们认为女性不需要工作，因此没有人考虑女性的工作岗位将从何而来。10 年后，美国 50 岁以下的女性参加工作的占 64%，创下新纪录。这个群体的女性，无论结婚与否，也不管有没有孩子，劳动参与率基本无差异。

这些转变不仅出人意料，而且令人难以捉摸。现在回想起来，第三世界国家婴儿死亡率的下降是可以解释的。它是旧技术（公共健康护理、厕所在水源的下游、接种疫苗、安装窗纱）与新技术（抗生素、诸如 DDT 的杀虫剂）结合的结果。然而，这种变化不可预测。美国婴儿潮或生育低谷的原因何在呢？美国女性参加工作的原因呢？同样地，滞后美国几年的欧洲女性呢？拉美城市陷入贫困，这一现象又该如何解释呢？

20 世纪的人口变化本质上可能无法预测，但产生影响之前通常会有很长一段提前期，而这个提前期是可预测的。新生儿需要 5 年才能进入幼儿园，才会需要教室、操场和教师；需要 15 年，才能成为重要的消费者；需要 19 ~ 20 年，才能长大成人、参加工作。拉美的婴儿死亡率下降后，人口很快开始大幅增长。但是，这些存活的婴儿在五六年后没有成为幼儿园学生。再过十五六年后，长大的青少年也没有去找工作。而将教育成果转化为劳动力和劳动技能，则至少需要 10 年，往往是 15 年。

对企业家而言，人口统计特征变化是一个绝好的机会，正是因为决策制定者，无论是商人、公共服务人员还是政府决策制定者，往往会忽视这一机会。他们依旧断定人口统计特征不会发生变化，至少不会快速变化。事实上，他们甚至对最明显的人口变化都不予理会。下面是几个典型的案例。

1970 年，美国学校学生数量明显比 20 世纪 60 年代少 25% ~ 30%。之后的 10 年或 15 年内，这一现象应该不会改变。毕竟 1970 年进入幼儿园的孩子，至少要在 1965 年前出生。当时的生育低谷现在已是既定事实，根本无法逆转。然而，美国大学的教育学院根本不接受这个事实。看起来，它们认为学龄儿童逐年增加是自然规律，于是加大力度招收学生，导致几年后大量毕业生找不到工作，教师薪资承受巨大压力，以及许多教育学院关门。

这里有我亲身经历的两个例子。1957 年，我预测 20 世纪 70 年代中期，美国大学生会达到 1 000 万～ 1 200 万人。这个数字只是根据两个已经发生的人口事件中的相关数字简单推算出来的。这两个人口事件是出生人口数量的增加和上大学青少年比率的提升。毫无疑问，这个预测完全正确。但实际上，知名大学都对此报以嘘声。1976 年，通过分析年龄数据，我推测美国退休年龄将在 10 年内提高到 70 岁，甚至直接废除强制退休。实际上，这一变化来得更快，一年后，即 1977 年，加利福尼亚州废除了强制退休；两年后，即 1978 年，美国其他地区废除了 70 岁之前退休的规定。而使这一预测确定无疑的人口数字其实早已是众所周知的事情（出版物上就有）。但是大部分所谓的专家，包括政府经济学家、工会经济学家、企业经济学家和统计学家，都认为这一说法荒谬无比。他们众口一词："它永远不会发生。"实际上，工会当时还提议将法定退休年龄降低到 60 岁或更低。

专家不愿意或不能接受与理所当然的事物不一致的人口现状，这恰恰为企业家提供了机会。提前期是已知的，事件也已经发生，但是没人接受这一事实，更不会将它视为机会。因此，那些摒弃传统观念而接受事实的人，实际上是在积极寻找这些事实的人，有望在相当长时间内不受竞争者的关注。一般情况下，只有在人口结构将被新的人口变化和新的人口现状所取代时，竞争者才会接受这一事实。

Ⅱ

下面是几个成功利用人口变化的案例。

大部分美国大型大学都认为我的预测（即到 20 世纪 70 年代中期大学生将达到 1 000 万～ 1 200 万人）是荒谬的。但是一些具有企业家精神的大学认真对待这件事，如纽约的佩斯大学（Pace University）和旧金山的金门大学（Golden Gate University）。起初它们也持怀疑态度，但它们经过认真思考后意识到该预测的可靠性（事实上这是唯一合理的预测），便开始为扩招做准备。而传统大学，尤其是享有声望的大学，却毫无准备。结果 20 年后，那些做了充足准备的学校获得了生源。当生育低谷引致的全国入学人数下降时，这些学校的学生人数依然增长。

梅尔维尔公司（Melville）在接受"婴儿潮"这一事实的时候，还是一家不知名的美国小型零售鞋店。1960 年初，在"婴儿潮"的第一批人步入青少年之际，梅尔维尔公司转向这个新市场。它为青少年开设与众不同的新型鞋店，并重新设计鞋子款式。它针对十六七岁的青少年进行宣传和推广。除鞋类外，它还将业务拓展到青少年服装上。结果，梅尔维尔公司成为美国增长速度最快、盈利能力最强的零售商。10 年后，其他零售商才弄清楚现状开始迎合青少年的需求。而此时，人口结构的重心开始从青少年转向 20 ～ 25 岁的青年。梅尔维尔公司也已将重心转移到新的最大人群上。

1961 年，肯尼迪总统为"争取进步联盟"计划项目召集的研究拉美的学者，并没有看到拉美的城镇化趋势。美国一家零售连锁店西尔斯百货，在几年前就预见了这一现象。西尔斯百货并非通过研究统计，而是通过走访墨西哥城、利马、圣保罗和波哥大等城市的客户，做出这一预测的。20 世纪 50 年代中期，西尔斯百货开始在拉美的大城市建立美式商店，这主要是为新兴的城市中产阶层设计的。这些人并不"富裕"，但已是货币经济体系的一部分，并且渴望过上中产阶层的生活。短短几年内，西尔斯百货成为拉美的领先零售商。

这里还有两个利用人口统计特征变化建设高效人才队伍的案例。纽约花旗银行的扩张很大程度上是由于其很早就意识到受过高等教育、雄心勃勃的年轻女性将进入劳动力市场。大部分美国大公司迟至 1980 年还把这些女性当作"麻烦"，现在依然如此。在众多大型公司中，花旗银行几乎是唯一从中看到机会的公司。20 世纪 70 年代，花旗银行大力招收女职员，对她们进行培训并作为信贷人员派遣到全国各地。这些雄心勃勃的年轻女性在很大程度上使花旗银行成为全国的领先银行，也使之成为首个真正意义上的全国性银行。同时，一些储蓄和信贷协会意识到，早些年因为抚养孩子辞职的女性，作为长期兼职人员在再次参加工作时会有优异的表现（储蓄和信贷并不是一个以创新或冒险而闻名的行业）。"众所周知"，兼职工作是"暂时性的"，曾经离开劳动力市场的女性也不会再次返回。在早期，这两条都是完全合乎情理的规则。但是，人口统计特征变化使它们变得不合时宜。储蓄和信贷协会之所以接受这个事实，同样并非因为统计数据，而是走出去观察的结果。对这一事实的接受，使其建设了一支极其忠诚、高效的人才队伍。她们在加利福尼亚州表现尤为突出。

地中海俱乐部在旅游和度假业务上的成功，也是由于利用了人口统计特征的变化。当时在欧洲和美国，出现了一群年轻人。这些年轻人很富有并接受了良好的教育，而他们的父辈都还是工人阶级。他们还不怎么自我肯定，并缺乏对旅游的自信心。他们渴望有人能安排他们的假期、旅行和娱乐，但并不想与他们的工人阶级父母或者年长的中产阶层同行。因此，过去那种青少年聚会的场所，翻新成"异域"版，就恰好符合他们的需要。

Ⅲ

对人口统计特征变化的分析是从人口数字开始的。但是，人口数字的绝对值毫无意义。比如，相比之下，年龄分布更加重要。20 世纪 60 年代，重要的是许多发达国家的年轻人数量激增（英国是个例外，该国的"婴儿潮"持续期比较短）。20 世纪 80 年代，特别是 90 年代，重要的是年轻人的数量将会下降，早期中年人（40 岁及以下）的数量将稳步上升，老年人（70 岁及以上）的数量将会猛增。这些变化会提供什么机会呢？不同的年龄群体在价值观、期望、需求和欲望上有什么区别呢？

　　传统大学的学生数量不会增加了，顶多是不下降，也就是十八九岁的青年在读完高中后继续念书的，其增长的数量足以抵消总人数的下降。但是，随着较早获得大学学位的三四十岁的人口增加，将会有一大批接受过高等教育且希望接受高级职业培训和再培训的人，如医生、律师、建筑师、工程师、管理人员和教师。这些人寻求什么？他们需要什么？他们如何买单？传统大学如何才能吸引和满足如此不同的学生？最后，这些年长人口的欲望、需求、价值观是什么？是真的存在一个"老年人群体"，还是存在几个各有自己的期望、需要、价值观和满足感的群体？

　　人口重心的变化是年龄分布中最重要的一点，也最有预测价值。人口重心指在任何时间人口规模最大且增长最快的年龄群体。

　　美国总统艾森豪威尔卸任之际，即 20 世纪 50 年代末，美国人口重心年龄达到历史最高值。但是，短短几年内就发生了剧烈的转变。受婴儿潮的影响，1965 年，人口重心年龄下降到十六七岁，是自美国建国早期以来的最低点。可以推测，人们的心理和价值观将会发生重大变化。事实上，那些重视人口统计特征并研究人口数字的人确实是如此预测的。60 年代的"青年反叛运动"，主要是人们把聚光灯打向了一直存在的典型的青少年行为上。在早些年，人口重心年龄在二十七八岁到三十岁出头的以极其保守著称的年龄段时，青少年行为被认为是不那么得体的（"男孩就是男孩"和"女孩就是女孩"）。但是到了 60 年代，青少年行为突然变成有代表性的行为了。

　　但是，就在人人都谈论"价值观永久转变"或"美国的再生"的时候，人口重心年龄又剧烈地转变回来了。1969 年，生育低谷的影响开始显现，而不只是体现在统计数字上。1974 年或者说 1975 年，是十六七岁的青少年构成人口重心的最后一年。自此之后，人口重心年龄快速上升。20 世纪 80 年代初，人口重心年龄又回到二十七八岁。随着这个变化，人们眼中的"代表性"行为也将发生改变。当然，青少年的行为实际上并未改变。但是，人们会再次对青少年的行为另眼相待，而不会当它们是体现社会基本价值观的行为。因此可以近乎肯定地预测，到 20 世纪 70 年代中期，大学校园里将不再有"激进分子"和"叛逆者"，学生们将重点关注成绩和工作。事实上，确实有人这样预测。此外，1968 年的"辍学学生"中，绝大多数在 10 年后将是"积极努力的专业人士"，主要关心事业、晋升、税收减免以及股票期权等。

按照教育水平进行人口分类，同样重要。就某些目的而言，如销售百科全书、职业进修以及假期旅行等，这种分类的意义更大。此外，还有按照就业水平和职业进行分类。最后，还可以按照收入分布进行分类，尤其是可支配收入的分布。举个例子：双职工的家庭储蓄会有什么不同？

实际上，我们可以找到大部分答案。它们是可以通过市场研究回答的问题，而我们只需积极地提出问题。

但是，仅仅依赖统计数字是远远不够的。确切地说，统计数字只是起点。它让梅尔维尔公司思考青少年的剧增给时装零售商带来的商机。同样，它也使西尔斯百货的高管开始重视拉美这一潜在市场。但是这些公司的管理者（以及纽约佩斯大学和旧金山金门大学的管理者），必须进行实地考察并广泛收集意见。

下面介绍一下西尔斯百货进入拉美市场的过程。20 世纪 50 年代初，西尔斯百货的董事长罗伯特·伍德（Robert E. Wood）了解到，到 1975 年，墨西哥城和圣保罗的发展预计将超过美国所有城市。他对此满怀兴趣，于是亲自走访拉美的主要城市，包括墨西哥城、瓜达拉哈拉、波哥大、利马、圣地亚哥、里约热内卢以及圣保罗。他在每个城市考察驻留一周，四处走动，观察商店（对自己见闻感到非常诧异），研究当地的交通方式。这样，他对目标客户、商店风格、商店位置以及商店陈列的货物有了深入的了解。

同样地，在建立第一个度假胜地之前，地中海俱乐部创始人对包办旅行的客户进行深入分析，与他们交谈并倾听他们的想法。梅尔维尔公司的两个年轻人同样花费数周乃至数月的时间在购物广场观察顾客、倾听顾客的意见并探索顾客的价值观。他们研究年轻人的购物方式和所喜欢的购物环境，比如，少男少女们是喜欢在同一家商店购物，还是在不同商店购物呢？最终，梅尔维尔公司从一个老式的、毫无特色的连锁鞋店转变为美国发展最快的流行时装零售店。

　　因此，对那些真正愿意进行实地考察并听取他人意见的人来说，人口统计特征变化是一个非常高产和非常可靠的创新机会。

创新机会源六：感知变化

I

"杯子是半满的"

从数学的角度来看，"杯子是半满的"与"杯子是半空的"毫无差异。但这两种陈述方式所表达的意义完全不同，产生的影响也完全不同。如果普遍感知从将杯子看成"半满的"转变为看成"半空的"，那么就会有很多创新机会。

这里有一些例子阐述感知变化及其在商业、政治、教育或其他领域带来的创新机会。

1. 事实表明，20 世纪 60 年代初之后的 20 年里，美国人的健康获得了空前的进步和改善。无论从婴儿死亡率或老年人存活率来看，还是从除肺癌之外的癌症发病率或癌症治愈率来看，人们身体机能的所有指标都飞快改善。但整个国家却陷入了集体恐慌。美国人从未如此关心健康，也从未如此害怕。突然之间，仿佛一切东西都能引发癌症、退行性心脏病或记忆力衰退。在这种情况下，杯子明显是"半空的"。我们看到的并非身体机能的巨大改善，而是依然不能永生以及在实现永生方面毫无进展。事实上，如果美国人的健康状况在过去 20 年里真的有所恶化，那也是由于人们对健康和体能的过度关心，以及被日渐衰老、身材走形、长期疾病等困扰而引起的。25 年前，国民健康的小小进步都被视为巨大的前进，而如今，即便是重大的进步，人们也依然无动于衷。

无论这种感知变化产生的根源是什么，它都催生了大量的创新机会。比如，它创造了一个新型医疗保健杂志市场。其中一本杂志《美国健康》（*American Health*），在两年内发行量就达到了 100 万份。利用人们因觉得传统食物会造成无法挽回的损害而产生的恐惧，一大批创新企业出现了。位于科罗拉多州博尔德市的诗尚草本（Celestial Seasonings），是由一名"花童"创立的。20 世纪 60 年代末，花童们上山采摘药草、香草，包装好拿到街上销售。15 年后，诗尚草本的年销售收入达到数亿美元，后来被一家大型食品加工商以 2 000 多万美元收购。此外，保健食品商店也获得了相当可观的利润。慢跑器械也成了一项大生意。1983 年，美国发展最快的新创企业是一家生产室内运动器械的企业。

2. 传统上，人们的饮食方式在很大程度上取决于收入水平和所处的阶级。普通人"吃饭"，富人则是"品味"。过去 20 年，这种感知发生了变化。如今同样的人既"吃饭"也"品味"。一种趋势是"糊口"，这意味着以尽可能简单便捷的方式来摄取必需食物，如方便食品、冷冻快餐、麦当劳的汉堡包或肯德基的炸鸡等。但是，同样的一群消费者已经变成美食厨师。美食节目获得很高的收视率，得到人们的广泛好评。美食书成为大众市场的畅销书。新的美食连锁店纷纷开张。传统超市也开设了美食专柜，尽管超市 90% 的食品是用于"糊口"的速食食品，但多数情况下，相比于速食食品，美食专柜的食品利润更高。这种新感知不仅仅出现在美国。最近，联邦德国一位年轻女医生告诉我："一周内，我们有 6 天在糊口，有 1 天则在品味美食。"而在不久之前，可是普通人一周 7 天都在"糊口"，而精英人士、富人和贵族 7 天都在"品味美食"。

3. 1960 年左右，在艾森豪威尔即将卸任总统一职而肯尼迪将要接任之际，如果有人预测美国黑人的状况在接下来 10～15 年会取得较大的改善，就算不被人当成疯子，也会被认为是不切实际的幻想家。即便对美国黑人状况改善的预测水平是日后实际水平的一半，在那时也会被认为过分乐观。有史以来，从未有过一个群体的社会地位在如此短的时间内得到如此大的改善。在那时，黑人接受高中以上高等教育的比例仅是白人的 1/5 左右。到20 世纪 70 年代初，这个比例已经赶上了白人，甚至比部分白人群体还要高。在就业、收入方面，特别是进入专业技术岗位和管理职位方面，黑人也取得了同样的进步。任何一个人如果在 12～15 年前看到这样的境况，都会认为美国的"黑人问题"已经解决了，或者至少已经取得了很大的改善。

其实在大部分美国黑人看来，20 世纪 80 年代的今天不是"半满的"，而是"半空的"。对相当多的黑人而言，挫败、愤怒以及疏离等情绪是加强了，而非缓解了。他们并未看到 2/3 的黑人无论在经济地位还是社会地位上都已经进入美国中产阶层行列，反而看到 1/3 的黑人在状况改善上毫无进展。他们看到的不是进步有多快，而是有多少工作尚未完成——进展是多么慢和多么费劲。而美国黑人的旧时盟友白人自由主义者，以及工会、犹太人和学术机构，看到的是黑人取得的进步，认为杯子是"半满的"。这种感知的不一致导致黑人与白人自由主义者之间产生分歧，这使黑人更加确信杯子是"半空的"。

但是，白人自由主义者认为黑人不再是被剥削的，不应继续享受诸如逆向歧视之类的特殊待遇，也不再需要特别补助以及就业和升职方面的优先权，等等。这种状况成就了全新的黑人领袖杰西·杰克逊（Jesse Jackson）牧师。在将近 100 年的历史中，从世纪之交的布克·T. 华盛顿（Booker T. Washington），到罗斯福新政时期的沃尔特·怀特（Walter White），再到约翰·肯尼迪和林登·约翰逊总统时期的马丁·路德·金，黑人只有证明自己能够得到白人自由主义者的支持才能成为黑人领袖。这是获取足够政治支持为黑人谋取重要福利的唯一方式。然而，感知变化使美国黑人和他们旧时的盟友及战友白人自由主义者产生了分歧。杰西·杰克逊将此视为一个创新机会，通过声讨甚至攻击白人自由主义者，成为一个全新的黑人领袖。在过去，杰克逊的这种反自由主义、反工会、反犹太人的行为，就是自毁前程。但在 1984 年，这却使杰克逊在短短几周内成为无可置疑的美国黑人领袖。

　　4. 当下的美国女权主义者将 20 世纪三四十年代视为至暗时刻，认为当时的女性没有社会地位。事实上，没有比这更荒谬的看法了。三四十年代，美国的众多女性群星闪耀。美国第一夫人埃莉诺·罗斯福（Eleanor Roosevelt）是良知、原则和慈悲的代言人。在美国，没有一个男人在社会中发挥的作用能与之媲美。埃莉诺的挚友弗朗西丝·珀金斯（Frances Perkins）是第一位作为劳工部长进入美国内阁的女性。她也是罗斯福总统内阁成员中最具实力、最有影响力的成员。安娜·罗森伯格（Anna Rosenberg）是第一位在大型公司担任高级管理者的女性。她是当时美国最大的零售商店梅西百货的人事副总裁。后来在朝鲜战争期间，她担任主管人事的助理国防部长，成为将军们的“老板”。许多杰出女强人在大学担任校长，而且个个是全国知名人物。著名剧作家克莱尔·布思·卢斯（Clare Boothe Luce）和莉莲·赫尔曼（Lillian Hellman）都是女性。克莱尔后来成为政界名人，担任康涅狄格州的国会议员和驻意大利大使。当时最受关注的医学进步也是女性的工作成就。海伦·陶西格（Helen Taussig）成功完成第一例心脏外科手术——“青紫婴儿”（blue baby）手术。这种手术拯救了全世界的无数孩子，开创了外科手术的新时代并直接促成心脏移植和心脏搭桥手术的出现。还有第一位将歌声传递到千家万户的黑人女歌星玛丽安·安德森（Marian Anderson），触动了无数美国人的心灵。在黑人中，只有 25 年后的马丁·路德·金取得的成就能与她相提并论。这份名单还可以一直列下去。

这些女性意识到自己的成就、卓越表现以及所发挥的重要作用并为之自豪。但是，她们并不将自己看作"榜样"。她们仅仅把自己当作独立的个体，而非女性。她们认为自己是例外，不具有"代表性"。

这种变化为何会出现以及是如何出现的，这个问题留待历史学家解释。但是当 1970 年左右发生这种变化时，对女权主义者而言，这些伟大女性变得无足轻重了。而现在，女性如果不参加工作或者不在传统观念认为的男性职位上工作，那这个女性会被视为例外，缺乏代表性。

一些企业，尤其是花旗银行（详见第 7 章），将这个变化视为机会。但那些女性一直能担任专业人士和管理者的公司，如百货公司、广告公司、杂志或图书出版商，却没有注意到这种变化。事实上，在那些雇用女性担任专业人士和管理者的传统公司，目前重要岗位上的女性比三四十年前还少。相比之下，花旗银行之前基本都是男职员，这也许是它能意识到机会的原因之一。女性的自我感知变化，使花旗银行看到了重大机会。花旗银行开始大力招收并留住极为能干、雄心勃勃并具有拼搏精神的女性。它根本无须担心会引起传统的雇用女性的公司的竞争。正如我们所看到的，利用了这种感知变化的创新者，往往会在很长一段时间内成为这个创新领域的唯一。

5. 20 世纪 50 年代初的一个更早的例子，同样利用了感知变化。1950 年左右，无论收入和职位如何，绝大多数美国人都认为自己是中产阶层。显然，美国人已经改变了对自身社会地位的感知。但这种改变有什么意义呢？一个名叫威廉·本顿（William Benton）的广告经理（后来担任康涅狄格州的参议员），走出去询问人们怎么看待"中产阶层"的意义。他得到的回复完全一致：相比于工人阶级，中产阶层意味着他们相信自己的孩子在学校的优异表现有助于实现良好的未来发展。本顿于是买下大英百科全书出版公司并开始兜售大英百科全书。他主要通过高中教师向某些学生的父母推销（这些学生是家中第一代上高中的人）。"如果你想成为中产阶层，"本顿说道，"那么你的孩子必须有一套百科全书，以便在学校有良好表现。"三年内，本顿使这家濒临破产的公司重获新生。十年后，这家公司用同样的理由在日本采取同样的策略，同样获得了成功。

6. 意外成功或意外失败往往是感知和意义变化的表征。第 3 章阐述了雷鸟如何从埃德塞尔的溃败中获得成功。福特汽车在分析埃德塞尔失败的原因时，发现是由感知变化引起的。稍早几年，汽车市场按照收入群体划分，现在已经按照生活方式划分了。

当感知变化出现时，事实本身并未改变。但是，事实的意义发生了变化。从"杯子是半满的"，到"杯子是半空的"，意义发生了变化。从将自己视为工人阶级并认为人的地位生来注定，到将自己视为中产阶层并认为社会地位及经济机会可以通过努力获得，意义也发生了变化。这种变化出现得十分迅速。在比十年长不了多少的时间内，大多数美国人就从将自己视为工人阶级转向视为中产阶层。

经济状况未必决定这些变化。事实上，它们之间可能毫无关联。就收入分配而言，英国比美国更平等。仅仅从收入来看，尽管至少 2/3 英国人的收入超过"工人阶级"的标准，将近一半人的收入超过"中产阶层下层"的标准，但是 70% 的英国人仍将自己视为"工人阶级"。因此，心态而非事实决定了杯子是"半满的"还是"半空的"。它是由被称为"存在主义"的经历带来的。美国黑人认为"杯子是半空的"，这与过去几百年来未曾治愈的伤痛以及当下美国的状况有关。大部分英国人将自己视为"工人阶级"，很大程度上是由 19 世纪的教派斗争造成的。相比于健康统计数据，美国的疑病症更体现了美国人的价值观（如崇尚年轻等）。

无论社会学家或经济学家能否解释感知变化，它都是事实，而且通常无法量化，或者当它能够量化时，已经无法产生创新机会了。它不是外来的或难以理解的。它是具体的，可以加以界定和检验，最重要的是可以加以利用。

II

时机问题

高管和管理人员都承认基于感知的创新的效力，但他们往往认为它"不切实际"而回避它。他们认为基于感知的创新者是怪异的，或者简直就是个疯子。但是，大英百科全书、福特汽车的雷鸟以及诗尚草本，一点都不怪异。的确，任何领域中成功的创新者大都离他们创新的领域很近。唯一使他们与众不同的是他们对机会的警觉性。

当今最出色的美食烹饪杂志是由一位年轻人创办的。起初他是一家航空杂志社的饮食专栏编辑。当在同一份周日报纸上看到三则相互矛盾的消息后，他就开始留意感知变化了。第一则称，在美国，诸如速冻食品、冷冻快餐和肯德基炸鸡之类的速食食品，占所有消耗的食品一半以上，而且几年内这一比例将会上升至3/4。第二则称，美食烹饪节目备受观众推崇。第三则称，平装本（也是大众版本）的美食烹饪书位居畅销书排行榜的首位。这些明显矛盾的消息使他思忖：这到底是怎么一回事？一年后，他创办了一家完全不同的美食杂志。

花旗银行的校园招聘人员汇报说无法完成公司的指示，即招聘在金融和营销领域表现最优异的商学院男生。他们还汇报说，这些领域最优秀的学生中女性比例越来越高。花旗银行就这样意识到了女性加入劳动大军所产生的机会。当时其他许多公司（包括一些银行）的校园招聘人员也向公司管理者汇报了这一事实。但是，大多数公司敦促他们："尽更大的努力去引进最优秀的男性人才。"而花旗银行的高层管理者则将这个变化视为机会并采取行动。

这些例子表明基于感知的创新存在一个关键问题：时机。如果福特汽车在埃德塞尔惨败之后，推迟一年才采取行动，"生活方式"这一市场可能就会被通用汽车的庞蒂亚克占领。如果花旗银行不是最先雇用女性 MBA 的公司，那么它也不会成为雄心勃勃的立志成就一番事业的优秀年轻女性的最佳选择了。

然而，时机尚未成熟就利用感知变化，没有比这更危险的了。许多现象看起来是感知变化，其实只是一时的狂热而已。它们往往一两年就消失得无影无踪。人们往往无法区分一时的狂热和真正的变化。孩子玩计算机游戏的行为是一时的狂热。然而，雅达利（Atari）等公司将它视为感知变化并加以利用。这种现象只持续了一两年，这些公司因此也备受打击。然而，孩子的父亲对家用计算机的兴趣是一个真正的变化。感知变化所产生的影响几乎难以预测。法国、日本、联邦德国和美国的学生运动就是一个很好的例子。20 世纪 60 年代末，每个人都断定这场运动会产生持久而深刻的影响。但是，结果究竟如何呢？就大学而言，这场学生运动似乎没有产生任何持久的影响。但谁会料到，1968 年的这群反叛学生 15 年后竟然会成为雅皮士（Yuppies）。1984 年美国总统初选时，参议员哈特（Hart）还极力争取他们的支持。他们是极端的物质主义者，也是工作意识强、为升迁而时刻准备的积极向上的年轻专业人士。相比于过去，如今退学人数大大减少，唯一的不同是媒体对他们更加关注。同性恋成为人们关注的焦点，这能够用学生运动解释吗？很显然，1968 年的学生以及事件的观察者和学者，根本无法预测到这些结果。

但是，时机仍然十分重要。在利用感知变化时，创造性模仿（详见第 17 章）不起作用。创新者必须首创。但是，恰恰因为感知变化是一时的狂热还是永久的变化是很难确定的，这种变化产生的影响也难以确定，因此基于感知的创新起初应当是小而具体的。

创新机会源七：新知识

基于知识的创新是创业的"超级明星"。它备受瞩目又能创造财富。基于知识的创新就是人们通常所谈论的创新。并非所有基于知识的创新都很重要，有些的确微不足道。在创造历史的创新中，基于知识的创新位居前列。知识并非都是科学的或技术的。基于知识的社会创新同样重要，甚至更为重要。

在时间跨度、失败率、可预测性、对企业家的挑战等基本特征上，基于知识的创新与其他类型的创新有所不同。正如大多数"超级明星"一样，基于知识的创新变幻无常，难以把握。

I

基于知识的创新的特征

在所有创新中，基于知识的创新的提前期最长。首先，知识从产生到成为可应用的技术，需要很长的时间；其次，新技术转化为市场中的产品、工艺或服务，也需要很长的时间。

1907 ~ 1910 年，生化学家保罗·埃利希（Paul Ehrlich）提出了化学疗法，一种利用化合物控制细菌和微生物的理论。他还首次研发出用于治疗梅毒的抗菌药阿斯凡纳明。但直到 1936 年，应用埃利希化学疗法研发的磺胺类药物（这种药物能控制多种细菌性疾病）才进入市场。

1897 年，鲁道夫·迪塞尔（Rudolph Diesel）发明了以他的名字命名的柴油发动机。人们立即意识到这是一项重要的创新。但过了很多年，这项创新都没有应用到实践中。直到 1935 年，美国人查尔斯·凯特林（Charles Kettering）对迪塞尔的发动机进行了全新的设计，才使这种推进装置能够适用于各种船只、火车、卡车、公共汽车和小客车。

各种知识的组合使计算机得以成为可能。最早是二进制的出现，这种数学理论可以追溯到 17 世纪，它只用 0 和 1 就可以表示所有数字。19 世纪上半叶，查尔斯·巴比奇（Charles Babbage）将二进制应用到计算机器中。1890 年，赫尔曼·霍列瑞斯（Hermann Hollerith）发明了穿孔卡，它起源于 19 世纪初法国人雅卡尔（J-M. Jacquard）的发明。穿孔卡能将数字转化为指令。1906 年，美国人李·德·福雷斯特（Lee de Forest）发明了三极管，开启了电子时代。1910 ~ 1913 年，伯特兰·罗素与阿尔弗雷德·诺思·怀特海在他们的著作《数学原理》中首次提出符号逻辑，这使人们可以用数字表示所有逻辑概念。最后，一战期间主要用于高射炮射击的编程和反馈概念得到发展。换句话说，1918 年，发明计算机所需要的知识都已准备就绪，但直到 1946 年，世界上第一台能够运转的计算机才出现。

1951 年，福特汽车一位生产主管提出"自动化"一词，并详细描述了自动化所需要的整个生产流程。之后的 25 年，机器人和自动化被广泛提及，但在很长一段时间内没有任何进展。直到 1978 年，日本的日产和丰田才在工厂中引进机器人。20 世纪 80 年代初，通用电气公司在宾夕法尼亚州的伊利（Erie）建立自动化机车厂，随后通用汽车开启了发动机和汽车配件的自动化生产。1985 年初，大众汽车也开始使用几乎完全自动化的装配车间 Hall 54。

自称是几何学家的巴克敏斯特·富勒（Buckminster Fuller，他也是数学家和哲学家），将数学中的拓扑学应用于他称为"戴马克松屋"（Dymaxion House）的设计。之所以如此命名，是因为他喜欢这个词的发音。戴马克松屋能够以尽可能小的表面积提供尽可能大的生活空间。这种房屋具有极好的隔音、取暖和制冷效果，同时还具有卓越的音响效果。建筑这种房屋只需用轻型材料和数量最小化的支撑物，不需要地基就足以承受地震或狂风。1940 年左右，富勒在新英格兰的一所面积不大的学院的校园里建造了一栋戴马克松屋，至今依然耸立。也许美国人不喜欢圆形房屋，很少建筑这种房屋。1965 年左右，南极和北极开始出现这种房屋。因为在那些地区，传统建筑昂贵却不实用，而且难以修建。自此之后，戴马克松结构被广泛用于礼堂、音乐厅、运动场等大型建筑中。

只有重大的外部危机才能缩短基于知识的创新所需的提前期。李·德·福雷斯特于 1906 年发明的三极管，虽然本来几乎可以立即用于把收音机生产出来，但如果不是一战迫使各国政府尤其是美国政府推动无线传输的发展，那么可能到 20 世纪 30 年代左右收音机才会问世。战场上的有线电话很不可靠，无线电报又仅仅限于传输莫尔斯电码，因此 20 世纪 20 年代初，仅仅在相关知识出现 15 年之后，收音机就出现在市场上。

如果不是二战，青霉素可能要到 20 世纪 50 年代左右才会被广泛使用。20 世纪 20 年代中期，弗莱明就发现了能够杀死细菌的青霉素。10 年后，英国生化学家霍华德·弗洛里（Howard Florey）开始研究这种青霉素。二战使青霉素能够更快地进入市场。因为需要能有效抑制感染的药物，英国政府大力支持弗洛里的研究：无论英国士兵在哪里打仗，他都能把伤兵当作试药者。同样，如果不是二战，计算机很可能要等到贝尔实验室的物理学家

1947 年发明晶体管之后才会问世。二战时美国政府投入大量人力和财力推动了对计算机的研究。

并非只有基于科学知识和技术知识的创新需要较长的提前期，那些基于非科学知识和非技术知识的创新，同样如此。

拿破仑战争之后，圣西门伯爵提出了创业型银行理论，即有目的地利用资本来带动经济发展。在此之前，银行家只是放债者，依据"担保"（比如君主征税权）发放贷款。圣西门所言的银行家做的是"投资"，也就是创造新财富的生产能力。在他的时代，圣西门具有非凡影响力，1826 年去世后得到了深切缅怀，思想依然备受推崇。然而直到 1852 年，他的两个门徒佩雷尔兄弟才成立第一家创业型银行动产信贷银行，并提出我们现在所说的金融资本主义。

一战之后，我们现在说的管理所需要的许多要素都已具备。事实上，早在 1923 年，赫伯特·胡佛（Herbert Hoover，不久就成为美国总统）和捷克斯洛伐克创立者、首任总统托马斯·马萨里克（Thomas Masaryk）在布拉格召开了首届国际管理会议。与此同时，全球有几家大公司，特别是美国的杜邦公司和通用汽车，开始用新的管理概念重组公司。之后十年间，一些"真正的信徒"，尤其是英国人林德尔·厄威克（Lyndall Urwick），开始撰写管理类的书。厄威克创办了第一家管理咨询公司，这家公司至今仍以他的名字命名。但直到我的两本著作《公司的概念》（1946 年）和《管理的实践》（1954 年）出版后，管理学才成为一门可供全世界的管理者了解的学科。在那之前，"管理"的学者或实践者都只关注某个领域，如厄威克关注组织管理，其他人关注人事管理。我的书将管理进行编纂、组织，并使之系统化。几年内，管理就成了全世界的一股强劲力量。

如今，学习理论也经历着同样的提前期。1890 年左右，德国人威廉·冯特（Wilhelm Wundt）和美国人威廉·詹姆士（William James）开启了针对学习的科学研究。二战之后，哈佛大学的两位美国人 B.F. 斯金纳（B. F. Skinner）和杰罗姆·布鲁纳（Jerome Bruner）提出基本学习理论并加以验证。斯金纳专注于行为，布鲁纳则专注于认知。但直到现在，学习理论才开始成为学校里的一个要素。基于学习理论而非世代相传的教导来开办学校的时机也许已经到来。

也就是说，从知识到可应用的技术，再到被市场接受，这个提前期为 25 ～ 35 年。

有史以来，这一规律基本上没有发生过变化。人们普遍认为，如今科技发现向技术、产品和工艺的转化，比以往要快。这在很大程度上只是幻觉而已。1250 年左右，方济各会的一名修道士英国人罗杰·培根（Roger Bacon）认为眼镜可以矫正眼睛的屈光缺陷。这一观点与人们的感知不相符，而且古代不容置疑的医学权威、最伟大的医学家伽林（Galen）已经"确定地证明"了它不可实现。培根生活和工作的地方在处于文明世界边缘的英国约克郡北部的偏远地区。然而 30 年后，阿维尼翁的教皇宫殿中有一幅戴着眼镜的红衣主教的壁画，这幅壁画现在仍在那里。又过了 10 年，描绘开罗苏丹皇宫的细密画中，几位年纪大的朝臣也戴着眼镜。早在公元 1000 年左右，北欧的本笃会修道士发明了碾磨谷物的磨坊水车。这是第一个真正的自动化装置，30 年后传遍欧洲。在西方学习中国印刷术后不到 30 年，古登堡发明的活字印刷和木刻印版也出现了。

从知识到基于知识的创新所需的时间，似乎根植于知识本质。我们不知道原因何在。但是，如果同样的提前期也适用于新的科学理论，这就不是纯粹的巧合了。托马斯·库恩（Thomas Kuhn）在他的开创性著作《科学革命的结构》（1962 年）中指出，新的科学理论成为新的范式（科学家们注意到并将其应用到工作中的一种新的陈述）大约需要 30 年。

融合

基于知识的创新的第二个特征，也是它独一无二的特征，是它们很少只基于一种知识，而是基于几种不同知识的融合，而且这些知识不全是科学知识或技术知识。

在 20 世纪基于知识的创新中，几乎没有其他创新能够比进行种子培育和牲畜育种的杂交技术更能造福人类了。它使土地养育的人口比 50 年前人们能够想象的多得多。第一个成功培育的新种子是杂交玉米。它是亨利·C.华莱士（Henry C. Wallace）历经 20 年的努力培育而成的。华莱士曾是艾奥瓦州一家农场报纸出版商，后来是哈定政府和柯立芝政府时期的农业部长（可能是唯一因不只是会撒钱而值得被铭记的农业部长）。杂交玉米主要以两种知识为基础。一种是杂交优势，它是密歇根植物育种家威廉·J.比尔（William J. Beal）于 1880 年左右发现的。另一种是遗传学再发现，即荷兰生物学家雨果·德·弗里斯（Hugo de Vries）对孟德尔遗传学的重新发现。这两个人彼此并不认识，他们的工作目的和工作内容也截然不同。但只有将这两种知识融合起来，才能培育出杂交玉米。

莱特兄弟发明的飞机同样以两种知识为基础。一种是汽油发动机，它设计于 19 世纪 80 年代中期，主要用于卡尔·本茨和戈特弗里德·戴姆勒生产的汽车。另一种是与数学相关的空气动力学，它是从滑翔机的试验中发展而来的。每种知识都是独立发展而来的，但只有两者的融合，才使飞机成为可能。

前面提到的计算机，至少需要五种不同知识的融合：一项科学发明（三极管）、一项重大的数学发现（二进制）、一种新逻辑、穿孔卡的设计概念，还有程序和反馈的概念。要设计计算机，这些条件缺一不可。人们认为有"计算机之父"之称的英国数学家查尔斯·巴贝奇之所以没有制造出计算机，是因为他所在的年代没有合适的金属和电力。其实这是一个误解。即便巴贝奇当时拥有合适的金属，他至多只能设计出我们现在称为收银机的机械计算器。没有新逻辑、穿孔卡的设计概念、程序和反馈的概念，巴贝奇只能想想而已。

1852 年，佩雷尔兄弟创办了第一家创业型银行。因为他们只有创业型银行所需的两种知识之一，这家银行在几年内就失败了。创造性金融理论使他们成为出色的风险投资家，但他们缺乏系统的银行业知识。这种知识当时正在英吉利海峡对岸的英国发展，后来被编写进白芝浩（Walter Bagehot）的经典著作《伦巴第街》（*Lombard Street*）中。

在 19 世纪 60 年代初佩雷尔兄弟失败之后，有三位年轻人分别从佩雷尔兄弟的失败中吸取教训，在风险投资概念中融入银行业知识并都取得了成功。第一位是 J. P. 摩根，他在伦敦接受培训，同时认真研究了佩雷尔兄弟的动产信贷银行。1865 年，摩根在纽约创办了 19 世纪最为成功的创业型银行。第二位是年轻的德国人西门子，他在莱茵河彼岸创办了他所说的"综合银行"。"综合银行"的意思是指，它既是英国模式的存款银行，也是佩雷尔兄弟模式的创业型银行。第三位年轻人是远在东京的涩泽荣一，他是第一批亲自赴欧学习银行业知识的日本人之一，在巴黎和伦敦伦巴第街曾度过一段时光。后来，涩泽荣一创办了日本版的"综合银行"，并成为现代日本经济的奠基人之一。目前，西门子的德意志银行和涩泽荣一的第一国立银行仍然分别是联邦德国和日本最大的银行。

美国人詹姆斯·戈登·本尼特（James Gordon Bennett）第一个设想出现代报纸并创办了《纽约先驱报》。本尼特深知报界存在的问题：报纸必须有足够的收入，才能保证编辑独立性；发行价要足够低，才能保证发行量。早期的报纸有的为了获得收入而牺牲自己的独立性，充当一些政治派别的代言人。当时大部分美国报纸和几乎所有的欧洲报纸，都处于这种境地。比如当时的贵族报纸《泰晤士报》是为绅士办的，这种报纸价格昂贵，只有小部分精英人士能够负担得起。

本尼特极其明智地利用了现代报纸的两种基础技术知识——电报和高速印刷。这使得他只需用传统成本的一小部分就能生产报纸。他知道他需要高速排版，但直到他去世后高速排版才出现。他也看到两个非科技基础之一——大众教育，这使便宜报纸的大量流通成为可能。但他没有抓住第五个基础：保持编辑独立性的收入来源——大众广告。本尼特取得了辉煌的成功，成为第一位新闻界巨头。但他的报纸既没有获得领导地位，也没有获取经济效益。20 年后，大概在 1890 年，三位了解并利用广告的人实现了这一目标。第一位是约瑟夫·普利策（Joseph Pulitzer），他起初在圣路易斯，后来去了纽约；第二位是阿道夫·奥克斯（Adolph Ochs），他接管了即将破产的《纽约时报》并将它发展成美国的主要报纸；第三位是威廉·伦道夫·赫斯特（William Randolph Hearst），他发明了现代报纸连锁业。

以尼龙为起点的塑料的生产技术也是由几种新知识融合而成（它们出现于 1910 年左右）。其一是有机化学，起初是德国人开始研究，后来是在纽约工作的比利时人贝克兰做了改进；其二是 X 光衍射以及依赖此技术对晶体结构的理解；其三是高真空技术。最后一个因素是一战导致的物资短缺压力。这迫使德国政府大力投资聚合物的研究以得到橡胶的替代物。但直到足足20 年后，尼龙才走向市场。

如果某项必需知识没有准备就绪，那么基于知识的创新就还不成熟并且会失败。大多数情况下，只有当所需要的要素已经为人所知并且能够获得，甚至在某些地方已经被使用，创新才可能发生。1865 ～ 1875 年的综合银行就是一个很好的案例。二战后，计算机的出现同样如此。有时候，创新者会发现缺失部分并去创造它。约瑟夫·普利策、阿道夫·奥克斯和威廉·伦道夫·赫斯特在很大程度上开创了现代广告业，进而催生了我们现在所说的媒体，也就是信息和广告在"大众传播"中的结合体。莱特兄弟确定了飞机制造的缺失知识（主要是数学知识），于是他们通过制造风洞和实际测试来发展这些知识。直到基于知识的创新所需的知识都准备就绪，创新才会发生。否则，它必然夭折。

举个例子，与塞缪尔·兰利（Samuel Langley）同时代的人都认为兰利将会是飞机的发明者。相比于莱特兄弟，兰利更能称得上是训练有素的科学家。作为美国当时重要的科技机构华盛顿史密森研究院的主席，兰利能够调配美国所有的科技资源。但是即便他所在的时代已经发明出了汽油发动机，他也会对此置之不理。他更相信蒸汽发动机。结果他设计出的飞机虽然能够飞行，但由于蒸汽发动机太重，这架飞机不能再多承载任何重量，更不必说带一个飞行员了。只有将数学知识和发动机知识相融合，才能设计出飞机。

事实上，直到所需知识都融合起来，基于知识的创新的提前期才算开始。

Ⅱ

基于知识的创新的要求

基于知识的创新的特征也赋予了它独特的要求。这些要求不同于其他类型创新的要求。

1. 基于知识的创新要对所有必需要素加以分析，无论是知识本身，还是社会、经济或感知要素。该分析必须能够辨别出缺失的要素，这样企业家可以判断是想办法获取这些缺失的要素（如莱特兄弟在数学知识缺失时的决定），还是由于条件尚不具备而推迟创新。

莱特兄弟的例子很好地诠释了这一要求。他们对制造发动机驱动的载人飞机所需的知识进行了全面的深入分析，然后利用可用的信息，开始研究缺失的知识。先是进行理论上的检验，随后进行风洞测试以及实际飞行试验，直到最后获得设计制造副翼和机翼所需要的数学知识。

基于非技术知识的创新需要同样的分析。摩根和西门子都没有发表过论文，但日本的涩泽荣一发表过论文。我们因此得知，涩泽荣一在仔细分析已有知识以及所需的知识后，决定放弃辉煌的政治生涯并开始创办银行。同样地，普利策在创办第一份现代报纸时仔细分析了所需的知识，决定开辟广告业务并相信能够成功。

如果可以讲个人的例子，我作为管理领域的创新者之所以能够成功，也是建立在 20 世纪 40 年代初类似的分析之上。许多必需的知识已经存在，如组织理论，而且还有很多管理员工和工作的知识。但是，我的分析表明这些知识散布于不同的学科之中。经过分析，我还发现了缺失的关键知识：企业的目的，最高管理层的工作和结构，我们现在所说的企业策略和战略、目标，等等。我认为这些缺失的知识都可以创造出来。如果没有这些分析，我永远无法弄清楚必需的知识是哪些，缺失的知识是哪些。

如果不进行这种分析，失败是不可避免的。结果可能是基于知识的创新无法实现，就像兰利遇到的情况一样，也可能是创新者失去创新的成果或仅仅为他人做嫁衣。

英国人能够基于知识进行创新却不能收获创新成果，这尤其具有启示意义。

英国人首先发现并培育出青霉素，后来这项成果却被美国人占有了。英国科学家做了出色的技术工作，他们研发出青霉素，明确其用途。但他们并没有把生产青霉素的能力视为一种关键知识要素。他们原本可以研究出发酵技术这一必需知识，但是从未去尝试。结果，美国一家小公司辉瑞公司（Pfizer）开始研究发酵技术，并成为世界上主要的青霉素制造商。

同样地，英国人构思、设计并制造了第一架喷气式客机。英国的德哈维兰公司（de Havilland）并没有对必需的要素进行分析，因此也没有发现两个关键要素。一个要素是配置，即在为航空公司创造最大利润的前提下，如何为不同路线安排大小合适的客机和合适的载客量。另一个要素同样非常实际，即如何解决航空公司购买飞机的融资问题。由于德哈维兰公司未曾进行分析，导致喷气式飞机制造被美国的波音公司和道格拉斯公司接手，而德哈维兰公司早已消失。

这种分析看似显而易见，但是科学或技术创新者却很少进行这种分析。

他们不愿意去做的原因，恰恰是他们自认为早已了然于胸。这就解释了为什么基于知识的伟大创新通常是由门外汉而非科学家或技术专家做出来的。美国通用电气公司很大程度上是一个金融家构想出来的。他的战略使通用电气公司成为世界上供应大型蒸汽涡轮机的重要企业，并因此成为世界上电力公司的重要供应商（详见第 19 章）。同样地，托马斯·沃森父子这两个门外汉使 IBM 成为计算机业的领导者。杜邦公司为了让尼龙这一基于知识的创新有效并获得成功所进行的分析，是由执行委员会的商业人士而非负责技术开发的化学家做的。波音公司之所以能成为世界上喷气式飞机的主要制造商，是因为它由对航空公司和大众需求有深入了解的营销人员所领导。

这并非自然法则，它更多是关乎意愿和自律的问题。也有很多科学家和技术专家会强迫自己去思考基于知识的创新的要求，爱迪生就是一个例子。

2. 基于知识的创新在战略定位上要有清晰的聚焦点，它不能是试探性的。创新活动令人振奋并广受关注，这意味着创新者必须一举成功。他很难有第二次机会。在目前提到的其他几种创新中，创新者一旦成功就能在相当长时间里独享成功，但这一点并不适用于基于知识的创新。竞争者的数量很快会超乎想象。只要出现一次差错，创新者就会被竞争者超越。

大体上，对于基于知识的创新，主要的聚焦点只有三个。第一，建立一个完整的系统。这是埃德温·兰德（Edwin Land）在宝丽来公司提出的，开发一个完整的系统然后占领这个领域。这也正是 IBM 早期的做法，向客户出租计算机但不出售计算机。IBM 向客户提供软件和程序，指导程序员学习计算机语言，指导客户管理人员操作计算机，并为客户提供其他服务。20 世纪初，通用电气公司在基于知识的大型蒸汽涡轮机创新领域确立自己的领导地位时，采取了同样的做法。

第二，以市场为中心。基于知识的创新旨在为自家产品开创市场。这正是杜邦公司对尼龙采取的策略。杜邦公司不仅销售尼龙，而且还创造尼龙的市场，如尼龙质地的女性袜子和内衣市场、尼龙轮胎市场，等等。然后它将尼龙运送到工厂，并让这些工厂生产杜邦公司已经创造出需求且实际上已经在销售的产品。同样地，1888 年查尔斯·M. 霍尔（Charles M. Hall）发明铝电解工艺之后，他所在的铝业公司就开始创造锅碗瓢盆、铝杆等铝制产品的市场。该公司直接进行终端产品的生产和销售，所创造的市场即便没有完全阻止也有效阻止了潜在竞争者进入。

第三，占领战略位置。这是指聚焦于某项关键的功能来占据一个战略位置（详见第 18 章）。在基于知识的行业中，什么样的位置能够使知识创新者最大限度地免受早期震荡的影响呢？美国辉瑞公司对此进行了深入的思考，并决定专注于发酵工艺，最终成为青霉素的早期领导者并一直处于领先地位。波音公司专注于市场营销，即掌握航空公司和大众对飞机结构和资金方面的需求，最终成为客机制造行业的领导者并保持至今。尽管如今计算机制造行业处于动荡时代，一些计算机制造商陷入困境，但半导体等计算机关键部件的主要制造商依旧维持其领导地位。英特尔公司就是一个例子。

同一行业内，基于知识的创新者有时可以进行不同的选择。比如，杜邦公司选择了创造市场需求，而它在美国的最大竞争者陶氏化学公司则试图在每个市场都占有一席之地。100 多年前，摩根选择采用关键功能法，他建立了自己的银行，并将它定位为欧洲资本流向美国产业，进而流向其他资本短缺国家的通道。而同时期德国的西门子和日本的涩泽荣一都选择采用系统法。

爱迪生的成功诠释了清晰的战略聚焦点的效力。并非只有爱迪生发明了电灯泡，同时期的英国物理学家约瑟夫·斯旺（Joseph Swan）也发明了电灯泡。就技术而言，斯旺的电灯泡更好，以至于爱迪生购买了斯旺的专利并用于电灯泡生产。不过爱迪生不仅思考技术需求，还同时考虑自己的战略聚焦点。在开始玻璃罩、真空管、闭合开关以及发光纤维等方面的技术研究工作之前，爱迪生就基于“系统”做了决策。他的电灯泡是针对某家电力公司设计的。他为这家电力公司提供融资，还获得了向电灯泡用户接线的权利，并布好配电系统。斯旺作为一个科学家发明了一个产品，而爱迪生却塑造了一个行业。因此，在斯旺还在寻找谁会对其科技成果感兴趣的时候，爱迪生已经可以开展电力设备的销售和安装了。

基于知识的创新者必须有一个清晰的战略聚焦点。诚然这三种聚焦点中的每一种都充满风险，但如果创新者不能确定一个清晰的战略聚焦点，最终注定失败（更不必说尝试两个或更多，风险将会更大）。

3. 基于知识的创新者，尤其是基于科学知识或技术知识的创新者，需要学习创业管理并付诸实践（详见第 15 章）。事实上，相比于其他类型的创新，创业管理对基于知识的创新尤为重要。基于知识的创新具有更高的风险，因此需要更加重视财务和管理上的远见，以及以市场为中心与市场驱动战略。但基于知识的创新，尤其是高科技创新，往往缺乏创业管理。在很大程度上，基于知识的行业高失败率的根源在于知识型尤其是高科技创业者本身的错误行为。他们往往对不能代表"先进知识"的人（尤其是他们所在领域的外行）或物不屑一顾。他们迷恋自己的技术，认为质量就是技术的精密性，而非为客户创造价值。就这一点而言，总的来说，他们依旧是 19 世纪的发明家，而非 20 世纪的企业家。

事实上，许多公司的经验表明，只要认真加强创业管理，基于知识的创新（包括高科技创新）的风险就可以大大降低。瑞士药品制造商霍夫曼罗氏是一个例子，惠普公司和英特尔公司也都是很好的例子。正是因为基于知识的创新本身具有极高的风险，创业管理才变得尤为必要和有效。

Ⅲ

独特的风险

即使对基于知识的创新进行严密分析，明确战略聚焦点并认真加以管理，它仍然具有独特的风险和固有的不确定性。

首先就其本质而言，它是动荡不安的。

基于知识的创新的两个特征，即较长的提前期和知识融合，使它具有独特的节奏。很长时间以来，人们认为将会有创新发生，但并未发生。然后突然之间，进入爆发期，随后是极度令人兴奋的几年，出现大量创业活动和媒体报道。五年后，市场重新洗牌，只有少数企业存活下来。

1856 年，德国的维尔纳·西门子应用迈克尔·法拉第于 1830 年（1856 年往前 25 ～ 26 年）提出的电磁原理，首次设计出自激式发电机——电动马达的鼻祖。这在世界上引起了极大轰动。从那时起，人们就确信电气业会出现并会成为主要行业。但在随后的 22 年中，许多科学家和发明者为之付出努力却毫无收获。究其根源在于缺失一种知识，也就是后来英国物理学家麦克斯韦对法拉第原理的发展。

这种知识出现之后，爱迪生于 1878 年发明了电灯泡，一场电气竞赛开始了。接下来的五年，欧洲和美国的主要电气设备公司相继成立。德国西门子公司收购了小型电气设备制造商舒克特（Schuckert）。基于爱迪生的研究成果，德国通用电气公司（AEG）成立了。在美国，现在的通用电气公司和西屋公司都是那时成立的。在瑞士，有布朗勃法瑞公司（Brown Boveri）。瑞典的阿西亚公司（ASEA）成立于 1884 年。当时美国、英国、法国、德国、意大利、西班牙、荷兰、比利时、瑞士、奥地利、捷克、匈牙利等国家有上百家这样的公司。这些公司备受投资者青睐，都有望成为 "10 亿美元级公司"。电气设备行业的兴起催生了第一波科幻小说的热潮，使儒勒·凡尔纳和赫伯特·乔治·威尔斯成为享誉世界的畅销书作家。但到了 1895 ～ 1900 年，大多数公司都消失了，或者停业，或者破产，或者被收购。

1910 年左右，仅仅美国就有多达 200 家汽车公司；到 20 世纪 30 年代初，剩下 20 家；到 1960 年，就只剩下 4 家了。

20 世纪 20 年代，在美国有数百家公司生产收音机，还有数以百计的广播电台。到 1935 年，美国广播业形成只有三大网鼎立的局面，且收音机制造商也只有几家得以幸存。1880～1900年，报社如雨后春笋般涌现。当时报业是重要的朝阳行业。但一战之后，主要国家的报纸数量在稳步下降。银行业的处境同样如此。在银行业的开拓者摩根、西门子和涩泽荣一之后，美国和欧洲的银行业几乎进入爆发性增长阶段。但1890年左右，也就是仅仅20年之后，银行业掀起了兼并浪潮。银行要么停止营业，要么合并。二战后，每个国家都只剩下几家在全国具有影响力的银行，要么是商业银行，要么是私人银行。

无一例外，每个行业中的幸存者往往都是在行业爆发早期创建的。过了这个阶段就很难再进入这个行业了。在任何基于新知识的行业中，都存在一个为期几年的窗口期。新创企业必须在窗口期内进入该行业。

人们普遍认为，这个窗口期现在变短了。正如人们错误地认为新知识从出现到转化为技术、产品和工艺所需的提前期变短一样，这个看法也是错误的。

1830年，乔治·史蒂芬森（George Stephenson）的"火箭号"在商业铁路上首次成功牵引火车。随后短短几年内，英国成立了100多家铁路公司。铁路在10年内成为"高科技产业"，铁路企业家成为"媒体关注的焦点"。在1855～1857年出版的小说《小杜丽》（Little Dorrit）中，狄更斯对这种投机活动进行了犀利的讽刺。这种现象与当今硅谷的投机热没有什么差异。1845年左右，这个窗口突然关闭了。从那时起，英国再也没人去投资建设新的铁路。1845年的那100多家公司，50年后只剩下了五六家。同样地，电气设备业、电话业、汽车业、化工业、家电业及消费电子业的情况也是如此。这种窗口从来不会开得很大，窗口的持续时间也不会很长。

毫无疑问，如今窗口变得愈加拥挤。19世纪30年代发生的铁路热潮仅仅限于英国；后来，每个国家都经历了自己的铁路热潮，该热潮完全独立于邻国先前发生的铁路热潮。之后，电气设备热潮超越了国界，25年后的汽车热潮同样也超越了国界。这两个热潮都只限于当时的工业发达地区。如今，工业发达地区的范围更加广泛，包括日本、巴西，而且很快将包括中国香港、中国台湾和新加坡。目前，通信几乎是即时的，交通也很便捷。许多国家或地区都有大批接受过良好训练的人，这些人可以立即参与到基于知识的创新中，尤其是基于科学知识的创新和基于技术知识的创新，而 100 多年前，只有极少数国家或地区才拥有这种优势。

这些事实具有两个重要意义。

1. 基于科学知识或技术知识的创新者会发现时间与他们作对。在其他创新机会源中，包括意外事件、不协调事件、流程需求、产业结构变化、人口统计特征变化、感知变化，时间是支持创新者的。在这些创新中，创新者有相当长的时间进行创新而不会被其他人抢占先机。即便他们存在失误，也有时间来改正。此外，他们具有多次创业的机会。但在基于知识的创新中，特别是基于科学知识或技术知识的创新中，情况就并非如此了。在这类创新中，进入行业的"窗口"时间极为有限。创新者必须一举成功，没有再次尝试的机会。外界环境严峻，"窗口"一旦关闭，机会便随之消失。

但在基于知识的行业中，在第一个"窗口"关闭之后的二三十年内，可能会出现第二个窗口。计算机业就是如此。

计算机业的第一个"窗口"开始于 1949 年，持续到 1955 年左右。在这段时间内，世界上所有的电气设备公司都开展了计算机业务，如美国通用电气公司、西屋公司和美国无线电公司（RCA），英国通用电气公司、普利西半导体公司（Plessey）和费兰蒂技术公司（Ferranti），联邦德国西门子公司和联邦德国通用电气公司，荷兰飞利浦公司，等等。到 1970 年，这些大公司又纷纷撤出计算机业。这一领域的占领者是 1949 年时尚未成立或者规模很小的公司，包括美国的 IBM、"7 个小矮人"（美国七家小型计算机制造商），英国的 ICL（英国通用电气公司、普利西和费兰蒂公司的计算机事业部剩余部分组成的公司），法国几家由政府大力扶持的小公司，联邦德国的一家全新进入的公司利多富公司（Nixdorf）。日本几家公司则在政府支持下生存了很长时间。

随后，在 20 世纪 70 年代末，微芯片的发明引发了第二个"窗口"。这催生了文字处理器、小型计算机、个人计算机，并实现了计算机和电话交换机的融合。

但是，在第一回合中失败的公司没有再次参与竞争。第一回合中幸存的公司也没有加入第二回合，或只是不情愿地加入进来。Univac 公司、控制数据公司、霍尼韦尔公司（Honeywell）、宝来公司（Burroughs）、富士通公司和日立公司都没有在小型计算机或个人计算机市场中取得领导地位。IBM 是唯一的例外，它在第一回合中也是无可争议的冠军。早期一些以知识为基础的创新也是这个模式。

2. 随着"窗口"更加拥挤，基于知识的创新者存活概率更小。

在"窗口"打开时，进入者可能会很多。产业结构一旦稳定或者成熟，则至少在一个世纪内都很难变化。当然，考虑到技术、资本需求、进入的难易程度、产品是否外销等，不同产业的结构存在很大差异。但是，在任何一个时间点，任何一个产业都有一个典型结构：在任何一个市场都会有那么多公司、那么多大型公司、那么多中型公司、那么多小型公司，其中又有那么多专业公司。而且，对于任何一个基于新知识的产业，无论是计算机业还是现代银行业，越来越多的情况是只有一个"市场"，即全球市场。

因此，在产业进入成熟期或稳定期时，基于知识的创新者中的幸存者并不比传统时期多。随着世界市场和全球通信的出现，"窗口"期的新进入者会大幅增加。当淘汰期来临时，企业的失败率也会比以往高。淘汰期必定出现，不可避免。

淘汰期

窗口期一旦结束，淘汰期随即来临。在窗口期创办的大部分企业，都不能撑过淘汰期。过去的高科技产业如铁路业、电气设备制造业和汽车业的发展，都印证了这一点。在我写本书之时，微处理器、小型计算机和个人计算机公司已经开始经历淘汰期，这距离窗口期的开启也只有五六年。目前仅仅在美国，该产业就有约 100 家公司。十年以后，也就是到 1995 年，剩下的企业不会超过 12 家——不论规模或影响力大小。

生存还是灭亡，或是挣扎求生，这是很难预测的。事实上，预测完全没有意义。企业的规模大也许有利于生存，但并不能保证企业度过淘汰期以后依旧成功。否则，当今世界上规模最大、最成功的化学公司应该是联合化学公司（Allied Chemical），而不是杜邦公司。当美国化工业窗口期于 1920 年开启之际，由于拥有德国化学的专利权（一战期间，美国政府没收了这些专利），联合化学公司看似无可匹敌。仅仅七年，淘汰期过后，联合化学公司就变得羸弱不堪，再也没能重回往日的巅峰状态。

1949 年，没人会预想到 IBM 会成为计算机业的巨头，更不曾想过通用电气或西门子之类经验丰富的行业领袖会一败涂地。1910 年或 1914 年，当汽车股票在纽约证券交易所备受追捧之时，没人会想到通用汽车和福特汽车能够存活并愈加强大，而被寄予厚望的帕卡德（Packard）或哈普（Hupmobile）却消失得无影无踪。19 世纪七八十年代，现代银行业刚刚兴起，也没人料到德意志银行会吞并众多商业银行成为德国的领先银行。

要预测某个行业是否能成为重要行业是很容易的。从历史来看，一个行业如果能进入迅速发展期，也就是我所说的窗口期，就能成为重要行业。问题是：哪些企业能够存活下来并成为行业的领导者？

充斥着疯狂投机的热潮过后，就是惨烈的淘汰期，这种发展节奏在高科技领域尤其明显。

首先，相比于一般产业，高科技产业备受瞩目，因此会吸引更多的新进入者和资金。同样地，它们承载的期望也要高得多。凭借鞋油生产或手表制造等普通产业变得富有的人，远远多于依靠高科技产业致富的人。但是，没人会期望一家生产鞋油的公司会成为"10亿美元级公司"。即便它只是一家中等规模的普通家族企业，也没人认为这是失败的。相比之下，高科技产业是一个非赢即输的产业，若平淡无奇则毫无价值。这使得高科技创新具有内在的高风险。

其次，高科技产业在相当长时间内都无法赢利。计算机业开始于1947～1948年，但30多年后，也就是20世纪80年代初期，整个计算机业才达到盈亏平衡点。的确，一些公司（实际上都是美国公司）在较早时候就能赢利。计算机业的领导者IBM，很早就获得了较高利润。但从整个产业来看，少数几家公司的利润尚不足以抵消其他公司的巨额亏损。例如，一些大型国际电气公司想成为计算机制造商却一败涂地。

同样的事情也发生在早期的每一次"高科技"热潮中，如19世纪初的铁路热潮、1880～1914年的电气设备和汽车热潮、20世纪20年代的家用电器和收音机热潮，等等。

这种现象出现的重要原因是，只有在研究、技术开发和技术服务上投入越来越多的资金，企业才能继续参与比赛。为了维持自己的地位，高科技企业必须奔跑得越来越快。

当然，这是迷人之处。但这也意味着，当淘汰期到来时，哪怕只是一阵短暂的风暴，也只有极少数几家资金雄厚的企业才能存活下来。这不仅仅是高科技新创企业往往需要比其他新创企业在财务上更有远见的原因，也是相比于一般新创企业，有财务远见的高科技新创企业更稀少的原因。

在淘汰期，唯一的生存之道是创业实践（详见第12～15章）。德意志银行当时之所以能在众多金融机构中脱颖而出，全在于格奥尔格·西门子在深思熟虑之后组建了世界上第一个公司高层管理团队。不同于联合化学公司，杜邦公司在20世纪初设立了世界上第一个系统的组织结构，制定了世界上第一个长期规划，并开发了世界上第一个管理信息和控制系统。联合化学公司则由一个毫无头脑的极端自大狂经营。但是，这并非故事的全部。在最近计算机业淘汰期失利的许多大公司，如通用电气公司和西门子公司，往往被认为具有一流的管理。虽然在淘汰期福特汽车被诟病管理不善，险些被淘汰，但它还是存活下来了。

因此，创业管理可能是幸存的一个必要条件，并非充分条件。在淘汰期，只有内部人员才能真正了解（也许，就算是他们也不能真正了解），在繁荣期迅速成长的基于知识的创新企业是否像杜邦公司一样开展有效管理，或者像联合化学公司一样基本无管理。但等我们搞清楚情况时，大多为时已晚。

接受度赌博

要想获得成功，基于知识的创新必须是"成熟的"，也就是必须有人接受它。这是基于知识的创新固有的风险，也是它的独特力量。其他类型的创新都是利用已经发生的变化，去满足已经存在的需求。而基于知识的创新则带来变化，创造需求。没人能预知，用户对这种创新是接受、置之不理还是极力排斥。

的确，例外是存在的。发明抗癌药物的人根本不用担心接受度的问题，但这种例子极为罕见。对于大多数基于知识的创新，能否获得足够的接受度，的确是一场赌博。成功的概率是未知的，其实可以说是充满神秘感的。也许本来会有很高的接受度，但没人意识到；也许人们都坚定地认为社会真的迫切需要一种创新，但创新来临时无人接受，甚至还有人抵触。

面对基于知识的创新位高权重者反应迟钝的故事，比比皆是。一个典型的例子是，普鲁士国王认为："当人们在一天内可以从柏林骑马到波茨坦（不用花钱）时，即便乘火车只需要一小时，他们也不会付钱去乘火车。"因此他断言铁路这一新设施肯定会失败。当时，并非只有普鲁士国王如此判断，同时代的许多"专家"和他的观点一致。同样地，当计算机出现时，也没有一个"专家"料想到它在商业界会如此受欢迎。

截然相反的错误反应，同样也很常见。"人人都知道"存在某种真正的需求，但在现实中却对它无动于衷或者大力反对。1948 年，一些权威人士想象不到企业居然想要计算机，但几年之后，就在 1955 年前后，还是这些权威人士却预测计算机有望在 10 年之内"让学校发生革命性变化"。

德国人认为"电话之父"是菲利普·赖斯（Philip Reis），而非贝尔。赖斯于 1861 年研制出能够传输音乐的仪器，这很接近语音传输。但后来由于受挫，他放弃了。没有人接受电话，没有人对它感兴趣，或者渴望拥有它。当时人们普遍认为："电报已经足够满足通信需求了。"但 15 年后，当贝尔申请电话专利时，人们为之振奋，而德国人的反应最为热烈。

这 15 年内接受度的改变并不难解释。美国南北战争和普法战争这两大战争暴露了电报的不足。但是，这里的要害不在于接受度的变化，而在于赖斯 1861 年在一个科学会议上展示他的装置时，每一位权威人士都预测它会有极高的接受度。结果，每个权威专家都预测错了。

当然，专家也可能是正确的，而且常常如此。例如，1876 ～ 1877 年，专家们认为电灯泡和电话会有很高的接受度。事实证明，他们是正确的。同样地，19 世纪 80 年代，爱迪生在发明留声机时也得到了专家的支持。这再次证明专家对新设备的高接受度的预测是正确的。

但是，专家是否能正确判断基于知识的创新的接受度，只能事后评判。

即便在事后，我们也不一定能理解，某个基于知识的创新为什么会受到欢迎或遭到抵制。例如，没人能够解释语音拼写法为何受到极力抵制。人人都认同非语音拼写法是阅读和写作的主要障碍。它使学校不得不在培养学生的阅读技巧上投入过多的时间，也要为很大比例的儿童阅读障碍与情感创伤负责。语音学知识至少已经出现一个世纪了。对于问题最为严重的两种语言，英国的英语和日本的日语，语音拼写法的实现方式已经出现：英语中的音标和更早的日语中的 48 个音节的假名表。对于这两个国家，它们邻近的国家都有应用语音拼写法并获得成功的例子。19 世纪中期，德国的文字拼写改革对英国来说是个成功的例子。更早时期，韩国的语音拼写法改革对日本来说同样是个成功的例子。但是，这样一种具有迫切需求且已被证明是安全、容易、有效的创新，在这两个国家却不被接受。原因何在？外界对此有各种各样的解释，但没有人知道真正的原因。

在基于知识的创新中，这种风险无法消除，甚至根本无法减少。由于无法对不存在的事物开展市场调查，市场研究也毫无效用。意见分析不仅无效，甚至可能会带来危害。至少对基于知识的创新的接受度，这是"专家意见"带来的经验。

如果想开展基于知识的创新，必须在其接受度上赌一赌。除此之外，别无选择。

基于新的科技知识的创新，风险最高。时下热门的创新领域，如个人计算机、生物技术，风险尤其高。相比之下，一些不受追捧的领域，由于会有更多的时间，风险会低很多。一些基于非科技知识的创新，如社会创新，风险更低。但是，高风险是基于知识的创新的固有属性，也是其高影响力的必要代价。这种变化不仅限于产品和服务，还包括我们看待世界、看待我们在世界中的位置的方式，甚至看待我们自己的方式。

不过，把新知识与前面讨论的某个创新机会源（意外事件、不协调事件，特别是流程需求）相结合，高科技创新的风险就可以大大降低。在这些领域中的接受度，或者已经确定，或者很容易进行可靠的检验。而且在这些领域中，创新所需的知识通常也可以精确无误地加以界定。这也是"项目研究"备受欢迎的原因。不过项目研究需要有组织、有目的，需要大量的系统工作和自律。

可见，对基于知识的创新者提出的要求是很高的，也不同于其他领域的创新者面临的要求。他们承受的风险也不同，例如时间会与他们作对。但是，风险越高，潜在回报也越高。其他领域的创新者可能获利，而基于知识的创新者还能得名。

聪明创意

基于聪明创意开展的创新，可能要多于其他种类创新的总和。比如，每10 项专利中，就有 7 项或 8 项属于这类创新。在与企业家和创业相关的书中，大多数新创企业都是基于聪明创意成立的。拉链、圆珠笔、气雾剂喷雾器、软饮料和啤酒罐的拉环等，都是聪明创意。在许多企业中，所谓的研究就是发现和利用聪明创意——或是燕麦早餐和软饮料的新口味，或是更好更轻便舒服的跑鞋，或是不会烫焦衣服的熨斗。

但是，聪明创意是风险最大、成功概率最小的创新机会源。这类创新的失败概率是非常大的。这类创新的专利中，能够赚回研发成本和专利申请费用的不足 1%。除去成本支出，能够赚钱的可能只有 0.2%。

没人知道，哪些基于聪明创意的创新能够成功，哪些会失败。例如，为什么喷雾器会成功，而其他许多类似的创新却惨败？为什么有的万能扳手销量很好，而其他同类产品却消失了？尽管拉链很容易卡住，礼服、夹克或裤子的拉链如果卡住了，会令人十分尴尬，但为什么拉链会被人们接受，甚至取代纽扣呢？

人们曾经试图提高基于聪明创意的创新的可预测性，但并未取得进展。

人们也曾试图找出成功创新者的特质、行为或习惯，同样没有成功。正如一则古老的格言所说："成功的发明家不断地发明，他们只是碰运气而已。如果进行足够多的尝试，他们将会成功。"

然而，相信只要不断去尝试聪明创意就会取得成功，并不比只要你持续投钱就能在拉斯维加斯玩老虎机中头奖这个普遍的谬见更为合理。老虎机设定的规则是赌场主有 70% 的概率会赢，你投得越多，输得越惨。

根本没有证据表明持续追求"聪明创意"肯定会有所收获，正如没有证据表明什么"系统"能够击败老虎机一样。一些成功的发明者只有一个聪明创意，随后就不再寻求新的创意。拉链、圆珠笔的发明者就是如此。也有数以百计的发明者每人拥有 40 项专利，却无一成功。当然，创新者可以通过实践来改善，但关键前提是正确地实践，即在对创新机会源进行系统分析的基础上开展工作。

基于聪明创意的创新的不可预测性和高失败率的原因，是显而易见的。聪明创意往往是模糊且难以捉摸的。除了拉链的发明者，恐怕没人会想到纽扣或者挂钩扣不足以扣紧衣服；除了圆珠笔的发明者，没人会对 19 世纪发明的钢笔不甚满意。20 世纪 60 年代成功进入市场的电动牙刷，如何满足人们的需求呢？毕竟，还是需要用手拿着。

即便能够界定需求，解决方案也难以确定。不难推测，人们在遇到交通堵塞时会想要一些消遣。为满足这种需求，索尼公司于 1965 年推出的小型电视机在市场中惨遭失败，可是更加昂贵的汽车音响却大获成功，这是为什么呢？现在回想起来，这个问题很容易回答。但是，我们是否可以提前预知这个问题的答案呢？

不管成功的故事如何诱人，企业家最好还是放弃基于聪明创意的创新。毕竟，每周总有人能够在拉斯维加斯的老虎机前赢得头奖，但是其他玩家做到最好也就只是没有输到无法承受。有系统、有目的的企业家会分析系统的领域，也就是前面第 3～9 章提到的 7 个创新机会源。

这些领域足以使任何一个创业者、创业型的企业或公共服务机构保持忙碌。事实上，机会远远比人们能利用的要多。在这些领域中，我们知道如何观察、观察什么，以及应该做什么。

对于追求聪明创意的创新者，我们所能做的就是告诉他们如果成功了，该做些什么。这时，创业型企业的规则就开始起作用了（详见第 15 章）。这也是创业文献大都研究如何创办和经营新创企业而非创新本身的根源所在。

但是，创业型经济决不能随意地忽视基于聪明创意的创新。单个的基于聪明创意的创新无法预测，不能组织也不能系统化，而且绝大多数会失败。这类创新中很多创新起初微不足道。新的开罐器、假发套和皮带扣的专利总是多于其他事物。在任何新专利的列表中，总会出现一两种对常见物品的创意。基于聪明创意的创新是如此之多，极小部分的成功也能为经济带来相当可观的新的企业、新的工作机会和新的生产力。

在创新与创业的理论和实践中，基于聪明创意的创新是一种附带品。但是它应该得到认可和回报。它代表社会需要的品质：进取心、有志向和独创性。也许，社会很难去做些什么来推动这种创新，毕竟无法去鼓励不了解的事物。但至少，社会不能对这种创新进行打压、惩罚，或者阻止。发达国家，尤其是美国，近期以提高专利申请费用等方式阻止基于聪明创意的创新，并将申请专利视为"反竞争"行为。从这个视角来看，这种做法很短视并且有害。

创新的原则

I

任何一位具有丰富经验的医生都遇到过"奇迹痊愈"的病例。身患绝症的病人突然之间康复了。这种现象有时是自发的，有时是求助于信仰，或者通过荒谬的饮食疗法，或者通过黑白颠倒的作息方式。只有偏执的人才会质疑这种痊愈的发生，并批判它是不科学的。这些现象确实存在。但是，没有医生会将这种奇迹痊愈的案例收录在书本里，或在课堂中给医学生讲授。这些案例无法重现，无法传授或学习，这种现象也极为罕见。毕竟，绝大多数绝症患者最终死去。

同样地，一些创新也不是基于前面章节中提到的来源产生的。这些创新并不是按照有组织、有目的、有系统的方式发展的。带来这些创新的创新者得到了"缪斯之吻"，他们的创新是灵光乍现的结果，而非来源于有组织、有目的的辛苦工作。这类创新无法重现，不能传授和学习。目前还没有教人成为天才的方法。很多人认为发明和创新是传奇，其实不然，灵光乍现的机会很难出现。更糟糕的是，据我所知目前还没有一个"灵光乍现"转变为创新，它们一直都只是聪明创意而已。

有史以来，最伟大的发明天才当数莱奥纳多·达·芬奇。他笔记本的每一页都有一个惊人的想法，包括潜水艇、直升机、自动锻造机。受 1500 年时的技术水平和材料的限制，这些想法没有一个转化为创新。事实上，在当时的社会经济发展水平下，这些想法也不会被人们接受。

每个学生都知道蒸汽机的发明者是詹姆斯·瓦特。事实并非如此。科技史学家都知道 1712 年托马斯·纽科门（Thomas Newcomen）建造了第一台蒸汽机。这台蒸汽机能够做很多有用的工作，如英国一个煤矿用它来抽水。瓦特和纽科门都是有组织、有系统、有目的的创新者。瓦特的蒸汽机将如何镗制平滑的汽缸这一最新知识同冷凝器这一"缺失环节"的设计相结合，发展成为一种基于流程需求的创新，更加符合创新的模式。当时已经有几千台纽科门蒸汽机投入使用，这为瓦特蒸汽机的接受度奠定了基础。但是，燃烧发动机以及随之诞生的现代技术的真正"发明者"既不是纽科门，也不是瓦特，而是英裔爱尔兰化学家罗伯特·玻意耳（Robert Boyle）。玻意耳的发明纯粹是"灵光乍现"，但他的发明无法运行，也不可能运行。因为玻意耳通过火力爆破来推动活塞，这会弄脏汽缸。每个冲程之后，都要将汽缸取下来进行清洗。玻意耳的创意起初启发了帮他制造火力引擎的助手丹尼斯·帕潘，随后是纽科门和瓦特，使他们研发出可以运行的燃烧发动机。玻意耳这个天才仅仅拥有一个聪明创意。它属于创意史，而非科技史或创新史。

来源于分析、系统和勤奋工作的、有目的的创新，是所有可以讨论和阐述的创新实践。但这种创新也是所有需要阐述的创新，因为它至少包含 90% 的有效创新。与其他领域一样，创新中的卓越表现者必须学习并掌握创新这一学科。

那么，代表创新学科核心的创新原则是什么？有一些必须做的事情，也有一些不能做的事情，另外就是一些条件。

II

必须做的事情

1. 有目的、有系统的创新起始于对机会的分析。它以对创新机会源的全面思考为起点。不同领域中，不同创新机会源在不同时间的重要性不同。例如，对于基础工业工艺中的创新者，对于在经济明显存在不协调情况的流程中（例如在造纸流程中）寻找"缺失环节"的那些人，人口统计特征变化的意义极小。同样地，创新者在通过创造新的社会工具来满足人口统计特征变化引起的需求时，与新知识的关系也不大。但是，对所有创新机会源都应该系统地加以分析和研究。仅仅注意到这些机会源是远远不够的，必须系统地、有规律地来组织研究。

2. 创新同时是概念性和感知性的。创新的第二件必须做的事情是走出去察看、询问、倾听。这种做法无论怎么强调也不为过。成功的创新者同时使用左脑和右脑。他们同时观察数字和人。他们分析把握某个机会所需要的创新。随后，他们走出去观察客户并了解客户的期望、价值观和需求。

这样创新者可以感知创新的接受度和价值，也可以感知这个或那个方案是否符合客户的期望或习惯，然后思考："这项创新需要展现出什么，才能使那些不得不使用它的人们会想要用它，并从中看到他们自己的机会？"否则，正确的创新可能会以错误的形式展现。一家为美国学校提供计算机程序的领先企业就遇到过这种情况。对计算机心生恐惧的教师认为计算机毫无用途，甚至是一种威胁，也就不使用这些优秀高效的程序了。

3. 创新必须简单聚焦，才能行之有效。创新应该专注于一件事情，否则容易引起混乱。如果它不够简单，则将很难运作。任何新生事物都会遇到麻烦，如果创新过于复杂，则难以解决。有效的创新全都极其简单。实际上，人们对创新的最高评价是："这太明显了，为什么我就没想到呢？"

即便是创造新用途和新市场的创新，也要有一个具体、清晰、有所设计的应用。它应该专注于所能满足的一个具体需求和所能产生的一个具体的最终结果。

4. 有效的创新从小处开始。它们只是尝试去做一件并非宏大的具体事情。它可能是让车辆在轨道上行驶时取电，这创造了有轨电车。它也可能是在火柴盒里放置同样数目的火柴（比如过去是 50 根），这催生了全自动火柴生产设备，其瑞典发明者几乎长达半个世纪垄断了世界火柴市场。那些旨在使产业发生革命性变化的创意或计划，往往最后遭遇失败。

创新最好能从小处开始，只需将少量人员和资金投入一个小而有限的市场。否则，创新者很难有足够的时间来进行调整和改变，而这是成功创新的必要条件。早期的创新很少是完全正确的。只有当规模较小、对人员和资金的需求不高时，才能做出必要的改变。

5. 最后，成功的创新旨在获得领导地位——这是最后一桩"要做的事情"。这并非指最终要成为一家大型企业。没人能够预言一项特定的创新最终是成就一家大企业还是只不过表现平平。但如果一项创新在初始阶段就不曾想过获得领导地位，它很难有足够的创新性，也很难有所成就。要想成为领导者，可以采取大相径庭的战略（详见第 16 ～ 19 章），既可以是瞄准行业或市场的支配性地位，也可以是在某个流程或市场发现并占据一个小小的"生态利基"。但是所有创业战略（即旨在利用创新的战略），必须在给定的情境中取得领导地位。否则，就只是为竞争者创造机会罢了。

III

不能做的事情

下面是几项重要的不能做的事情。

1. 首先，不要过于聪明。创新必须能由普通人来运作。如果创新想要具有一定规模和重要作用，就需要让笨人也能够操作。毕竟，只有能力一般的人才是充足的、永远能找得到的。而过于聪明的创新，无论是设计上还是执行上的创新，都几乎注定要失败。

2. 其次，不要多元化，不要分化，不要试图一次做很多事情。这是"必须做的事情"的必然要求：保持专注。偏离核心的创新容易变得松散，它们只会停留在创意阶段而不能转化为创新。这个核心并不一定是技术或知识。不论在商业机构还是公共服务机构中，相比于知识和技术，市场知识实际上是企业更好的核心。创新努力必须有一个核心，否则将会四处分散。一项创新需要将各方努力汇聚起来，还需要参与人员互相理解，这些都要求有统一的核心。多元化和分化将会破坏这种统一的核心。

3. 最后，不要尝试为未来创新。要为当下创新！一项创新可能会有深远的影响。它可能需要 20 年才能完全成熟。正如我们所见，计算机的工作模型面世之后，过了 25 年，也就是到 20 世纪 70 年代初，计算机才对企业的运作模式产生重大的影响。但计算机在出现之际就有了一些现在的具体应用，如科学计算、薪酬支付管理和模拟训练飞行员等。如果要针对老年人开展创新，只讲"25 年后会有很多年纪很大的人，他们需要这个"是不够的。创新者必须能这样讲："现在就有足够多的老年人，这个可以改变他们的生活。当然，时间也站在我们这一边——25 年后，老年人会更多。"除非能够即时应用，否则创新就仅仅是莱奥纳多·达·芬奇的笔记本中的"聪明创意"而已。现实中很少有人能像达·芬奇那样天赋异禀，仅仅凭借笔记本是很难像他那样万古流芳的。

爱迪生可能是第一个充分理解第三条忠告的创新者。1860 年或 1865 年左右，同时代的其他电气发明家都在为电灯泡而努力。但直到十年后各项知识具备之时，爱迪生才着手研制电灯泡。在知识欠缺之时，研制电灯泡是"为未来创新"。在知识具备之后，电灯泡成为"当下"的需求。爱迪生集聚巨大的力量，组织卓越的人才，几年内都全神贯注于这一机会。

创新机会有时会有很长的提前期。在药学研究中，10 年的研发工作往往是常态，算不上漫长。没有一家制药公司会去研究不能满足现有医疗需求并可立即得到应用的药物。

三个条件

最后，还有三个条件。这三个条件明显可见，但往往被忽视。

1. 创新是工作。创新需要知识，也需要巨大的创造力。显而易见，有些创新者比普通人更有才智。创新者很少会在两个或两个以上领域中工作。尽管爱迪生具有卓越的创新能力，他也只专注于电气领域。金融领域的创新者，如纽约花旗银行，在零售业和医疗保健领域也许就难以创新。正如其他工作，创新也需要才干、独创性和资质。这些条件都具备之后，创新就成了艰苦、专注和有目的的工作，需要极其勤奋、有毅力和全心投入。如果缺乏这些，才干、独创性和知识将变得毫无效用。

2. 要想成功，创新者必须立足于自身优势。成功的创新者会多方寻求机会，然后自问："哪一个是适合我的，适合我们公司的，可以发挥我们（或我）的长处，而且有绩效证明我们（或我）是有能力做好的？"在这方面，创新与其他工作毫无差异。考虑到创新的固有风险以及知识和工作能力的特有优势，基于自身优势的创新就显得尤为重要了。与其他有风险的活动一样，创新也需要"性情相投"。企业若不是真正尊重自己所做的事，是不可能做好的。例如，制药公司必须由有科学思维、自认为"严肃"的人经营，它们没有哪一家会在口红或香水之类的"轻浮"行业有所成就。同样地，创新者与创新机会也要契合。对创新者而言，这个创新机会必须是重要的、有意义的。否则，他们很难持续投入到成功创新所必需的艰苦且困难重重的工作中去。

3. 最后，创新是对经济与社会发挥作用，是对客户、教师、农场主、眼科医生等各类对象的改变，或者是对流程的改变，也就是对人们的工作和生产方式的改变。因此，创新应该紧密结合市场并专注于市场，事实上创新是市场驱动的。

保守的创新者

一两年前，我参加了一所大学主办的创业研讨会。许多心理学家在会上做了报告。虽然观点各不相同，但他们都谈到"企业家特质"，认为它是"具有冒险精神"。

随后，一位著名的成功创新者和企业家受邀进行评论。他用了 25 年时间把一项基于流程的创新发展成为一家颇具影响力的全球性企业。他说："你们的报告令我困惑。我觉得自己认识的创新者和创业者，包括我自己在内，跟其他任何人认识的一样多。在这些人身上，我从未发现过企业家特质。但是，我所知道的成功者都有且只有一个共同点，那就是他们都不是冒险家。他们都尽力界定自己所能承受的最大风险，并尽可能降低风险。否则，他们都不会获得成功。至于我自己，如果我曾想成为冒险家，我会进入房地产或商品贸易业，或者按照母亲的意愿成为一名职业画家。"

这番话和我的体验完全一致。我也认识很多成功的创新创业者，他们之中没有一个人喜欢冒险。

创新者的普遍形象是人们以流行心理学和好莱坞模式为基础勾勒出来的。这使得创新者好似超人和圆桌骑士的化身。在真实生活中，大多数创新者并非浪漫人物，他们会花费更多时间预测现金流而不是去寻找冒险机会。当然，创新本身充满风险。开车去超市买面包，同样有风险。按照定义，所有经济活动都是高风险的。其实"捍卫昨天"（也就是不创新），比"创造明天"更有风险。我所知道的创新者都能成功地界定风险并加以控制。他们成功地对创新机会源进行系统分析，随后找到机会并加以利用，无论是风险较小且能清晰界定的机会（如利用意外事件或流程需求），还是风险较大但能清晰界定的机会（如基于知识的创新）。

成功的创新者是保守的，他们不得不如此。他们并非"风险导向型"的，而是"机会导向型"的。

2

第二部分

创业实践

INNOVATION AND
ENTREPRENEURSHIP

虽然创业型组织与现有组织所需的管理方式不同，但与现有组织类似，它也需要进行系统的、有组织的和有目的的管理。各个创业型组织有相同的基本规则。但是，现有企业、公共服务机构和新创企业面临着不同的挑战和问题，而且必须警惕不同的衰退趋势。此外，个体创业者也需要对其角色和承诺做出决策。

创业管理

无论对现有的大型机构还是白手起家的个体创业者，商业企业还是非商业性公共服务机构，政府机构还是非政府机构来说，创业所遵循的原则是一样的，其影响因素也大体相同。此外，创新种类和创新机会源也大同小异。上述情形中存在着共通规律，我们称之为"创业管理"。

但是，现有企业和个体创业者面临的问题、局限和约束不同，需要学习的东西也不同。比如，现有企业已经知道如何进行管理，需要学习的是如何成为一个创业者和创新者。非商业性公共服务机构也面临着不同的问题，具有不同的学习需求，并容易犯不同的错误。而新创企业首先需要学习如何进行管理，然后再学习如何成为一个创业者和创新者。

对于现有企业、公共服务机构和新创企业，必须制定具体的创业实践指南，说明不同组织各自需要做什么、注意些什么，以及最好不要做什么。

从时间逻辑上讲，正如医学研究一般应该从认识胚胎和新生婴儿开始，我们的讨论也应该从新创企业开始。但事实上，医学生首先了解的是成年人的解剖结构和病理学。类似地，我们讨论创业实践，最好是从"成年人"开始，也就是从现有企业及其激发创业的相关原则、实践与问题入手。

在当前这个快速变化和追求创新的时代，企业（尤其是大型企业）如果没有创业能力将无法生存。从这个观点来看，当今这个时代与经济史上最近一个伟大的创业时期截然不同。那个创业时期持续了五六十年，随着一战的爆发而结束。在那个时期，中型企业都不多见，更不用说大型企业了。但在当今这个时代，许多大企业都要学会创业，因为这不仅符合企业自身利益，而且是它们应该承担的社会责任。与100年前形成鲜明对比的是，创新会使现有企业（尤其是大型企业）迅速被破坏。创新者带来了熊彼特所说的"创造性破坏"。这种"创造性破坏"对当今的就业、金融稳定、社会秩序和政府责任都构成了真正的社会威胁。

现有企业必须改变，而且必须在各个方面进行彻底的改变。在未来25年里（详见第7章），每个工业发达国家都会意识到，从事制造业的蓝领劳动力总数将会减少到现在的1/3，但制造业产值却将增长三四倍。这一发展，好比工业化国家在二战后的25年中在农业方面的发展。要想在这样一个巨变时代中稳定发展并保持领先地位，现有企业必须学会生存，更重要的是，学会如何繁荣发展。要实现这一目标，它们必须学习如何成为一个成功的创业者。

在许多情况下，现有企业是社会所需创业的唯一来源。今天的一些行业巨头，在未来的25年里可能无法存活下来。但是，一些中型企业却可能通过创业管理成为成功的创业者和创新者。中等规模的现有企业（而不是小企业）最有能力成为创业界的领导者。因为它们拥有必要的资源（尤其是人力资源），具备管理优势，并已建立管理团队。因此，它们既有机会也有责任进行有效的创业管理。

这一结论同样适用于公共服务机构，尤其是提供非政治功能的机构（无论该机构是否归政府所有，或是否由税收提供财政资助）。此外，这一结论还适用于医院、各级学校、地方政府的公共服务机构、社区机构和志愿者组织（如红十字会、童子军和女童子军）、教堂及其相关组织，以及专业协会和行业协会等。快速变化的时代会让很多旧事物过时，或者至少让很多处理旧事物的方法失效。但在快速变化的时代也涌现出了很多机会，使得机构能够完成新任务、开展新试验以及从事社会创新。

最重要的是，公众的感知和心理发生了重大变化（详见第 8 章）。1776年，亚当·斯密出版了《国富论》，由此开启了自由放任主义（Laissez Faire）的时代。直到 1873 年的大恐慌，这一时代才得以终结。自 1873 年之后的 100 年里，"现代化""进步"或"前瞻性"意味着将政府作为社会变革和社会进步的推动者。无论这一观点是好是坏，在所有发达国家，这一时代已经终结。虽然无法预知下一股"进步主义"浪潮，但我们可以确定，任何仍在鼓吹 20 世纪 30 年代（甚至 60 年代肯尼迪和约翰逊执政时期）的"自由"或"进步"思想的人，肯定不是"进步分子"，而是"保守分子"。我们不知道私有化[⊖]（由国营转为非国营，而不是像大多数人认为的那样由私人企业来经营）是否会奏效，但我们知道，任何一个西方发达国家都不会因为对传统承诺的希望、期盼和信念，而走向国有化和政府管制。除非它们在私有化过程中遭受了挫折和失败。如果遇到这种情况，公共服务机构不仅有机会进行创新和创业，而且也有责任进行创新和创业。

但正因为它们是公共服务机构，它们会遭遇不同于其他机构的障碍和挑战，并会犯不同的错误。因此，我们需要单独讨论公共服务机构的创业。

最后讨论的是新创企业。它将来还会是创新的一个主要载体，一如它在过去所有重要的创业时期以及在当前美国新出现的创业型经济当中一样发挥作用。美国不乏未来的创业者，也不缺新创企业，但是大部分企业，特别是高科技企业，需要学习创业管理，这是必须做的，否则它们将无法生存。

在开展创业和创新方面，这三类组织的平庸者和领导者之间的差距巨大。幸运的是，有很多组织成功实践了创业，为我们系统地介绍创业管理的实践和理论、说明和方案提供了充足的例子。

⊖　1969 年，我在《不连续的时代》中提出这个词。

创业型企业

I

传统上，人们认为"大企业不创新"，这听起来很有道理。20 世纪的重大创新都不是来自当时的大企业。举例来说，小汽车和卡车都不是由铁路公司发明的，铁路公司甚至都没有尝试过与汽车相关的研发。虽然汽车公司曾经尝试过飞行器研发，比如福特汽车和通用汽车都是航空领域和航天领域的先驱，但事实上，今天所有的大型飞机公司和航空公司都是由新创企业发展而来的。类似地，当首批现代药物在 50 年前问世时，当今的制药业巨头要么尚未成立，要么还是小公司。计算机业也大同小异。20 世纪 50 年代，电气业的巨头们纷纷进入计算机领域，比如美国的通用电气公司、西屋公司和美国无线电公司，欧洲大陆的西门子和飞利浦，日本的东芝，但无一成功。而现今该领域的主导者 IBM，在 40 年前只不过是个中等规模的企业，也算不上是高科技企业。

但是，大企业不创新或不能创新这个普遍的观念，连真假参半都谈不上，确切地说，它是一个误解。

首先，很多例子可以说明，大企业是优秀的创业者和创新者。在美国，强生公司在卫生保健领域成绩卓著；3M 公司为工业和消费市场生产高精工艺产品；有 100 多年历史的花旗银行，是美国乃至全球最大的非政府金融机构，同时也是银行业和金融业的重要创新者。在联邦德国，有 125 年历史的赫斯特公司，是全球最大的化工公司之一，同时也是医药领域的创新典范。在瑞典，成立于 1884 年的 ASEA 公司在过去的六七十年里，不仅规模庞大，还是远程电力传输和工厂自动化机器人领域的真正创新者。

令人困惑的是，众多历史悠久的大企业在一些领域一败涂地，但在其他领域却是成功的创业者和创新者。比如，美国通用电气公司虽然在计算机领域失败了，但在另外三个领域（飞机发动机、工程无机塑料和医疗电子设备）却是成功的创新者。又如，美国无线电公司在计算机领域同样惨遭失败，却在彩色电视机领域表现出色。因此，事情并不像传统的普遍观念那么简单。

其次，"规模大"是创业和创新的阻碍，这一观点并不正确。人们在谈论创业时，经常会提到大型组织的"官僚主义"和"保守主义"。的确，这两种现象不仅存在，还会严重阻碍创新与创业，甚至会阻碍企业取得其他成就。但是，历史表明，现有组织中，无论是营利企业还是公共服务机构，小型组织最缺创业和创新。而实际上在擅长创业的组织中，有许多是大型企业和大型公共服务机构。如果要举例的话，我可以轻松地举出世界上的 100 家这样的企业。如果列一个善于创新的公共服务机构名单，当中也会有许多大型机构。

最擅长创业的企业可能是中型企业当中规模比较大的那些，比如 20 世纪 80 年代中期年销售额达 5 亿美元的美国公司。$^{\ominus}$而小型的现有企业，却无一出现在创业型企业的名单中。

$\ominus$　这一点长期备受质疑。但是，理查德·卡夫诺和小唐纳德·克利福德于 1983 年秋在《麦肯锡季刊》上发表的《美国中等规模成长型企业给我们的启示》为此提供了确凿证据。

创新和创业的真正阻碍不是企业规模，而是企业本身的运作，尤其是现在成功的运作。大型企业或者至少是中型企业，比小企业更容易克服这一阻碍。任何事物（比如制造工厂、技术、产品线、分销体系）的运作，都需要不懈的努力和关注。而且，运作总会经历日常危机。危机一旦发生，需要立即处理，不能拖延。因此，现有的运作需要并值得优先考虑。

相比成熟企业的庞大规模和良好绩效，新创企业如此渺小、微不足道，以至于前途未卜。事实也的确如此。那些自诩伟大的新生事物，反而不可信。新生事物的成功概率很低。但正如前文所述，成功的创新者也都是从小的创新开始的，最重要的，是从简单的创新开始的。

许多企业声称："10 年后，我们 90% 的收入将来自目前尚不存在的产品。"在很大程度上，这纯属自吹自擂。诚然，在这 10 年里，企业可以对现有产品进行改进或调整，甚至可以开拓现有产品的新市场，以及改变现有产品的最终用途。但是，真正的新生事物需要更长的提前期。目前在正确的市场提供正确的产品和服务的成功企业，10 年后，其 3/4 的收入仍然可能来自现有产品或服务，或者其衍生产品。事实上，如果现有产品或服务无法持续产生大量的现金流，那么这家企业将无力承担创新活动所需的大量投资。

因此，现有企业要想践行创新与创业，确实需要花一番工夫。但是，企业通常将生产资源用于发展现有业务，应对日常危机，提高现有业务的收益。这种诱惑使现有企业总是为满足过去而提供资源，进而舍弃未来。

对企业来说，这的确是一种"致命诱惑"。不创新，就等死。当今时代巨变，创业型经济繁荣发展，企业灭亡速度加快。一旦企业或产业沉湎于过去的成功，就很难向前发展（如果能向前发展的话）。但是，企业现有的成功，确实是其践行创新与创业的阻碍。原因在于，现有企业的成功使其看似如此"健康"，没有因为官僚主义、繁文缛节或骄傲自满出现衰退现象。

这就是为什么现有企业创新成功的例子（特别是那些大中型现有企业创业和创新成功的例子），是那么重要的原因。这些例子表明，企业的成功所带来的阻碍是能被克服的，而且克服这些阻碍的方式，可以使现有业务和新创业务、成熟业务和初期业务共同获利与共同发展。强生、赫斯特、ASEA、3M 和那 100 家中等规模的"成长型"企业，都是成功的创业者和创新者，都知道如何克服上述阻碍。

传统观念的错误在于，它认为创新与创业是天生的、创造性的或自发的。它认为如果一个组织不创新创业，那必定是受到组织内部某些因素的制约。的确，只有少数现有企业能创新创业。因此可以得出以下结论：现有企业抑制了创业。

但是，创业并不是"天生的"，也不是"创造性的"，而是努力的结果。因此，和一般的看法相反，从上述实例中得出的正确结论是：大量现有企业，包括相当数量的中型、大型和超大型企业，都能成为成功的创业者和创新者，这表明任何企业都能开展创新和创业。企业必须有意识地为之奋斗。创新与创业是可以习得的，但需要努力。创业型企业将创业视为一项义务。它们为之训练，对其加以研究，并付诸实践。

具体而言，要进行创业管理，企业需要针对下面四个主要领域制定策略，并付诸实践。

第一，组织必须乐于接受创新，将变化视为机会而非威胁。它们必须承担创业者所应承担的艰辛。它们还应制定策略并付诸实践，以营造创业氛围。

第二，必须对企业作为创业者和创新者的绩效进行系统的衡量和评估，同时建立内部学习机制以提高绩效。

第三，进行创业管理，需要对组织结构调整、人员任用和管理、薪酬、激励和奖赏制定具体措施。

第四，创业管理存在一些禁忌，即不该做的事情。

II

创业策略

一位拉丁诗人认为人类"渴望新事物"。创业管理必须使现有企业的每个管理者"渴望新事物"。

高层管理者经常问道："如何才能消除现有组织中抵制创新的现象？"即便我们知道答案，这个问题依然问错了。正确的问法应该是："如何才能使组织接受创新、渴望创新，并为之努力呢？"如果创新被组织认为是背道而驰，是逆流而动，而不是被当成英雄事迹，组织内就不会有创新。即便创新不是"惯例"，也应该是日常工作的一部分。

要做到这一点，需要特定的策略。首先，创新，而不是坚持使用已有的事物，必须能够吸引管理者，让其感到有所收获。组织上下必须清楚地认识到，创新是组织实现长期发展的最佳途径，也是管理者获取稳定的和成功的事业的基础。

其次，必须界定和阐明创新的重要性及其时间期限。

最后，必须制定目标明确的创新计划。

1. 使管理者对创新保持兴趣的唯一方法是：制定系统的策略，摒弃一切陈旧的、过时的、缺乏生产力的事物，以及那些错误的、失败的以及具有误导性的努力。大约每隔三年，企业必须对每个产品、流程、技术、市场、分销渠道，及每一项内部员工活动，进行一次全面审查。企业必须自问："现在，我们是否要生产这种产品，进入这个市场，采用这个分销渠道，利用这种技术？"如果答案是"不"，不能就此回应"再研究一下"，而应追问："我们必须采取何种行动，才能停止在这些产品、市场、分销渠道和员工活动上浪费资源？"

有时候，放弃并非解决之道，甚至放弃是不可能的。但是，企业至少可以限制投入，确保不再将人力、资金等生产资源消耗在"昨日之事"上。这是组织保持健康的正确方式：任何有机体都应清除自身的废弃物，否则将危害自身。如果一个企业想要有能力、有意愿进行创新，那么放弃过去更是必须做的。英国文学家约翰逊常说："如果一个人知道第二天一早自己要被绞死，那没有什么能比这更令他集中注意力了。"类似地，没有什么比得知现有产品或服务在不久的将来会被抛弃，更能让管理者把思想集中到创新上了。

创新需要大量的努力，需要有能力的人的艰苦工作（这些人是组织最稀缺的资源）。正如一句古老的医学谚语所说："没有比保持尸体经久不烂更花费精力的事情了，但也没有比这更徒劳无功的了。"在我所接触的大部分企业中，最优秀的人通常都在做这样的徒劳之事。然而，他们只是在推迟一些必然发生之事的发生，并为此却付出了巨大的代价。

不过，如果整个组织都知道垂死的业务不会有人去救，那些"活着"的人才会愿意创新，甚至渴望投身创新。

若想进行创新，企业必须将高绩效者从无效的工作中解脱出来，以迎接创新的挑战。同样，它还必须为创新投入充足的资金。要做到这两点，企业必须有组织地抛却过去的成功与失败，尤其是那些"几近成功"和"本应成功"但并未成功的事情。如果高管知道放弃是公司的策略，他们就会积极寻求新事物，鼓励创业，并促使自己成为企业家。这是第一步，即塑造健康的组织。

2. 为使现有企业"渴望新事物"，第二个策略是让企业直面现实。现有产品、服务、市场、分销渠道、流程、技术的发展都只有非常有限的健康和生命预期，而且通常都很短暂。

自 20 世纪 70 年代起，对现有产品、服务等的生命周期进行分析开始流行。例如，波士顿咨询集团提出的一些战略概念、哈佛商学院的迈克尔·波特教授出版的与战略相关的书，以及所谓的组合管理。[⊖]

过去的 10 年中，这些战略，尤其是组合管理，被广泛宣传。企业的战略分析结果构成其行动方案。这其实是一种误解，其结果必然令人失望。20世纪 70 年代末 80 年代初，许多公司纷纷采用这些战略，并发现了这一误解。分析的结果应该用于诊断。诊断需要做出判断，需要了解业务及其产品、市场、客户和技术。除此之外，还需要具备丰富的经验，而非仅仅进行分析。有人认为，刚从商学院毕业的聪明的年轻人，凭借高级分析工具，简单地敲打键盘就能制定关于业务、产品、市场等的生死攸关的决策。这实属无稽之谈。

我将《为成果而管理》一书中所使用的分析方法称作"企业 X 射线"。这种分析方法主要用于发现正确的问题，而非给出正确的答案。它在任何一个企业都会对现有知识和现有经验构成挑战。它会引发（也应当引发）不同意见。将某个产品列为"今天的生计来源"后所采取的行动，往往有风险。同样，对即将成为"昨天的生计来源""不划算的专用产品"或"管理者自以为是的投入"之类的产品所采取的措施，也是有风险的。[⊜]

3. "企业 X 射线"能够帮助企业明确创新程度、创新领域和创新期限。为此，迈克尔·卡米提出了最佳的也是最简单的方法。卡米是 20 世纪 50 年代纽约大学研究生商学院的创业研讨会的成员之一。作为 IBM 企业发展规划部的主管，他将该方法首先应用于 IBM。60 年代初，在施乐公司的几年中，他继续从事类似的工作，并将其应用于施乐公司。

按照卡米的方法，企业需要列出每项产品（或服务），以及它们的目标市

⊖　这些方法源于我在 20 年前出版的一本书《为成果而管理》。据我所知，这是第一本系统阐述企业战略的著作。该书灵感来源是 20 世纪 50 年代末我在纽约大学举办的创业研讨会。该书第 1 ～ 5 章的内容是根据产品和服务的绩效、特点、寿命，将产品和服务归为几个类别，这部分所使用的方法目前仍然是分析产品寿命和产品健康状况的有用工具。

⊜　这些术语的定义，详见《为成果而管理》第 4 章"我们怎么做"。

场和分销渠道，以估算它们在产品生命周期中所处的位置。企业应该思考："这种产品还能发展多久？还能在市场中存活多久？何时会老化和衰退，速度如何？何时会被淘汰？"这能使企业知道，如果最大限度地利用现有资源，企业将走向何处。此外，它还能显示企业预期目标与现实状况之间的差距，无论是在销售额、市场地位方面，还是在盈利能力方面。

这个差距是企业不想走下坡路所必须弥补的最小差距。如果不弥补差距，企业将走向灭亡。在老产品遭到淘汰之前，企业必须在创业方面取得足够的成就以及时弥补这一差距。

但是，创新具有高不确定性、高失败率和更高的延迟率。因此，企业投入的创新努力至少为成功弥补差距所需创新努力的三倍。

大多数管理者认为三倍的投入太高，但经验表明就算真的有差错，那也是错在投入太少。当然，有些创新努力的表现高于预期，但其他的则远低于预期。此外，每件事情所需的时间和投入，都比我们所估计的要多。最后，任何重大创新都会遇到最后一刻的故障和延误。如果一切按照计划进行，要求公司投入三倍的努力进行创新，只是基本的预防措施而已。

4. 系统地放弃。用"企业 X 射线"来分析现有业务及其产品、服务、市场和技术，并确定创新差距和创新需求。基于此，企业能够制定出有创新目标和期限的创业计划。

这一计划可以确保有充足的预算用于创新。该计划还有一个最重要的结果，那就是它确定了需要多少人，以及这些人应具备的能力。只有将能力得到验证的人员配备到项目中，向他们提供所需的工具、资金和信息，并明确期限，计划才算真正开始。在此之前，我们有的都只是"诚意"，而这种"诚意"有什么用，是众所周知的。

这些基本策略可以促使企业进行创业管理，使企业及其管理层渴望新事物，并将创新视为健康、正常且必要的活动。这种方法主要基于"企业 X 射线"，即对当前业务及其产品、服务和市场的分析和诊断。因此，该方法确保企业在寻找新事物时，不会忽略现有业务，也不会因为追求新颖性而错失现有产品、服务和市场中的机会。

"企业 X 射线"是制定决策的工具。它促使我们，事实上是迫使我们，将资源配置到现有业务的有效领域。它还有助于我们确定创建"未来业务"及其新产品、新服务和新市场所需的努力。它使我们将创新诚意转化为创新绩效。

为使现有企业变成创业型企业，管理者必须率先淘汰过时的产品和服务，而不是让竞争对手率先完成。企业必须把新事物视为机会，而非威胁。只有在当下努力提升产品、服务、流程和技术的水平，企业才能在未来有所不同。

III

创业实践

现有企业开展创业还需要以下几种管理实践。

首先（也是最为简单的），管理层应专注于寻找机会。人们会看到呈现在眼前的事物，却往往忽视没有呈现在眼前的事物。呈现在大多数管理者面前的是"问题"，特别是在绩效不如预期的领域，这意味着管理者往往看不到机会。机会根本不会呈现在他们面前。

管理层，甚至小企业的管理层，每月都会收到一份经营报告。报告首页通常是绩效不如预期、不达标或者有问题的项目。在月度例会中，每个人都着眼于所谓的问题。直到午餐休会时，整个上午都在讨论这些问题。

当然，企业必须关注这些问题，并严肃对待。但是，如果企业仅仅关注问题，将会失去机会。如果想要拥抱创业，企业必须特别关注各种机会（参见第 3 章）。

这些企业的经营报告通常有两种"首页"：一种是传统的首页，用于罗列问题；另一种则列出绩效高于预期、预算和计划的领域。正如前文所强调的，企业的意外成功是创新机会的一个重要表征。如果对此视而不见，该企业就不可能是创业型企业。事实上，如果企业及其管理者只关注问题，很可能将意外成功视为耗费时间和精力的"不速之客"而置之不理。他们会说："为什么要关注它呢？没有我们的干预，它照样运转良好。"但是，这就使更为敏锐、更加谦虚的竞争对手有了可乘之机。

针对经营结果，重视创业的企业通常会举行两次会议：一次专注于问题的解决，另一次聚焦于新机会的探索。

一家为医生和医院提供保健品的中等规模的供应商，在许多新兴的、前景良好的领域中都获得了领先地位。每月的第二个和最后一个周一，该公司都会举行"经营会议"。第一次会议主要讨论问题，针对上个月没有达到预期或者未达到预期的时间已经长达 6 个月的项目。这个会议与其他经营会议毫无差别。第二次会议，也就是每月最后一个周一的会议，主要讨论表现超出预期的领域：产品销售速度超出预期的，或者来自意料之外的市场出现新产品订单的。在过去的 20 年里，该公司的规模扩大了 10 倍。公司高层管理者认为，这一成功主要是因为月度会议中对机会的重视。该公司的首席执行官曾多次说："在会议中发现机会的确很重要，但更重要的是整个管理层形成的创业氛围和积极寻求机会的习惯。"

其次，为培养管理层的企业家精神，上述公司还开展了以下活动。该每隔 6 个月，该公司举办一次为期两天的管理会议。与会人员是公司各事业部、市场和主要产品线的高层管理者，约四五十人。会议第一天上午，由三四位高管汇报，在过去一年里，作为创业者和创新者，其所在部门的杰出表现。他们还要汇报何以成功："我们做了哪些努力，事后证明是成功的？""我们如何发现机会？""我们学到了什么？我们现在有哪些创新与创业计划？"

同样，这些会议所传递的态度和价值观，远比汇报内容重要。但是，公司的运营经理仍强调，他们从会议中学到了很多，备受启发，有很多想法且渴望去尝试。

创业型企业总是在寻找表现更好且与众不同的人和部门。它们对其进行分析，并不断询问："你们做了哪些事情才得以成功？""哪些是其他人没有做的？其他人所做的事情中，哪些是你们不会做的？"

最后，对大企业极其重要的是，指派一名高层管理者参加研发、工程、生产、营销和会计等部门的基层人员座谈会。这种会议虽不正式，但也需要提前计划，并充分准备。高管的开场白是："我来这里不是要做报告或告诉你们什么事情，而是想听听你们的想法。我想了解你们渴望什么，最重要的是，你们觉得公司存在什么样的机会和威胁。对尝试新事物、开发新产品、策划市场推广方案，你们有什么想法呢？对公司策略、发展方向，以及在行业、技术和市场中的位置，又有什么看法呢？"

这种座谈会不宜过于频繁。对高层管理者来说，这种会议耗时太长。每次座谈会，高层管理者要与 25～30 个基层人员交流，要花费一下午或者一晚上的时间。因此，每位高管参加这种会议每年不要超过 3 次。但是，应该系统地坚持召开这种会议。这是向上沟通的重要通道，可以使基层人员（尤其是专业人员）跳出专业局限，从企业层面考虑问题。它还可以使基层人员了解高层管理者真正关切的事情，以及原因何在。反过来，座谈会可以使高层管理者深入了解基层人员的价值观、愿景，还有他们所关心之事。最重要的是这种会议可以促使企业上下共同构建"创业愿景"。

这项实践有一个内在要求。无论该建议是关于全新事物的还是改进现有方式的，是关于产品或流程的还是市场或服务的，建议的提出者都应亲自"去实施"。他们应该在合理的时间内，向主持该会议的高管还有同事提交可行性报告。报告应回答以下问题：如果该建议成为现实，将会如何？为使这个想法有意义，现实应是怎样的？对顾客和市场等的假设又是怎样的？需要做哪些工作？需要多少资金、人力和时间？预期结果如何？

此外，尽管很多组织都能提出很多创业的建议，但这并非会议最重要的成果。最重要的成果可能是，整个组织建立了创业愿景，乐于接受创新，并"渴望新事物"。

Ⅳ

衡量创新绩效

一家重视创业的企业，必须将创新绩效作为自我控制的一个依据。只有对企业的创新绩效进行评价，创业才能转化为行动。人们总是按照期望行事。

一般的企业评估中，显然没有创新绩效这一项。但是，将创新与创业的绩效纳入企业的控制体系，或至少是定性地评判，并非特别困难。

首先，针对每个创新项目建立反馈系统，以确定结果和目标之间的差距。这可以体现创新计划和创新努力的质量和可靠性。

很早以前，研发经理就知道在研发项目的启动阶段要问："我们能从这个项目中获得什么？预计何时能够实现？若要控制项目，何时进行阶段性评估？"他们还知道，要确认实际进程是否与预期相符。这样可以表明他们是否过于乐观或过于悲观，是否急于求成或会等待太久，以及是否高估或低估了研发计划的影响力。基于此，他们能够及时纠偏，找出优势领域和薄弱领域。当然，这种反馈系统并非仅仅适用于研发项目，它适用于所有的创新努力。

反馈系统的第一个目的是找出我们的优势领域。因为人们就算根本不明白为什么自己在某个领域做得好，也总是能够继续投入，更多地重复做这些事。第二个目的是找出限制性因素。例如，高估或低估项目所需的时间；高估某个领域所需的研究工作，却低估研究转化为产品或工艺的过程中所需的资源。还有一种较为常见的倾向，破坏性很大，即在新创企业将要腾飞之际，降低营销和推广力度。

世界上最成功的一家银行，将其成功归因于为创新工作所建立的反馈系统。在该银行进军韩国等新市场，以及提供设备租赁服务或发行信用卡的过程中，反馈系统发挥了重要作用。通过反馈系统，银行及其高层管理者可以对新事业做出预测：投入后何时能产生效果，何时应投入更多努力和资源。

所有的创新工作，如制定或引进新的安全方案或新的薪酬计划，都需要这样的反馈系统。这样我们可以得知：哪些征兆表明创新工作陷入困境，需要重新考虑；哪些征兆表明，虽然暂时遭遇挫折，但创新工作的方向正确，只是需要更多的时间。

其次，对所有的创新工作，进行系统的评估。每隔几年，企业管理者要对企业的创新工作进行评估，从而确定以下问题的答案：现阶段，需要对哪些创新工作提供更多支持，并加以推进？哪些创新工作打开了新的机会之门？哪些创新工作与我们的预期不符，应该采取何种举措？是放弃，还是加倍努力呢？如果加倍努力，预期成效以及期限又该如何确定呢？

世界上最大且最成功的一家医药企业的高层管理者每年都会召开专门会议评估企业的创新工作。他们先对每个新药开发项目进行审视，并问："这个药品开发项目的方向是否正确，速度是否正常？它的产品是否适合现有的产品线，还是转让给其他制药商更好，或者直接放弃？"随后他们对其他创新工作（尤其是与营销相关的创新工作）进行审视，并询问同样的问题。最后，他们同样仔细地评估主要竞争者的创新绩效。就研究预算和创新支出而言，该企业处于中等水平。但是，作为创业者和创新者，它的表现卓越。

最后，创业管理要求，企业应根据它的创新目标、市场绩效和地位、全面绩效，对其综合创新绩效进行评判。

也许每5年，高层管理者要与重要领域的相关人员进行座谈："过去

5 年里，你为公司做出的突出贡献是什么？未来 5 年里，你打算做出什么贡献？"

但是从本质上讲，创新工作不是无形的吗？那如何能衡量它们呢？

的确，我们无法或者没有必要确定某些领域的相对重要性。例如，一项基础研究的突破性成果，多年之后也许能够治愈某种癌症；或者一种古老而有效的药物的全新配方，能让病人在家里自己施治，不必每周三次去看医生或跑医院。孰重孰轻，难以判断。同样，为顾客提供新的服务方式还是新产品，企业也难以取舍。前者能为企业留住重要客户，否则将失去客户；后者则能帮助企业成为市场领导者，尽管新市场目前很小，但几年之后可能发展成为规模庞大的重要市场。这时需要的是做出判断，而不是进行衡量。但是，这些判断并非随意做出的，更非主观臆断的。即便无法量化，判断过程也是相当严谨的。最重要的是，做出"判断"意味着促使我们基于知识而非意见和猜测采取有目的的行动。

企业在进行评估时，所面临的最重要问题可能是：我们是否获得了创新领导地位，或至少保持了原有地位？领导地位并非等同于规模，它是指企业作为领导者受到认可，能够制定标准；更重要的是，企业能够主动引领变革，而非仅仅被动跟随。这是对现有企业创业是否成功的决定性考验。

V

结构

策略、实践以及对创新绩效的衡量，使得创新与创业成为可能。它们能够移除或减少可能存在的阻碍。此外，它们还能培养正确的态度，并提供合适的工具。但是，创新要靠人来实现，而人是在结构中工作的。

为使现有企业具有创新能力，企业必须设计一种组织结构，来鼓励员工的创业行为。这种结构应以创业为中心来设计各种关系，它必须确保所有的奖励和激励措施、薪资待遇、人事决策和策略，都鼓励而非惩罚创业行为。

1. 这首先表明我们应当将创业项目与现有项目区分开来，采取不同的组织方式。如果用现有的结构来执行创业项目，注定会失败。当然，对大企业来说，尤为如此。对中等规模的企业来说，同样如此，甚至对小企业来说也是如此。

其中一个原因（前文已有相关讨论），是现有业务的负责人往往将现有业务视为优先事项，并为此投入大量的时间和精力。相比于规模庞大、正在运营的项目，新项目看起来微不足道、前途渺茫。企业要依靠现有业务支持尚在苦苦挣扎的创新项目，还要时刻关注现有业务的"危机"。因此，现有业务的负责人总是推迟处理新生事物和创新与创业项目，以至于错失良机。过去三四十年来，人们尝试了每一种可能的机制后发现：现有业务只能扩展、改进和适应现有事物。新事物属于别处。

2. 这还表明，组织对新项目要给予特别关注，必须由高层管理者负责。就现有规模、收益和市场份额而言，新项目都不及现有项目。但是，作为创业者和创新者，高层管理者必须为新项目的未来而努力。

这并不一定是全职工作。在较小的企业中，它更不可能是全职工作。但是必须清楚地对这项工作加以界定，并指派权威人士全权负责。通常来说，这些负责人还要制定把创业行为嵌入现有业务的策略；对要放弃的业务进行分析；进行"企业 X 射线"分析；设立创新目标，以填补现有产品和服务的发展水平与企业生存和发展需求之间的缺口。此外，他们还要对创新机会进行系统分析（详见本书第一部分"创新实践"）。最后，他们还要分析企业内部与创新、创业相关的想法，比如前面提到的高层管理者与基层员工之间"非正式"座谈所产生的想法。

在汇报创新工作（尤其是旨在开发新业务、新产品或新服务的创新工作）

时，应该直接向"负责该项创新的主管"汇报，而非向原有组织中的直接领导汇报，并且决不能向负责企业日常运作的管理者汇报。

这种观点有悖于大多数企业的想法，尤其是"管理完善"的企业的想法。但是，新项目犹如"婴儿"，并且在可预见的未来依旧是"婴儿"，需要多加呵护。而那些"成年人"，也就是掌管现有业务或产品的管理者，对新项目既没有时间去关注，也没有什么了解。此外，他们也经不起新项目的打扰。

由于无视这一原则，一家大型机床制造商失去了其在机器人领域的领导地位。

这家公司拥有大规模自动化机床生产的基本专利，还拥有出色的工程技术、极高的声誉以及一流的制造工艺。1975 年左右，即工厂自动化初期，人们认为它将成为该领域未来的领导者。然而，10 年后，它却彻底地退出了竞争。究其原因，是因为该公司将自动化机床的发展任务派给组织的三四级管理部门，并让它们向设计、生产和销售传统机床的负责人汇报。这些人是支持自动化机床的，事实上，机器人就是他们提出的。但是，为了应对新的竞争者（如日本的公司），他们整日忙于重新设计传统产品线，以适应新规格，随后为其做演示、市场推广、融资并提供技术服务。无论何时，当新产品的负责人来征求意见时，他们总回复道："现在没有时间，下周吧。"毕竟，机器人开发只是公司的一个发展方向，而现有的机床产品线每年创收数百万美元。

不幸的是，这是一个比较常见的错误。

企业避免新生事物因为受忽视而被扼杀的最佳的办法（可能也是唯一的办法），是从一开始就将创新项目视为独立业务。

宝洁公司、强生公司以及 3M 公司，这三家美国公司是这一办法的最佳实践者。宝洁公司主要生产肥皂、清洁剂、食用油和食品，是一家锐意创业的大型企业；强生公司是卫生和医疗保健品的供应商；3M 公司是工业用品和消费用品的大型制造商。这三家公司的具体实践各不相同，但其策略在本质上是一致的。它们从一开始就将新项目作为独立业务，并由专门的项目经理负责。项目经理要负责到底，直到该项目彻底失败或者获得成功、转变为成熟业务。在整个项目过程中，项目经理有权调配所需的研究、生产、资金和市场等方面的资源，并将其投入到新项目中。

有的企业（尤其是大型企业）会同时开展多个创新项目，并让所有创新项目向同一个高层管理者汇报。尽管这些创新项目拥有不同的技术、市场和产品，但这无关紧要。它们都是新的小型创新项目，遭受同样的"儿科疾病"之苦。尽管它们的技术、市场和产品不同，但所面临的问题及解决方案都是一样的。所以，必须有人为其花费时间，给予它们所需的关注，不辞辛苦地去了解存在的问题、所需的重要决策以及能够起作用的因素。这些人在企业中必须有足够高的地位，能够代表这些创新项目。此外，在某个创新项目毫无希望时，他也有权终止该项目。

3. 之所以要对创新项目单独进行管理，还有一个原因：使其避开不能承受之重。比如，除非面市多年，否则对产品进行传统的投资收益分析是不合适的。要求羽翼未丰的创新项目同等承担现有企业要求各单元承担的全部重担，就犹如要求 6 岁的孩童背 60 磅[⊖]重的背包去远足，肯定走不了多远。不过，对现有业务在财务、人事、各种汇报上的要求，不可轻易动摇。

不同领域中，创新工作及其承担部门在很多方面都需要不同的策略、规则和衡量标准。例如，如何制定企业的养老金计划？一个合理的解决办法是，让创新部门的人参与未来的利润分红，而非在项目尚未创收、不能提供养老金时，就把他们列入养老金计划。

在关键人员的薪资待遇方面，将创新业务与现有业务区分开来，尤为重

⊖　1 磅 =0.453 6 千克。

要。现有业务的薪酬方案可能会使创新业务夭折，并不适用于创新业务中的关键人员。的确，大企业的薪酬方案主要是基于资产或投资的回报率制定的。这对创新项目来说，几乎是一大阻碍。

多年前，我在一家大型化学公司中学到了这些。众所周知，为了维持生存，该公司的一个核心部门必须生产新材料。新材料的生产计划已经制订好，科学研究也准备就绪……但是毫无产出。年复一年，这个部门总是以各种理由推脱。终于，在一次审查会议中，部门负责人道出实情："我们管理团队的薪酬，主要是按照投资回报率计算的。开发新材料需要大量的投入，投资回报率将会降低一半，这种情况至少要持续 4 年。即便 4 年后这些投资产生回报时，我依然在公司里（如果利润一直这么低，公司可能也不会容忍我那么久），但在这之前，全体同事都要节衣缩食。如此一来，我们有何理由去做这件事呢？"后来，公司改变了薪酬核算方式，在计算投资回报率时，不考虑新项目的开发费用。18 个月内，新材料就面市了。2 年后，该部门取得了所在领域的领导地位，并维持至今。4 年后，该部门的利润翻倍。

就创新工作的薪酬和奖励而言，与确定必须做的事情相比，确定不能做的事情要容易得多。新项目的要求是存在冲突的：一方面它不能承担自己无力承担的薪酬负担，另一方面又要给予创新人员与其努力相称的奖励，起到足够大的激励作用。

具体来说，新项目的负责人必须获得适度的报酬。如果让他们的待遇低于先前工作的待遇，这是不现实的。他们在现有业务中往往享有优厚的待遇。对他们来说，无论在企业内部还是外部，重新找一份高薪工作很容易。因此，他们的薪酬和福利不应低于现有水平。

3M 公司和强生公司所采用的方案，极其有效。其中一个方案是：如果有人成功开发了新产品、新市场或者新服务，并将其发展为新业务，公司将聘用他为该业务的总经理、副总经理或部门经理，并享受与该职位相匹配的薪酬、红利和优先股。这种报酬相当可观。如果没有成功，公司则不需要任何投入。

另一个方案是，让新项目负责人享有该项目的未来利润。这两个方案如何选择，在很大程度上取决于当时的税法。例如，把新项目当作独立的公司，其创业经理享有一定比例的股权，比如25%。当这个项目发展成熟后，公司按照预先的约定，基于销售收入和利润来回购股权。

此外，还需要建立一个风险承担机制。在现有企业中，承担创新项目也是一种"冒险"。为公平起见，雇主也应该承担一定的风险。如果创新失败，创新项目的负责人有权回到原来的工作岗位，并享有原来的待遇。的确，他们不应因失败而获得奖励，但也不能因此而遭受惩罚。

4. 正如在讨论个人薪酬时提到的，创新业务的收益不同于现有业务，需要用不同的方式加以衡量。"希望我们业务的年税前回报率不低于15%，年增长率不低于10%。"这句话对现有业务或现有产品可能是有意义的，但是对新项目而言，这个要求可能过高，也可能过低，毫无意义。

在很长时间内（很多情况下以年计），创新项目可能既没有利润，也没有增长，而是在消耗资源。但是，在随后相当长的时间内，它将快速增长，获得不少于投资50倍的收益（否则这个创新项目就是失败的）。虽然创新项目起初很渺小，但一旦成功，影响巨大。最终，创新项目应该开拓新业务，而非仅仅是产品线上的又一个"特色产品"或"优质产品"。

只有对创新经历及创新绩效加以分析，公司才能合理地预测其在产业和市场中的创新表现。多长的时间跨度较为合适？如何才能实现资源最优配置？初始阶段，是否要投入大量的人力和财力，还是只交由一两个人负责？何时应该加大投入？何时发展成为"业务"，来产生丰厚回报？

这些问题都很关键，在书本里找不到答案。但是，回答这些问题不能武断，不能凭直觉或者付诸争论做出回答。创业型企业清楚地知道，在特定行业、技术和市场中，什么是合适的创新模式、节奏和时间跨度。

例如，前面提及的创新的大银行知道，要在一个新的国家建立分行，至少需要 3 年的投资；到第 4 年，达到盈亏平衡；到第 6 年中期，收回所有的投资。如果到第 6 年年底，该分行仍然需要进行投资，那这个项目就很令人失望，放弃可能是最好的选择。

一种重要的新型服务类项目，如租赁，有着类似的周期，也可能更短。在外界看来，宝洁公司知道新产品需要经过两三年时间才能面市。再过 18 个月，这些产品将成为市场中的明星产品。看起来，IBM 给重要新产品设定的提前期是 5 年。新产品进入市场之后，第 1 年，开始快速增长；第 2 年年初，获得市场领导地位；第 3 年的头几个月，收回全部投资；第 5 年，到达顶峰并趋于平稳。到那时，新一代产品出现，取而代之。

要了解上述情况，唯一的方法是对公司及其竞争对手的绩效进行系统分析。也就是说，建立反馈系统，分析创新成果与创新预期之间的差距，并对企业作为创业者的表现进行定期评估。

只有了解创新工作应该产生什么成果以及能够产生什么成果，企业才能制定措施加以控制。这些措施可以评估部门和部门经理在创新中的表现，并决定哪些创新工作需要推进，哪些需要重新考虑，哪些需要放弃。

5. 现有企业开展创业的最后一个结构方面的要求是，必须有一个人或一个小组明确负责。

在前面提到的"中等规模的成长型企业"中，通常由首席执行官承担主要责任；在大型企业中，通常指派一位资深高层管理者负责；在小型企业中，负责创新与创业的管理者，可能也同时承担其他任务。

对创业而言，最清晰的组织结构可能是将创新部门或创新发展部门分离出来。但是，这只适用于大型企业。

这方面的例子最早可以追溯到 100 多年前。1872 年，德国西门子公司聘用的第一位拥有大学学历的工程师黑夫纳·阿尔登涅克（Hefner Alteneck），成立了业界第一个"研究实验室"。该实验室的成员主要负责发明新产品和新工艺。此外，他们还负责发现新用途和新市场。他们不仅从事技术性工作，还负责发展制造工艺，推出新产品并从中获利。

50 年后，即 20 世纪 20 年代，美国杜邦公司设立了类似的独立部门，并称之为"开发部"。该部门负责从公司各处收集创新点子，对其进行研究、思考和分析。然后，向高层管理者提议，应将哪些点子发展成为创新项目。从一开始，该部门就要考虑所需的创新资源，如研究、开发、制造、营销、财务，等等。自始至终，该部门都要负责创新项目，直至新产品或新服务面市几年以后。

无论创新项目是由首席执行官还是高层管理团队的其他成员（或某一独立部门）负责，无论它是管理者的全部任务还是一部分任务，我们都应将创新项目视为高层管理者的职责，一项单独的职责。这项职责包括要系统地、有目的地寻找创新机会。

有人可能会问，这些策略和实践都是必需的吗？难道它们不会阻碍企业家精神和扼杀创造力吗？如果没有这些策略和实践，企业就不具有企业家精神吗？答案是"可能有"，但是企业不会获得巨大成功，也不会长久发展。

关于创业的讨论大多聚焦于高层管理者（特别是首席执行官）的性格和态度。[⊖]诚然，高层管理者可以破坏或扼杀创业。这很容易，只需对每个想法说"不"并持续多年，然后确保新想法的提出者没有奖励和晋升的机会，并很快被辞退。但是，我们很难肯定地说，即使没有合适的策略和实践，仅仅凭借高层管理者的性格和态度，也能够成立创业型企业——虽然这是大多数关于创业的书所认同的，至少是如此暗示的。我所知道的一些寿命短暂的企业，都是由创始人经营的。即便企业获得了成功，如果不采取创业管理的相关策略和实践，它也会很快停止创业。高层管理者的性格和态度，只能影

⊖ 罗莎贝斯·M. 坎特的著作《变革大师》（*The Change Master*，New York：Simon & Schuster，1983）对这一点做了很好的描述。

响比较小的企业或者比较新的企业。究其原因，即便一个中等规模的企业，也是一个相当大的组织。这样一个组织要求众多的人知道自己应该做什么，自愿去做，也受到激励去做，而且既能获得所需工具，也能不断得到肯定。否则，就只会有空谈而不见行动，很快创业就会只存在于首席执行官的演说里。

据我所知，除非创始人将创业管理的策略和实践融入组织，否则一旦创始人离开，创业就会停止。如果缺乏这些策略和实践，几年之内，企业就会变得谨小慎微并停滞不前。这些企业甚至察觉不到其重要特质已经失去，而正是这些特质曾使它们脱颖而出。等它们意识到时，一切为时已晚。为了及时认识不足，企业应该对创业绩效加以衡量。

有两家创业型企业，在创始人管理时期表现卓越：迪士尼公司和麦当劳。它们的创始人分别是沃尔特·迪斯尼和雷·克罗克。这两人都具有丰富的想象力和充沛的精力，富有创造力，并具有创业和创新思维。他们的公司具有良好的日常运营管理能力。但是，他们自己承担企业的创业责任，依赖于本身的"创业特质"，而非将创业融入具体的策略和实践。他们去世之后的几年内，他们的公司变得古板、保守、谨小慎微。

一些企业将创业管理融入了组织结构，如宝洁、强生、玛莎百货等。无论首席执行官和经济状况如何改变，这些企业数十年如一日，一直是创新者和创业领袖。

VI

人事

为培育创新与创业，现有企业该如何进行人员配置呢？是否有的人本身就是"企业家"呢？他们生来如此吗？

　　文献对此进行了广泛的讨论，讲述了"创业型人格"，以及除了创新别无所求的人。根据我们丰富的经验，这些讨论毫无意义。总的来说，那些不愿成为创新者或企业家的人，不会主动从事这样的工作。他们会将自己排除在外。其他人则可以学习创新实践。我们的经验表明，在其他任务中表现良好的管理者，也能将创业者该做的工作做好。在成功的创业型企业中，没有人会担心某人是否能做好开发工作。显然，无论性情和背景如何，他们都能表现出色。比如，3M 公司中的任何一个年轻工程师，只要他向高管层提出的想法得到认可，他就要负责这项开发工作。

　　同样，没有理由去担心成功的企业家将走向何方。当然，有些人只想从事新项目，而不愿做其他事情。打个比方，大多数英国家庭雇用保姆来照顾婴儿。等孩子会走路和说话时，也就是不再是婴儿时，一些保姆就不愿再继续留下。但是，也有许多保姆非常乐意留下来，而且并不觉得照顾年龄稍大的孩子更为困难。那些只想成为企业家的人，一开始就不会去现有企业工作，更不可能在现有企业中取得成功。通常情况下，那些在现有企业中成为出色创业者的人，通常已在这家企业证明自己是优秀的管理者，因此可以认为他们既能创新，也能管好现有事务。在宝洁公司和 3M 公司，一些人以"项目经理"为职业，他们成功完成一个项目后，会立即投入到下一个新项目中。但是更高层次的管理者的职业生涯，则是从"项目管理"开始，随后是"产品管理""市场管理"，最后进入公司高层。在强生和花旗银行，也是如此。

　　创业是行为、策略和实践的综合反映，而非性格使然。在美国的大公司里，越来越多的资深人士将创业作为他们的第二事业，为此提供了最好的证明。那些在大公司（通常在同一个公司）度过整个职业生涯的中高层管理者和高级专业人才，在工作 25 年或 30 年之后，当意识到自己走到职业生涯的终点时，越来越多的人选择提前退休。在 50 岁或 50 多岁时，这些中年人成了创业者。一些人自主创业；一些人，尤其是技术专家，成立工作室为新创小企业提供咨询服务；一些人在新型小企业中担任高级职位。他们中的绝大多数人在新事业中获得了成功，并感到快乐。

美国退休人员协会的会刊《摩登老人》(*Modern Maturity*) 中有很多这类人的故事，也有很多新型小企业招聘这类人的广告。1983 年，我召开的首席执行官的研讨会，有 48 人参加，其中有 15 位参与者（14 位男性和 1 位女性）将创业作为其第二事业。在针对这些人的特别会议上，我问他们，在大公司工作的这些年里，是否曾因"创业型人格"感到沮丧或压抑。他们认为这个问题十分荒谬。我接着问，他们在转换角色的过程中，是否遇到过很多困难。他们认为这一问题同样荒谬。其中一个人说道："好的管理就是好的管理，无论你是在销售额高达几十亿美元的通用电气公司管理一个年销售额 1.8 亿美元的部门（就比如我过去的工作），还是管理一家年销售额仅为 600 万美元的诊断仪器领域的新创企业（就比如我现在的工作）。当然，我处理的事情不同，处理事情的方式也不同。但是我用的是在通用电气公司学到的理念，所做的分析也完全相同。事实上，相比于 10 年前我从工程师转变为管理者，这种转变更为容易。"其他人对此也深表赞同。

公共服务机构的情况，同样如此。美国近代史上最成功的两位创新者，是高等教育领域的亚历山大·舒尔（Alexander Schure）和欧内斯特·博耶（Ernest Boyer）。舒尔起初是电子领域的成功发明家，拥有很多专利。1955 年，当他 30 岁出头时，在没有政府、基金会和大企业的支持下，他创办了一所名为纽约理工学院的私立大学。这所大学在招生对象、教学内容和教学方式方面，都提出了有创见的想法。30 年后，这所大学成为一所领先的技术大学，拥有 4 个校区和 12 000 名学生，其中一个校区是医学院。至今，舒尔仍然是一名极为成功的电子发明家。但是，30 年来，他一直在该大学担任全职校长，而且人人都说，他已建立了一支高效的专业管理团队。

与舒尔相比，博耶起初是管理者。他先在加利福尼亚大学任职，后来去了纽约州立大学。纽约州立大学是美国最大、官僚主义最严重的学校，拥有350 000名学生和64个校区。1970年，博耶在42岁时到达事业的顶峰，被任命为校长。他很快创办了帝国州立学院（Empire State College）。它甚至还称不上是学院，只是致力于解决美国高等教育中由来已久、令人沮丧的问题，即为没有文凭的成人开办能够获得学位的课程项目。

尽管美国曾多次尝试解决这个问题，但一直没有成效。如果这些成人可以与较年轻的"正规"学生一同学习，他们的目标、需求以及经历将不会受到关注。他们会被视为18岁的普通学生，因而会感到沮丧，并很快退学。但是，如果像先前多次尝试的那样，让他们参加"继续教育课程"的学习，他们很可能会被视为讨厌的人，被教师轻视。这些课程的教师，都是从大学中随意调配的。而在博耶的帝国州立学院中，成年人可到纽约州立大学下属的任一学院或大学来学习正规的大学课程。但首先，学校为每个成年学生安排一位"导师"，通常是附近州立大学的教师。这些教师会帮助他们制订计划并确认他们是否需要特别指导，并且帮助确认他们的哪些经历会使他们获得晋升和进阶工作。随后，作为代理人，导师们帮助每位学生办理入学、选择年级和课程等事宜。

这些听起来像是常识，确实也是如此。但是，它打破了美国学术界的传统，并遭到州立大学的强烈反对。博耶依旧坚持自己的做法。他的帝国州立学院拥有6 000多名学生，退学率很低，设有硕士项目，是美国同类高等教育项目中最早取得成功的。博耶这名伟大的创新者并没有止步于做一个"管理者"。在担任纽约州立大学校长之后，他又出任卡特总统时的教育部长，后来成为卡内基教学促进基金会会长，它们分别是美国学术界最"官僚化"、最"传统"的职位。

这些例子并不能说明任何人都能既是官僚，又是创新者。舒尔和博耶是例外。但他们的经历的确表明，完成特定的任务对"性格"并无要求。而它所需要的是学习的意愿、坚韧不拔地辛勤工作的意愿、自我约束的意愿、调整和使用正确的策略和实践的意愿。这正是企业在进行创业管理时，针对人员和人员配置的具体要求。

作为一种新事物，创业项目若想成功，结构和组织必须合适，人际关系要处理得当，薪酬和奖励机制要合理。当这些准备就绪之后，就要考虑应该由谁来负责这个创业项目，以及项目完成之后应该如何安置他们的问题。必须基于个人情况而非某种心理理论来考虑，目前尚没有什么被证实有效的心理理论。

创业型企业中的人员决策与其他机构中的人员决策在方式上并无差别。当然，这些决策有风险，与人有关的决策往往如此。因此，在制定决策时，必须仔细认真并采用正确的方式。首先，必须仔细考虑要做的工作；其次，确定候选人并仔细分析其绩效记录；最后，通过和与候选人共过事的几个人沟通，对每一位候选人进行核查。这个方式适用于所有的用人决策。在创业型企业中，无论选择创业者，还是管理者或专业人员，用人决策的成功率是一样的。

VII

禁忌

下面是现有企业在进行创业管理时不能做的事情。

1. 最重要的警告是，不要将经营部门和创业部门混淆。永远不要让现有管理部门负责创业项目，也不要让负责现有业务运营、开发和优化的人员来创新。

一个企业不改变它的基本策略和实践就试图成为创业型企业，是不明智的，事实上，注定会失败。附带做一个创业型企业很难成功。

在过去 10 ～ 15 年中，许多美国大企业试图与创业型企业建立合资企业，但无一成功。创业型企业发现自己受制于策略、基本规则以及古板且保守的官僚风气，同时，他们的合作者，即大企业的人员，还无法理解创业型企业人员的行为，认为他们毫无纪律、过于狂妄且不切实际。

总的来说，只有内部人员开展创新项目，大企业才能成为成功的创业型企业。大企业与创新项目负责人互相了解，企业信任负责人，负责人清楚如何在现有企业中进行创新。换言之，就是选择能如合作伙伴般工作的人。但前提是，整个企业都具有企业家精神，即想要创新并为之努力，将创新视为必需品和机会。也就是说，整个组织都"渴望新事物"。

2. 超出现有业务领域的创新工作，很难成功。创新最好不要"多元化"。无论多元化会带来多少好处，都不能将其和创新与创业相混淆。新事物的发展总是充斥着艰难，在不熟悉的领域中尝试新事物更为困难。现有企业必须在其专业领域内创新，不论是市场领域还是技术领域。任何新事物的发展都会遇到困难，因此企业必须了解其创新业务。除非与现有业务存在共性，无论是在市场层面还是技术层面，多元化才可能成功。即便如此，正如我在其他著作中所讨论的，"多元化"仍然存在问题。⊖当多元化存在的困难和要求与开展创业所面临的困难和要求叠加时，后果将不堪设想。因此，企业最好只在自己熟悉的领域内创新。

3. 最后，通过"购买"，也就是收购小型创业型企业，来使企业长于创业，通常毫无效用。除非收购方愿意并且能够在相当短的时间内管理被收购方，否则收购很难起作用。被收购方的原有管理者很少会长时间留任。如果他们是所有者，他们现在会很富有；如果他们是职业经理人，除非在收购方有更多的机会，他们才会继续留任。因此，在一两年内，收购方必须管理其收购的企业。当非创业型企业收购创业型企业时，这一点尤为重要。很快，

⊖   详见《管理：使命、责任、实践》，尤其是第 56、57 章。

被收购方的管理者会发现他们难以与母公司员工共同工作，对方也同样如此。据我所知，没有企业通过"购买"成为创业型企业。

在快速变化的时代里，企业如果想要创新，想要获得成功并繁荣发展，必须将创业管理纳入自身体系中。它必须运用好策略，以使整个组织渴望创新，并养成创新与创业的习惯。要想成为成功的创业者，现有企业，无论大小，都应被视为创业型企业进行管理。

服务机构的创业

I

正如企业一样，公共服务机构，如政府机构、工会、教堂、各级学校、医院、社区和慈善组织、专业学会和行业协会等，也要实行创新与创业。事实上，它们对创新与创业的需求更加迫切。对公共服务机构而言，当今社会、技术和经济的快速变化是更大的威胁，同时也是更大的机会。

但是，即便与"官僚化"最为严重的企业相比，公共服务机构创新也更困难。那些"现有"的东西是更大的阻碍。的确，每个服务机构都希望其规模越来越大。服务机构不用接受利润的检验，因此规模就成为服务机构成功与否的唯一标准，也是其发展目标。于是，它们就会有很多事情要做。但是，停止做"一直在做的事情"并转向新的事情，是服务机构非常厌恶的，至少会令它们感到痛苦。

公共服务机构中的创新大都是由局外人或灾难引起的。例如，现代大学是由普鲁士外交官威廉·冯·洪堡创办的。他在教育方面，是个彻底的局外人。1809 年，洪堡创办了柏林大学，当时法国大革命和拿破仑战争几乎完全摧毁了十七八世纪的传统大学。60 年后，美国的传统大学因无法再吸引学生而日渐消亡，其现代大学应运而生。

同样，20 世纪军队的基础创新，无论是结构创新还是战略创新，都源于可耻的错误或惨痛的失败。例如，美国在美西战争惨败后，泰迪·罗斯福（Teddy Roosevelt）任命纽约律师伊莱休·鲁特（Elihu Root）为陆军部长，然后鲁特重新组织了部队，并重新制定作战战略；几年后，英军在布尔战争中同样遭遇惨败，平民出身的战争部长霍尔丹勋爵（Lord Haldane）对军队进行改组并改变了战略；一战失败后，德国对其军队也进行了重组，并制定了新的战略。

政府机构的创新，同样如此。近代政治史最伟大的创新，即 1933 ～ 1936 年的罗斯福新政，是由大萧条引起的。这场大萧条如此严重，以至于几乎要瓦解美国的社会结构。

官僚主义的批判者将公共服务机构对创新与创业的抵制归咎到"怯懦的官僚""从未给人发过工资的"混日子的人或"热衷权力的政客"身上。这个说法由来已久。事实上，大约 500 年前，马基雅维利倡导这一说法之时，它就已经存在很久了。唯一改变的是这一说法的倡导者。20 世纪初，它是所谓的"自由主义者"的口号；现在，它成了所谓的"新保守主义者"的口号。可惜事情并非如此简单。改革派一直将"更好的人"视为灵丹妙药，其实不过是海市蜃楼罢了。即便是最富有创新与企业家精神的"杰出人士"接管公共服务机构，6 个月后，他也会成为官僚主义者和热衷权力的政客。对于政府机构，更是如此。

阻碍公共服务机构的创新与创业的力量存在于机构内部，是机构的一部分，不可分割。⊖最有力的证据是企业内部的员工服务部门，也就是企业内部的"公共服务机构"。这些部门的负责人通常来自运营部门，其能力在激

⊖　关于公共服务机构及其特征，详见《管理：使命、责任、实践》第 11 ～ 14 章关于服务机构绩效的相关内容。

烈的市场竞争中已经得到证实。但是，员工服务部门的名气可不在于创新。
员工服务部门善于建立自己的帝国，总是想要做同样的事情。此外，它们不
愿放弃任何正在做的事情。因此，一旦地位稳固，它们很少再进行创新。

已有事务对公共服务机构开展创新造成的阻碍，远甚于对典型的营利性
企业的阻碍。究其原因，主要有三点。

1. 公共服务机构基于"预算"而非"成果"来获得报酬。它按工作量
获取报酬，而报酬来自他人的所得，例如来自公共税收或慈善捐款，人事部
门或市场服务部门的则来自所在企业。公共服务机构越努力，获得的预算就
越多。因此，公共服务机构减少活动就是缩减规模，就会导致地位和声望受
损。公共服务机构不能承认失败。更糟糕的是，它们不能承认已经达成目标
的事实。

2. 公共服务机构受众多因素的影响。企业在市场中销售产品，消费者是
最重要的因素，其重要性远超过其他因素。企业要想获得成功，只需在市场
中占有很小的份额，就可以满足其他利益相关者（如股东、工人、社区，等
等）的需求。但是，公共服务机构（包括企业内部的员工服务部门）并非基
于"成果"获得报酬。任何一个利益相关者，无论多么微不足道，都具有否
决权。因此，公共服务机构必须满足每个人的需求。毫无疑问，疏远任何利
益相关者所造成的损失，它们都无法承担。

公共服务机构一旦开展一个项目，就会获得一批"支持者"。随后，这
些支持者不愿废除这个项目，甚至不愿对其进行大的改动。但是，任何新事
物在出现时总是备受争议。这就意味着，新事物在出现时会遭到现有事物的
支持者的反对，而新事物自身的支持者尚未形成。

3. 最重要的原因是，公共服务机构存在的目的是"做好事"。这意味
着，公共服务机构将其使命视为绝对道德行为，而非以成本、收益来分析的
经济行为。经济学总是在寻求不同的配置方式，以用同样的资源获取更高的
收益。一切行为的经济性都是相对的。而在公共服务机构中，根本不存在所

谓的更高收益。如果公共服务机构在"做好事",就不存在"更好的事"。的确,如果没有实现"做好事"的目标,这仅仅意味着公共服务机构需要加倍努力。邪恶势力远比预想的更加强大,需要更加努力与之对抗。

几千年来,各种宗教的传教士一直在反对"肉体的罪恶"。至少可以说,他们取得的成效很小。但对传教士而言,这没什么可争论的。这并不能说服他们运用聪明才智去实现更易达到的目标。相反,这只能说明他们需要加倍努力。避免"肉体的罪恶"显然是"德行",因此是绝对道德行为,不允许进行成本收益分析。

很少有公共服务机构以如此绝对的方式定义自己的使命。但是,即便是企业的人事服务部门或生产服务人员,也往往将其使命视为"做好事",因此其行为是道德的、绝对的行为,而不是经济的、相对的行为。

这意味着公共服务机构力图最大化而非最优化。反饥饿运动的领导者断言:"只要地球上有一个孩子挨饿,我们的使命就尚未完成。"要是他说"如果通过现有分销渠道,绝大多数孩子都有足够的食物,不再发育迟缓,那么我们就完成了使命",他就会被赶出办公室。但如果目标是最大化,机构将永远无法实现。事实上,越接近目标,机构要付出的努力也越多。一旦达到最优点(最优点通常是理论最大值的 75% ~ 80%),成本增量将指数式上升,收益增量则指数式下降。因此,公共服务机构离目标越近,挫败感会越强,会越努力去做已有的事。

无论取得的成就是大是小,公共服务机构的行事方式都会完全一样。无论成功与否,它都会将创新或尝试新事物视为对其基本承诺、存在的理由、信念和价值观的攻击,因而加以抵制。

这些都是严重阻碍创新的因素。大体上,它们解释了为何公共服务的创新往往来自新成立的机构,而不是来自现有的机构。

这方面最极端的例子,莫过于工会了。在 20 世纪的发达国家中,工会可能是最成功的机构。显然,它已经实现了最初的目标。在西方发达国家,当劳动报酬在国民生产总值中占比达到90%时（在某些国家，如荷兰，该比例已接近100%），这一目标没有更多增长空间了。但是，工会甚至不去考虑新的挑战、新的目标或新的贡献。它所能做的，只是喊旧口号，打旧仗。因为解决"劳工问题"是绝对的好事。这不容置疑，也不能重新定义。

大学的情况与工会并无太大差异，造成这一状况的原因也有类似之处，即20世纪大学的发展和取得的成功仅次于工会。

但是，公共服务机构中也有很多例外（必须承认的是，政府机构中的例外不多），即便历史悠久、规模庞大，它们也具有创新能力。

例如，美国有一个罗马天主教会大主教区吸纳了平信徒参与管理，并由一名已婚女教友担任总管。这位女教友曾在某百货连锁店担任人事副总裁。除了分发圣餐和主持教会工作，其他工作都是由身为平信徒的专业人员和管理人员负责。尽管美国天主教神职人员短缺，但这个大主教区却有富余的神职人员，能够积极推进教会发展，拓展宗教方面的服务活动。

美国科学促进会是历史最悠久的科学团体之一。1960～1980年，它将自己重新定位为"大众组织"，又不失其领袖风范。它把其周刊《科学》彻底改版，使之成为面向大众和政府的科学发言人，也是科学策略的权威报道者。它为外行读者提供了一本富有科学性且备受欢迎的大众读物。

早在1965年左右，美国西海岸的一家大型医院就认识到，医疗保健因其成功正在发生变化。当其他大城市的医院还在试图抵制这种趋势（如建立连锁医院或独立救护中心）时，这家医院就成了这些领域的创新者和领导者。的确，它最先建立了独立式产科中心。只需以较低的成本，准妈妈就可以待在汽车旅馆式房间里，并获得所需的医疗服务。它还首次建立了独立式门诊外科中心。它还开始成立自己的私立非营利连锁医院，为区域内的小医院提供合同式管理服务。

美国女童子军创立于20世纪初，是一个拥有数百万名成员的大型组织。1975年左右，美国女童子军引进创新理念，影响了其成员、项目和志愿者这三个基本要素。它开始积极招募新兴的城市中产阶层家庭女童，即非裔、亚裔、拉丁裔女童。现在，这些少数族裔占总成员的 1/5。它意识到，随着女性步入职场、走向管理岗位，女孩需要一些新项目和新榜样，即强调专业性和职业性的工作生涯，而非家庭主妇、护士等传统定位。女童子军的管理者认识到，负责当地活动的志愿者越来越少，因为年轻妈妈不再待在家中。但这些管理者也认识到，新的职业女性、新的职业母亲预示着新的机会，女童子军可以为她们提供新的服务。对任何社区来说，志愿者是主要限制因素。因此，这些管理者开始设计一些义务性的工作，以吸引职业母亲。这些工作可以使她们与孩子一起玩耍，也有利于孩子成长。最后，女童子军还意识到，职业女性没有足够的时间陪伴孩子，也是一个机会。于是，女童子军开始招收学龄前儿童。由此，女童子军扭转了孩子和志愿者减少的趋势，而童子军这个规模更大、成立更早、资金更充沛的组织依然飘摇不定。

II

创业策略

这些例子全都来自美国，这一点我很清楚。毫无疑问，在欧洲和日本也有类似的例子。虽然这些例子都有局限性，但它们足以说明公共服务机构需要创业策略来推动创新。

1. 公共服务机构要明确使命。它想要做什么？为何存在？它应该关注目标，而非计划和项目。计划和项目只是实现目标的手段，因此是临时性的、短暂性的。

2. 公共服务机构要制定合乎现实的目标。它应该说"我们的工作是缓解饥荒"，而不是"我们的工作是消灭饥饿"。它的目标应该切实可行，能够为之承诺。这样，最后它可以说："我们的任务完成了。"

当然，有些目标永远无法实现。比如，实现和维护社会的公平正义，就是一个无休止的任务。即便以宽松的标准衡量，这一目标也无法实现。但是，对大多数目标来说，我们可以也能够用最优化而非最大化的术语来表述，这样才可能会说："我们已经实现目标了。"

的确，这就适合于旧时中小学校长的目标：让每一个孩子都上几年学。这个目标在发达国家早已实现。现在需要问的是：教育需要做什么？也就是说，与纯粹的"上学"相比，"教育"究竟意味着什么？

3. 如果目标无法实现，则表明目标是错误的，至少其定义是错误的。公共服务机构必须假设其目标的性质是经济的，而非道德的。如果经过多次尝试仍未实现某个目标，则说明这个目标是错误的。不能将失败视为反复尝试的充分理由。300多年前，数学家已经发现，随着尝试次数的增加，成功的可能性会降低。事实上，每次尝试的成功率，不会超过前一次的一半。因此，如果目标无法实现，就要质疑目标的有效性，而大多数公共服务机构的认知恰恰与此相反。

4. 公共服务机构要将持续寻求创新机会纳入其策略和实践。它们应该将变化视为机会，而非威胁。

前面提到的创新型公共服务机构之所以如此成功，就是因为它们采用了这些基本原则。

二战后，美国罗马天主教会涌现出很多受过良好教育的平信徒，这是前所未有的。大多数天主教教区，以及罗马天主教会的大多数机构，都将其视为威胁，至少视其为问题。随着受过良好教育的天主教徒增多，对主教和神职人员的完全认可不再被视为理所当然。还有，在天主教会的结构和管理体系中，没有这些平信徒的一席之地。自1965年或1970年以来，美国罗马天主教会教区的年轻神职人员急剧减少，这被视为一个重大威胁。只有一个天主教教区将这两种情况视为机会。（结果，该教区也碰到了一个新问题。那就是美国的年轻神职人员都想来这里，因为只有在这个教区，他们才只需要做神职的分内之事，也就是他们投身神职的初衷之事。)

从 1970 年或 1975 年开始，美国医院都察觉到医疗保健领域的变化。大多数医院都抵制这种变化，并告诉人们"这种变化是灾难性的"。只有一家医院将变化视为机会。

美国科学促进会认为，具有科学背景和从事科学工作的人数量不断增长，这为其在科学界及其他领域确立领导地位提供了巨大机会。

美国女童子军看到人口统计数据，便自问："我们如何才能把人口变化趋势转化为新机会？"

只要遵循上述基本原则，甚至政府机构也能创新。下面举个例子。

120 年前，美国内布拉斯加州的林肯市将公共交通、电力、天然气、水等公共服务纳为市政所有，这在西方世界是首次尝试。过去 10 年里，在女市长海伦·布萨里斯的领导下，政府开始将垃圾收集、学校交通等服务进行私有化改造。市政府提供资金，由私营企业进行竞标。这种做法大大降低了成本，并提高了服务质量。

海伦在林肯市看到的机会，就是将公共服务的"提供者"（即政府）和"供应商"分开。通过引入竞争机制，使以低成本获得高标准、高效率、高可靠性的服务成为可能。

如果公共服务机构想要能够创新与创业，上述 4 条原则构成了其所需的具体策略和实践。此外，公共服务机构也需要采纳现有组织成为创业型组织所采用的策略和实践（详见上一章"创业型企业"）。

Ⅲ

创新的必要性

为何公共服务机构的创新如此重要？为何我们不能像从前一样，保持现有的公共服务机构不变，成立新机构来进行我们所需的创新呢？

这是因为在发达国家中，公共服务机构愈加重要，其规模也愈加庞大。公共服务部门（政府部门和民间非营利部门）在 20 世纪快速增长，其增长速度大概是私营部门的 3～5 倍。二战后，公共服务机构的发展更为迅速。

从某种程度上讲，这种发展过快。公共服务只要可以转变为营利性活动，就应该做出这样的转变。这种转变不仅仅适用于将内布拉斯加州林肯市的市政服务进行"私有化"。美国医院在从非营利组织向营利组织转变的过程中，已经走得很远。我认为，这种转变将在职业教育和研究生教育中掀起热潮。在发达国家，对高收入人群（也就是拥有高学历的群体）进行补助，是不合理的。

在未来的二三十年中，发达国家的主要经济问题必定是资本形成问题。现在只有日本，其资本能够满足经济发展需要。"非营利"活动会消耗资本，而不是形成资本。因此，只要它们能够变成形成资本的活动，也就是可以实现盈利的活动，我们就不能再让它们成为"非营利"活动。

但是，公共服务机构负责的大部分活动，将仍是公共服务活动。这些活动既不会消失，也不会转变。因此，公共服务机构必须具有生产力，并取得生产效益。它们必须成为创新者，并且施行创业管理。要实现这些目标，在社会、技术、经济和人口等领域快速变化的时代里，公共服务机构必须学会将这些领域的转变视为机会。否则，它们将成为阻碍。如果公共服务机构固守快速变化的环境中无法运行的项目和计划，它们将不能实现其使命。可是，它们又不能也不愿放弃这些使命。渐渐地，它们就像 14 世纪丧失社会功能的封建贵族一样：如寄生虫般毫无能力，只会妨碍和剥削他人。它们将变得自以为是，渐渐失去合法性。显然，公共服务机构中最强大的工会，已经出现了这样的情况。但是，在快速变化的社会中，充满了新挑战、新需求和新机会，公共服务机构仍是必需的。

美国公立学校面临机会与风险并存的局面。除非它们能够引领创新，否则到了 20 世纪末，除了招收贫民窟里的少数族裔，它们将很难吸引其他学生。美国教育在历史上第一次面临阶层分化的威胁，即只有最穷困的学生才上公立学校，至少在囊括大多数人口的城市和郊区如此。这完全是公立学校自身的错误造成的，因为公立学校早已具备改革所需的知识（详见第 9 章）。

许多其他公共服务机构也面临着类似的情况。创新所需的知识已经存在，它们的创新需求也很清晰。现在它们需要做的就是，将创新与创业融入自身体系中。否则，外来者会创办创业型公共服务机构进行竞争，并取代现有的公共服务机构。

在 19 世纪末和 20 世纪初，公共服务领域创造力强大，创新活跃。在这 75 年里（直到 20 世纪 30 年代），相比于技术创新，社会创新即便不是更为突出，也同样活跃、高效、发展迅速。但在这段时期，创新表现为新型公共服务机构的创立。目前的公共服务机构，确立现有的形式和使命不过六七十年。在接下来的二三十年里，情况将会大不相同。社会创新的需求将更为强烈，但主要是现有公共服务机构中的社会创新。因此，这代人的首要政治任务就是将创业管理纳入现有公共服务机构体系。

新创企业

对现有企业来说，无论是商业企业还是公共服务机构，"创业管理"一词的核心是"创业"；对新创企业来说，"创业管理"一词的核心则是"管理"。在现有企业中，"有"是创业的主要阻碍；在新创企业中，主要阻碍则是"没有"。

新创企业有创意，也可能有产品或服务，甚至可能有销售额，有时销售额还很高。当然，它有成本费用，有收入，甚至也有利润。但它还不曾拥有"企业"，一个可以存活的、持续经营的、井井有条的，而且能让大家清楚自己的努力方向、应尽之责和预期结果的"现状"。除非新创企业发展出真正的业务，并确保可以"管理"，否则，无论它的创意多么出色，吸引了多少投资，产品多么优质，甚至无论市场需求多么大，它都无法生存。

由于拒绝接受这些事实，19 世纪最伟大的发明家托马斯·爱迪生所创办的企业都惨遭失败。爱迪生立志成为成功的商人和大企业的负责人。考虑到他是一名出色的商务策划师，这一目标本可以实现。他清楚地知道，为什么必须成立一家电力公司，才能利用自己发明的电灯泡这个机会。他也清楚地知道，如何获取新创企业需要的资金。他的产品一面市，就大获成功，并且拥有巨大的市场需求。但是，爱迪生仍然只是创业者。更确切地说，他认为"管理"就是当老板，他不愿成立管理团队。因此，他的四五个企业在发展到中等规模时，都毫无例外地失败了。只有当专业管理者取代爱迪生时，这些企业才得以存活。

新创企业的创业管理有以下四点要求：

第一，要关注市场。

第二，要有财务远见，特别是要提前规划现金流和资金需求。

第三，要组建高层管理团队，在新创企业真正需要的很久以前以及能够承担得起的很久以前就着手建立。

第四，新创企业的创始人要明确自身角色、工作范围以及与他人的关系。

I

关注市场的必要性

新创企业在没有实现预期目标，甚至难以生存时，往往会解释说："我们起初做得很好，后来其他人来了，抢走了我们的市场。我们百思不得其解，它们的产品与我们的并无太大差异。"或者解释说："我们本来做得很好，但其他人却向我们未曾听说过的客户销售产品。突然之间，它们就占领了市场。"

当新创企业获得成功时，通常情况下，它的市场与预期市场有很大不同，产品和服务也与最初的设想不同，客户群体也在预料之外，产品的最终用途比起初设计的要多。如果新创企业没有预见到这些差异，不能利用这些未曾预料到和未曾留意的市场并加以组织，如果它并非完全以市场为中心，并非以市场为导向，那么它只不过是为竞争对手创造机会罢了。

　　当然，例外总会存在。为某种特定用途而设计的产品，尤其是科技产品，其市场和最终用途通常符合预期，但并非总是如此。针对特定疾病设计并测试的处方药，也会用于治疗完全不同的疾病。用于治疗胃溃疡的一种药物，就是一个例子。另一个例子是，一种原本用于治疗人类疾病的药物，最终却主要进入了兽药市场。

　　任何真正的新生事物，都能创造出预期之外的市场。在 1960 年第一台施乐复印机问世之前，没人想到办公室复印机会有市场；5 年后，企业无法想象，如果没有复印机，将会如何。当第一批喷气式飞机试飞时，最权威的市场研究指出，就现有的以及正在制造的横跨大西洋的航班飞机而言，根本不会有足够多的乘客；5 年后，跨大西洋航班的年载客量，是以往横跨大西洋航班总人数的 50 ～ 100 倍。

　　创新者的视野有一定的局限性。事实上，创新者视野狭隘，他们往往只关注熟悉的领域，而忽视其他领域。

　　DDT 就是一个例子。二战期间，人们发明了 DDT 以使美军避免遭受热带昆虫和寄生虫的侵扰，最终却被广泛应用于农业领域来保护牲畜和农作物。后来由于过于有效，而遭到禁用。然而，那些发明 DDT 的杰出科学家，无一设想过 DDT 的这些用途。当然，他们知道许多婴儿死于苍蝇引起的"夏季"腹泻，也知道牲畜和农作物被昆虫和寄生虫侵害。但是，对于这些事情，他们只是"门外汉"。他们只是人类热带疾病方面的专家。那个将 DDT 用于自家、牛群和棉花田的普通美国士兵，才是这些领域的"专家"。

　　同样，3M 公司未曾想到，起初为工业界开发的胶带最终却广泛用于家庭和办公室（后来成为"思高"透明胶带）。多年来，3M 公司一直为工业界提供研磨剂和黏合剂，并取得了一定的成功。不过它甚至从未想过进入消费市场。研制出工业胶带却没有工业用户的这位工程师，纯粹因为偶然才意识到这种产品可能在消费市场大卖。据说，当时公司已经放弃这种产品，这位工程师将一些样品带回了家。令他吃惊的是，他的十几岁的女儿们开始用胶带固定住卷发睡觉。这件不寻常之事，使他和他老板发现了一个新市场。

1905 年，一名德国化学家首次研发出局部麻醉剂，即奴佛卡因（Novocain，也称普鲁卡因）。但是，他无法说服医生使用这种麻醉剂，医生更愿意使用全身麻醉剂（一战期间，他们才接受奴佛卡因）。但是，牙医竟然开始使用这种局部麻醉剂，这完全出人意料。于是，这位化学家在德国四处奔走，发表演讲，反对将奴佛卡因用于牙科。毕竟，他研发奴佛卡因的初衷，并不是用于牙科。

我承认，这种反应未免过于极端。但是，创新者清楚地知道，他们的创新意欲何为。如果用于其他用途，他们往往会抵制。虽然不会拒绝意料之外的顾客，但他们会明确表示，不欢迎这些顾客。

计算机领域就发生过这种情况。Univac 公司曾推出世界上第一台计算机，也清楚地知道这种机器是为科学工作设计的。因此，当企业对此表现出兴趣时，它甚至没有派销售人员去提供服务。它认为，企业根本不知道计算机到底为何物。同样，IBM 也深信，计算机是科学工作的工具，它的计算机就是专为天文计算设计的。但是，IBM 愿意接受企业的订单，并为它们提供服务。10 年后，即 1960 年左右，Univac 公司仍然拥有当时最先进、最好的计算机，而 IBM 则占领了计算机市场。

教科书认为上述问题的解决方案是开展"市场调查"，但这个方案并不合理。

人们不能为真正的新生事物开展市场调查，也不能为尚未上市的事物进行市场调查。1950 年左右，Univac 公司的市场调查显示，到 2000 年，计算机的销量将为 1 000 台。事实上，1984 年，计算机的销量就已经达到 100 万台。然而，它做的那次市场调查是有史以来最科学、最认真、最严谨的市场调查。唯一的错误是，它假设计算机只能用于前沿的科学工作（这也是当时人们的共识）。这样一来，销量的确有限。类似地，数家企业在进行全面的市场调查后，发现印刷厂不需要复印机，于是拒绝了施乐公司的专利。但是，没人想到，企业、学校和一些个人需要复印机。

因此，新创企业在创立之初就要假设，它的产品或服务能在预料之外的市场中找到客户，会用于不同于预期的用途，也会有一些意料之外的客户前来购买，有些客户甚至是新创企业从未听说过的。

如果新创企业在创立之初并没有聚焦于市场，那就可能是在为竞争对手创造市场。几年后，"其他人"会抢走"我们的市场"，或者开始"向我们未曾听说过的客户销售产品"的"其他人"，突然就占领了市场。

事实上，要使新创企业聚焦于市场，并非特别困难。但是，它所需具备的条件却与典型创业者的意愿背道而驰。它首先要求新创企业系统地找出意外成功和意外失败（详见第3章）。企业家不应把意外事件视为"例外"而不予理会。他们应该走出去，仔细观察，并将意外事件视为独特的机会。

二战后不久，印度一家小型工程公司获得了一种欧洲设计的配有轻型发动机的自行车的生产许可证。这种自行车看似很适合印度市场，却表现不佳。这家小公司的老板注意到，自己收到了大量轻型发动机订单。起初，他并不愿意接受这些订单，并寻思这些发动机能有什么用途呢？好奇心驱使他亲自到订单来源地察看。他发现，农民拆卸下自行车上的发动机，用它为灌溉水泵提供动力。在此之前，灌溉水泵依靠人工提供动力。现在，这家制造商成了全球最大的小型灌溉水泵制造商，销量以百万台计。由于它的水泵，东南亚的农作方式出现了革命性变化。

要以市场为导向，新创企业也要乐于尝试。如果有意料之外的客户或市场对产品或服务感兴趣，新创企业可以在新市场中寻找志愿者来测试产品或服务，以发现新的用途。新创企业也可以向"不可能的"市场中的人发放样品，观察新产品是否能为其所用，用于何处，以及如何改造才能吸引客户。此外，新创企业还可以留心哪个行业感兴趣，然后在那个行业的刊物上做广告，等等。

杜邦公司在开发新型尼龙时，从未想过它将主要用于汽车轮胎。但是，当阿克伦（Akron）的一家轮胎制造商对尼龙表现出兴趣时，杜邦公司为此建立了一家工厂。几年后，轮胎市场成为尼龙最大的且利润最高的市场。

不需要大量资金，新创企业就能发现，意外市场的出现是由于偶然，还是由于产品的潜力。这需要新创企业具有敏锐的市场洞察力，并开展一些系统性工作。

最重要的是，新创企业的经营者要走出企业，走进市场，与客户和销售人员交流，聆听外界的声音。新创企业还要建立一套系统的实践方式，使其认识到产品或服务是由客户而非生产者定义的。最后，新创企业还需要不断地改善产品或服务，为客户带来更大的效用和价值。

对新创企业而言，最大的危险是自认为比客户"更了解"产品或服务是什么或应该是什么，应该如何购买以及如何应用。最重要的是，新创企业应将意外成功视为机会，而非对其专业知识的侵犯。最后，它还需要铭记一句营销格言：企业不是要改变客户，而是要满足客户。

II

财务远见

对市场缺乏关注是"新生儿"（即新创企业）的通病。这也是新创企业早期面临的最严重的问题。即便新创企业得以生存，这也可能阻碍它的长期发展。

相比之下，对财务缺乏关注和财务策略缺失是新创企业在成长的第二阶段的最大威胁，对快速发展的新创企业而言，更是个威胁。新创企业越成功，财务远见的缺失就越危险。

设想一家新创企业成功地推出了产品或服务，并处于快速发展阶段。该企业的报告显示"利润快速增长"，对未来持乐观态度。随后，股票市场将会"发现"这家新创企业。当新创企业属于高科技领域或当下热门领域时，它会更受关注。各种预测比比皆是，都声称未来 5 年内新创企业的销售额将达到 10 亿美元。18 个月后，该新创企业垮台了。它可能并非倒闭或者破产了，但突然陷入赤字困境，从 275 名员工中裁掉 180 名，解雇了总裁，或者被大企业低价收购。出现这种情况的原因，总是大同小异：资金不足；无法筹集扩张所需的资金；费用、存货和应收账款一片混乱，失去控制。这三种财务困境往往同时出现。但是，其中任何一种财务困境都足以危及新创企业的健康发展，甚至会危及其生存。

一旦出现财务危机，新创企业必须历经重重磨难，经受巨大痛苦，才能度过危机。但是，财务危机是可以有效预防的。

新创企业的企业家很少会忽视金钱。他们往往是贪婪的，因此他们会关注利润。但对新创企业而言，利润不应该是关注点。更确切地说，新创企业应该把利润放在末位，而非首位。他们应该重点关注现金流、资本以及资金管理。如果没有它们，利润纯属虚幻，可能在 12 个月或 18 个月后，利润就消失得无影无踪了。

成长需要滋养。从财务角度来看，这意味着新创企业若要成长，就需要增加财务资源，而非减少供给。成长需要更多的现金和资本。成长中的新创企业所谓的"盈利"，只是假象而已，只是用于平衡账目的记账方式所致。在大多数国家中，企业根据利润来缴纳税费。因此，利润反而造成企业的负债和资金外流，而非"盈余"。新创企业越是健康，发展越快，所需的资金就越多。那些报纸和股市所说的"宠儿"，那些利润快速增长、获得"破纪录利润"的新创企业，在几年后，反而更容易陷入绝境。

新创企业需要进行现金流分析、现金流预测和现金管理。相比于先前的新创企业，最近几年的美国新创企业在这方面的表现更好（不包括高科技企业）。这主要是因为，新的一批企业家意识到，创业需要财务管理。

如果现金流预测比较可靠，那么现金管理便相当容易。这里的"可靠"

是指立足于"最坏情况",而非"希望"。银行界有一个古老的经验法则:在进行现金收入和支出预测时,对应付账款按提前 60 天支付计算,而对应收账款则按延后 60 天入账计算。如果这种预测过于保守,那最坏的情况只是出现短暂的现金盈余。而这在正成长的新创企业中,实属少见。

对成长中的新创企业来说,它们应该提前 12 个月明确现金需求量、何时需要、所为何用。由于有 1 年的时间,它们往往能够满足现金需求。但是,即便新创企业经营良好,仓促筹集资金或在"危机"时筹集资金也并非易事,而且往往代价巨大。最重要的是,这会使企业的重要人员在关键时刻偏离正确路线。在几个月内,他们会花费大量时间和精力奔走于各金融机构,做出一系列可能存在问题的财务预测。最后,他们通常会拿企业的未来做抵押,以度过 90 天的资金周转困难期。等到他们能够再次将时间和精力投入到业务上时,早已错失良机。几乎可以断定,新创企业面临资金危机的时候,往往也是机会最大的时候。

成功的新创企业的发展,也会使现有的资本结构不合时宜。经验法则表明,新创企业的销售额(或订单额)每增长 40% ~ 50%,其资本基础就不再适用。一般来说,这种增长之后,新创企业要有一个全新的、不同的资本结构。随着新创企业的发展,私有资金(无论是个人资金,还是家人或外界的资金)将不再充足。它必须拓展更多资金来源,如"公开上市",在现有企业中寻找合作伙伴,或向保险公司和养老基金筹集资金。如果新创企业原先是以股权融资方式获得资金的,则它需要转向长期负债,反之亦然。随着新创企业的成长,现有的资本结构总会变得不合时宜,成为企业发展的障碍。

对某些新创企业而言,资本规划相对容易些。有些企业是由不同地区的分部按照同一标准组成的,这样每个分部都可以作为分公司来融资,如连锁餐厅、不同城市的独立外科中心或独立医院、各个城市独立的房屋建筑商、专卖店，等等。一种解决方案是特许经营，它本质上是一种为快速扩张而融资的方式。另一种解决方案是将每一个地区分部设为独立的公司，由不同的而且通常是当地的投资者担任"有限"合伙人。这样，企业就能随着成长和扩张的步伐筹措到所需资金，而前一个分部的成功会给后面的分部的投资者提供证据并带去信心。这种融资方式起作用的前提是：①每个分部要能够尽快达到收支平衡，至多两三年；②分部的运营可以成为常规工作，从而使那些管理能力有限的人，如特许经营者或独立外科中心的业务经理，能够独立地完成工作；③分部能够在自主地迅速发展到最佳规模以后，不再需要更多资金投入，而是产生现金盈余用以建立新分部。

对于不能以独立分部进行融资的新创企业，资本规划是其赖以生存的必要条件。成长中的新创企业如果能从现实出发，提前三年规划自己的资本需求和资本结构（再次强调，这意味着假设企业需要最多的资本，而不是最少的资本），那么通常应该不会有多大的困难按照自己需要的类型、时点和形式筹措到资金。如果等到资本基础和资本结构无法满足企业发展需求时再做资本规划，那新创企业无疑是拿自己的生存（至少是独立性）开玩笑。最终新创企业的创始人所承担的创业风险、艰苦的工作，只是为他人做嫁衣。他们从所有者变为雇员，新的投资者控制了一切。

最后，新创企业需要建立一个完整的财务系统，以适应企业的增长。下面这种现象一再发生：成长中的新创企业在成立之初，拥有出色的产品、卓越的市场地位和良好的发展前景；突然之间，一切都失去控制了，包括应收账款、库存、制造成本、管理成本、服务、分销，等等。只要其中一项失去控制，其他各项也会随之失控。这是因为，新创企业的发展超出了其可控范围。等它重新控制局面时，市场已不在了，客户即便没有敌意也会有所不满，分销商也对企业丧失信心。最糟糕的是，员工不再信任企业管理层，当然这情有可原。这样的例子比比皆是。

企业如果增长过快，会导致现有的控制结构不合时宜。当销售额增长 40%～50% 时，这种现象就会发生。

企业一旦失控，就难以回归常态。不过，失控可以很容易地避免。先要考虑清楚特定企业的关键领域是哪些。在这家，关键领域可能是产品质量；在另一家，是服务；到了第三家，是应收账款和存货；再到第四家，是制造成本。对任何企业而言，关键领域很可能不会超过四五个。但是，企业的管理人员费用和行政人员费用应该始终都被包括在内。如果这两项费用占总收入的比例过高，就意味着管理人员和行政人员的雇用人数超过了企业的增长速度所能承受的范围。这往往是企业失控的第一征兆，表明企业的管理结构、实践与任务不匹配。

要达到增长预期，新创企业必须提前 3 年为这些关键领域建立控制系统。精细的控制系统并不是必要的，只有大概数字也无关紧要。真正重要的是，新创企业的管理者对关键领域要加以关注，时刻想到它们。这样，如果需要，企业能够及时响应。如果新创企业足够重视关键领域，往往就不会出现混乱。因为只要有需要，它们就会对其加以控制。这样，它们在需要的时候就可以找到所需要的控制系统。

进行财务预测，并不需要花费很多时间。但是，它需要企业进行深入思考。这项工作的技术工具很容易获得，许多管理会计教科书里都有阐述。不过，这项工作必须由企业自己来完成。

Ⅲ

建立高层管理团队

一家新创企业，找到合适的市场并成功地获得了一席之地，随后成功地建立了所需的财务结构和财务系统，但是，几年后，它仍然可能陷入严重的危机。在它即将"成人"(即成为一家成功的且能持续发展的现有企业)之际,它会陷入难以理解的困境。企业拥有一流的产品和良好的前景,但是无法发展。无论是盈利能力、质量,还是其他方面,都表现欠佳。

究其原因,这类企业都缺乏一个高层管理团队。企业已经发展到一定阶段,非一两个人所能管理。现在,企业需要一个高层管理团队。如果尚未有一个高层管理团队,那为时已晚,事实上是很晚了。到那时,企业能够存活下来,便已是最大的奢求。企业可能因此遭受重创,这重创或如同难以愈合的伤疤,会影响企业发展。士气一落千丈,员工大失所望并变得愤世嫉俗。企业的创始人可能就此离去,满怀怨恨,心灰意冷。

解决的方法很简单:在新创企业需要高层管理团队之前,就将其建立起来。团队并非一夜建成的。要想让它真正发挥作用,需要很长一段时间。团队赖以存在的基础是相互信任和相互理解,这需要一定的时间来培养。以我的经验,3 年为最低年限。

但是,对发展中的小型新创企业来说,高层管理团队是难以承受的负担。它无力承担五六个高管的薪资。事实上,小型新创企业在成长阶段,一般都是由少数几个人包办一切事务。那么,如何才能化圆为方呢?

同样,办法也很简单。但是,它要求创始人愿意组建团队,而不是凡事亲力亲为。如果企业的一两个最高管理者认为他们必须事必躬亲,而且只有他们可以那样做,那么,几个月后,或者至多几年后,管理危机将不可避免。

无论何时,当客观经济指标(如市场调查或人口统计特征分析方面的指标)显示,新创企业的业务将在三五年内翻番时,创始人就应该建立高层管理团队。很快,它将需要这一团队。这就是所谓的"防患于未然"。

创始人和企业的其他关键人物首先要共同考虑企业的关键活动。企业赖以生存和成功的具体领域是什么?这些关键领域中的大多数,每个人都会列出来。但是,如果存在分歧和异见(在这么重要的问题上应该有分歧和异见），那就要认真对待。任何一位小组成员认为属于关键领域的每一项活动，都应该记在清单上。

关键活动并非来自书本，而是源于对特定企业的分析。对局外人来说，同一行业中的两个企业对关键活动的界定，可能完全不同。比如，一个企业可能以生产为中心，另一个则可能以客户服务为中心。只有两项关键活动是所有组织共有的，即人员管理和资金管理。其他活动则由企业内部人员根据企业特点、自身工作、价值观和目标而定。

下一步是，小组中的每个成员，从创始人开始，要自问："我所擅长的活动是什么？我的同事所擅长的活动是什么？"再次强调，要对大部分成员及其优势达成共识。同样，任何分歧，都要严肃认真对待。

接下来，继续问："根据自身优势，每个人应承担哪项关键活动，并作为其首要职责呢？某项关键活动，应该由谁负责呢？"

随后就可以开始组建团队了。创始人要自我约束，如果自己并非最佳人选，就不要对人事管理和相关问题加以干预。也许他的核心优势是新产品和新技术，也许他熟悉的关键活动是运营、制造、物流和服务，也许他擅长资金或财务管理，而其他人更擅长人事管理。但是，所有关键活动都必须有人负责，而且这个人也有业绩证明他具备相应的能力。

从来没有规定要求"首席执行官必须负责某件事"。当然，首席执行官是最终决策者，负有最终责任。此外，首席执行官要确保可以获得必要的信息，以便能够承担这一最终责任。首席执行官的工作取决于企业的需求以及自身条件。只要首席执行官的工作内容包含了关键活动，他就担负起了首席执行官的责任。首席执行官要确保所有关键活动都由合适的人负责。

最后，企业要对每个关键领域设定目标。对每一个以某项关键活动为主要职责的人，无论这项活动是产品开发、人事管理还是财务管理，都要询问这个人："企业可以对你抱有什么期望？我们应该让你对什么担负责任？你想努力达成什么目标，在什么时间达成？"当然，这是管理的基本问题。

在一开始，建立一个非正式的高层管理团队是十分明智的。对发展中的新创企业来说，无须给予员工头衔，也不必公开宣布，甚至不需要支付额外薪酬。大约 1 年后，等这个新的安排发挥作用，运行方式也已清晰之时，再实施这些举措。在此期间，团队所有的成员要学习很多事情：他们的工作是什么，如何协同工作，如何协助首席执行官和同事工作。两三年后，当企业发展到需要高层管理团队时，高层管理团队就在那里。

但是，如果企业在需要高层管理团队时却没有这样一个高层管理团队的话，那事实上，早在这个需求产生之前，企业就已丧失了自我管理能力。创始人肩上的担子过重，以至于他无法完成重要的工作。此时，企业可能出现两种情况。第一种情况是，创始人基于自身能力和兴趣，专注于一两个领域。这些领域的确关键，但不是全部关键领域，而其他关键领域无人负责。两年后，由于一些重要的领域受到忽视，企业陷入困境。第二种情况是，创始人富有责任心，这更为糟糕。创始人清楚地知道人员和资金是关键领域，需要多加关注。他的能力和兴趣在新产品的设计和开发上，事实上这也是该企业赖以存在的基础。但是，出于强烈的责任心，创始人强迫自己管理人员和资金。由于缺乏相应的能力，他在这两个领域都表现不佳。此外，针对这些领域，他要花费时间制定决策并开展工作。这样，他就忽视了自己真正擅长且企业也依赖他的领域，即开发新技术和新产品。三年后，这家企业成了一个空壳，没有产品，没有人员管理，也没有资金管理。

在第一种情况下，企业也许能得救。毕竟，它还有产品。但是，无论谁来拯救企业，创始人终将被其取代。在第二种情况下，企业已无重生机会，只能被迫出售或清算。

新创企业必须创建一个高层管理团队，创建时间要远远早于它真的需要一个高层管理团队进行管理和平衡之时。在个人管理无法奏效、出现管理混乱之前，创始人就应该学习与同事协作、信任他人、让他人承担责任。创始人必须学习成为团队的领导者，而非有很多"帮手"的"明星"。

VI

"我能在何处做出贡献"

建立高层管理团队可能是新创企业进行创业管理最重要的一步。但是，对创始人来说，这只是第一步，他们还要考虑自己的未来。

随着新创企业的发展，创始人的角色和关系会出现无法阻挡的变化。如果创始人不愿接受这一事实，他们会阻碍企业的发展，甚至使其走向灭亡。

每个企业创始人都认同这一观点。每个人都曾听说过有的创始人由于没有根据企业的变化加以改变而致使企业和自身毁灭的可怕故事。但是，有些创始人即便知道要有所行动，也很少知道如何应对自身角色和关系的变化。一开始，他们往往会自问："我喜欢做什么？"最好的情况下，他们可能会问："我适合做什么？"而正确的问题应该是："客观来看，企业的未来发展需要何种管理方式？"对于成长中的新创企业，无论何时，当企业（或公共服务机构）显著发展时，或者改变方向和特征（即改变产品、服务、市场或人才）时，创始人必须自问这个问题。

接下来，创始人还必须自问："我擅长什么？对于企业的所有需求，我能有什么独特的贡献呢？"只有在对这两个问题仔细思考之后，创始人才应该问："我真正想做什么？我的信念是什么？如果不是讲余生所有时间，那未来几年我最想做什么？这是企业真正需要的吗？这是重要的、必要的、不可或缺的贡献吗？"

二战后，美国纽约的佩斯大学，就是一个成功的例子。1947 年，爱德华·莫托拉（Edward Mortola）博士白手起家创办了这所大学。这所大学已经成为纽约第三大和增长最快的大学，拥有 25 000 名学生和几个著名的研究生院。在大学创立初期，莫托拉是一个激进的创新者。但是，大约在

1950 年，佩斯大学的规模尚小，他就开始建立强大的高层管理团队。团队成员都有明确的职责分工，对其负责的领域承担全部责任并发挥领导作用。几年后，莫托拉明确自身角色，即成为一名传统的大学校长。与此同时，他成立了一个强大的理事会，以获取建议和支持。

企业需要什么？企业创始人的优势是什么？创始人想做什么？这些问题的答案可能截然不同。

例如，埃德温·兰德，即宝丽来镜片和宝丽来相机的发明者，从企业创立开始，到 20 世纪 50 年代初，这 12 ～ 15 年间一直负责企业的经营。随后，企业开始快速成长，兰德也随之设计和建设了高层管理团队。至于他自己，他认为自己并非高层管理者的最佳人选。他所能做的就是科技创新，而且只有他能胜任。因此，兰德创建了一个实验室，并担任企业基础研究的咨询总监。企业的日常运营，则由其他人负责。

麦当劳的创始人雷·克罗克，也得出过类似的结论。克罗克在去世之前，即 80 多岁时，一直担任企业的董事长。但是，他组建了高层管理团队来管理企业，并自我任命为企业的"营销良心"。在他去世前不久，他每周都会光顾两三家麦当劳餐厅，检查它们的质量、卫生状况和服务态度。最重要的是，他会去了解顾客，与他们交流，倾听他们的声音。这使得企业能做出必要的改变，以维持其在快餐界的领导地位。

美国太平洋西北地区的一个建材供应商，是一家规模较小的新创企业，也是类似的例子。年轻的创始人认为他的职责不是经营企业，而是发展企业的关键资源，即支持位于小城镇和郊区的 200 个分公司的经理。事实上，这些经理都在经营本地业务。他们得到了总部的大力支持：统一采购、质量控制、信贷控制和应收账款控制，等等。但是，销售工作是由各个经理在当地开展的，而且是在没有多少帮助的情况下完成的，可能只有一个销售人员和两三个卡车司机。

企业的发展取决于这些独立的、经验不足的分公司经理的动机、内驱力、工作能力和工作热情。他们都没有大学文凭，甚至连高中毕业的都没几个。因此，该企业的创始人每月都会花 12 ～ 15 天去分公司实地察看，花上半天时间与分公司经理讨论他们的业务、计划和志向。这可能是该企业唯一区别于其他建材供应商之处。除此之外，所有的建材供应商都是一样的。但是，首席执行官的这一关键举措，使得企业的增长速度是竞争者的三四倍。即便在经济衰退时期，也是如此。

然而，对于同样的问题，有三位科学家的回答完全不同。他们合伙创办了一家企业，它现在是业内最大、最成功的半导体企业之一。他们自问"企业的需求是什么？"，有三个答案："一个是基本业务战略，一个是科学研究和开发，还有一个是人才培养，尤其是科技人才培养。"随后，根据个人专长，他们为每个人分配最合适的任务。负责人际关系和员工发展的是一位出色的科技创新者，并在科技界享有盛名，而他和同伴都认为，他适合管理工作，尤其是人事管理。于是，他接受了这项工作。在一次演讲中，他曾说："这并非我真正想做的事，却是我能做出最大贡献的事。"

这些事情的结局并非总是皆大欢喜，有时它们甚至会导致创业者出走。

美国一家成功的新型金融服务企业的创始人，就遇到了这种情况。他确实创建了高层管理团队，并探讨了企业的需求。在自我审视之后，他发现自身能力与企业需求不符，更不必说自己真正想做的事情与企业需求的相关性了。他说："我用 18 个月培养了一个接班人，将企业交接给他，然后离职。"随后，他又创办了三家企业，无一属于金融领域。等企业发展到中等规模时，他再次离职。他想要创办新企业，但不愿经营它们。他早已接受这一事实：他离开企业，对企业和自己都更好。

同样的情况下，其他创业者可能会有不同的结果。一家知名医疗诊所的创始人也陷入类似的两难境地。该诊所是所在领域的领导者，需要的是管理者和筹资人。但是，创始人却想要成为研究员和临床医生。他认识到，自己擅长筹集资金，也能学会担任大规模医疗机构的首席执行官。他说："我应该承担起对诊所和同事的责任。因此，我克制自己的欲望，成为管理者和筹资人。但是，如果不是我认为自己具备相应的能力，并且我的顾问和董事会也让我深信这一点，我可能永远不会承担如此重任。"

一旦新创企业有成功的征兆，企业创始人就要思考："我到底属于哪个领域?"当然，创始人也可以提前思考这一问题。事实上，早在新创企业创立之前，创始人就可以对其加以思考。

日本本田汽车的创始人本田宗一郎，就是这样做的。在二战惨败后，日本陷入黑暗时代，此时本田宗一郎打算创办一家小企业。直到找到合适的合伙人来负责行政、财务、分销、营销、销售和人事之后，他才开始创办企业。因为本田宗一郎从一开始就清楚地知道，他熟悉工程和生产领域，不会处理其他业务。正是这一决策，成就了本田汽车。

亨利·福特的事例更早，也更有启示意义。1903 年，亨利·福特决定从商，他的做法与 40 多年后的本田宗一郎如出一辙：在创办企业之前，找到最佳合伙人来负责他不擅长的领域，如行政、财务、分销、营销、销售和人事。和本田宗一郎一样，亨利·福特也知道自己熟悉工程和制造领域，而且只负责这两个领域。他的合伙人是詹姆斯·卡曾斯（James Couzens），卡曾斯为企业做出的贡献堪比亨利·福特。福特汽车有许多著名的策略和做法，例如 1913 年著名的 5 美元日薪制、开拓性的分销和服务策略。这些成就曾被归功于亨利·福特，但其实是卡曾斯的想法，甚至起初还遭到亨利·福特的反对。卡曾斯的成就如此之高，使得亨利·福特越来越嫉妒他，卡曾斯最终于 1917 年不得已退出福特汽车。导致其退出的最后一根稻草是，卡曾斯坚持认为 T 型车已经过时，并建议将巨额利润的一部分用于研制后继车型。

就在卡曾斯退出之日，福特汽车的发展和繁荣也结束了。短短几个月内，亨利·福特掌握了高层管理者的所有职权，将先前的自我认知完全抛到脑后。很快，福特汽车江河日下。整整 10 年，亨利·福特依然固守 T 型车，一直到它无人问津。在卡曾斯被解雇后的 30 年里，福特汽车一直在走下坡路，无法扭转。到亨利·福特步入风烛残年，他的孙子亨利·福特二世接管公司时，福特汽车已濒临破产。

局外人建议的必要性

上述例子表明，在新创企业处于发展阶段时，企业家需要局外人的独立、客观的建议。

发展中的新创企业也许并不需要正式的董事会。通常情况下，董事会也不能为创始人提供所需的建议和忠告。但是，创始人确实需要与他人讨论基本决策，并获取建议。企业内部却很少有这样的人。对创始人、对企业需求和个人能力，他们要能够客观地评判。作为企业发展的旁观者，他们要提出问题和审视决策，特别是持续推动企业满足长期生存的各项需要——把聚焦于市场的做法融入企业经营、提供财务远见和建立正常运转的高层管理团队。这是对新创企业进行创业管理的最后一个要求。

如果新创企业能将创业管理融入自身策略和实践，那它一定能成为一个蓬勃向上的大企业。[○]

许多新创企业（尤其是高科技企业）的创始人对本章讨论的方法不屑一顾。他们认为：这些只构成"管理"，但"我们是企业家"。这并不是随意说说，而是不负责任的说法。这是对行为和实质的一种混淆。有一句古话是这样说的："自由是法律之内的自由。"没有法律的自由只是特许，很快就会成为无政府状态，然后过不了多久就会沦为暴政。正因为新创企业必须保持和加强企业家精神，它必须有远见和规则。新创企业要想成功，就要达到成功

　　○　关于此过程的阐述，详见《高产出管理》(New York：Random House，1983)，作者是英特尔公司总裁安迪·格鲁夫，他也是英特尔的创始人之一。英特尔公司是世界上最大的半导体制造商之一。

所需达到的条件。最重要的是，它需要人们有责任感，这就是创业管理赋予新创企业的。

关于新创企业的管理，如财务、人事、营销等，还有很多可以讨论的，但这些问题在许多出版物中已经有详细阐述。[⊖]本章主要是找出并讨论对每一个新创企业的生存和成功都至关重要的少数几个简单策略。此处新创企业可以是商业机构或公共服务机构，可以是"高科技企业""低科技企业"或"非科技企业"，可以是由个人经营的企业或团体创立的企业，也可以是愿意保持小规模的企业，或要成为"另一个 IBM"的企业。

⊖　请参考本书结尾的"推荐书目"。

3

第三部分

创业战略

INNOVATION AND
ENTREPRENEURSHIP

创业需要实施创业管理，也就是需要在企业内部采取某些实践和政策。同样，创业需要在外部采取某些实践和政策，也就是需要实施创业战略。

"孤注一掷"

近年来，"企业战略"⊖已成为一个时髦词汇。市面上关于企业战略的书有很多⊜。但是，我至今尚未看到任何专注于创业战略的讨论。尽管如此，创业战略依然十分重要和与众不同。

具体来说，主要有以下四种创业战略：

- "孤注一掷"
- "攻其软肋"
- 寻找并占据一个专门的"生态利基"
- 改变产品、市场或一个产业的经济特征

⊖ 根据《简明牛津词典》（1952年），"战略"一词仍被定义为："将才；战争的艺术；对军队或对竞选团体的管理。"1962年，钱德勒在其开创性著作《战略与结构》中，首次将"战略"一词引入商业领域。该书阐述大公司中管理的演变。但此后不久，当我于1963年首次撰写关于企业战略的著作时，我和出版商都发现，用"战略"作为书名会引起严重的误解。书商、杂志编辑及资深企业管理者都一致认为，对他们来说，"战略"意味着军事或选举活动。因此，尽管我在书中使用了"战略"一词，但书名是《为成果而管理》。事实上，《为成果而管理》一书所讨论的大部分内容，就是今天人们所说的"战略"。

⊜ 其中，我认为迈克尔·波特的《竞争战略》最有用。

这四种战略并非相互排斥。企业家通常会把两种战略（有时甚至是三种战略）的要素整合到一个战略中。而且，这四种战略并非总是界限分明。例如，相同的战略行为既可以归入"攻其软肋"，又能归入"寻找并占据一个专门的'生态利基'"。不过，这四种战略都有其先决条件。每种战略只适用于某些特定类型的创新，不适合其他类型的创新。每种战略都需要企业家采取特定的措施。最后，每种战略都具有独特的局限性和风险。

I

"孤注一掷"

美国南北战争时期，南部联邦骑兵部队的一位将军凭借"孤注一掷"连连取胜。采用这种战略的企业家的目标是：即便不在新市场或新产业中占据主导地位，也要取得领导地位。尽管"孤注一掷"并非要立刻成立一家大企业，但这通常是它的终极目标。该战略从一开始就旨在获取永久性的领导地位。

许多人都将"孤注一掷"视为一种杰出的创业战略。如果按照现在畅销的创业书[⊖]所传达的观点，人们确实会认为"孤注一掷"是唯一的创业战略。许多企业家，特别是高科技企业家，似乎也持有相同的观点。

然而，他们都错了。不可否认，有很多企业家选择了这一战略。然而，"孤注一掷"甚至称不上是主要的创业战略，更谈不上是创业战略中风险最低或成功率最高的一种。恰恰相反，在所有的创业战略中，这种战略的风险最大，犹如一场赌博。因为它不允许出现任何失误，也没有重来的机会。

但该战略一旦成功实施，就会为企业带来十分可观的回报。

⊖ 乔治·吉尔德（George Gilder）的《企业之魂》（*The Spirit of Enterprise*，New York：Simon & Schuster，1984），也许是这方面最值得阅读的书。

下面几个例子说明了"孤注一掷"的战略内容和战略要求。

多年来，瑞士的霍夫曼罗氏公司一直是全球最大而且可能最赚钱的制药公司。但在成立之初，它极不显眼。20 世纪 20 年代中期之前，霍夫曼罗氏公司只生产几种纺织染料，为了生存而苦苦挣扎，它被德国的大型印染制造商和两三家国内比它规模大得多的化学公司压得喘不过气来。当时，维生素被发现的时间还不长，科学界尚未普遍认可它的存在。但是，霍夫曼罗氏公司决定将赌注押到它上面。霍夫曼罗氏公司先是买下无人问津的维生素专利，并用高于原来几倍的薪资待遇，从苏黎世大学聘请了发现维生素的那些教授，这种待遇之前在业界闻所未闻。随后，霍夫曼罗氏公司又将全部自有资金和贷款用于生产和销售维生素。

60 年后，即便维生素的专利早已过了有效期，霍夫曼罗氏公司仍然占有世界维生素市场近一半的份额。如今，全球维生素市场的年销售额高达数十亿美元。后来，这家公司又两度使用了该战略：一次是在 20 世纪 30 年代，当时，大多数科学家都认为全身性药物不能有效抗感染，霍夫曼罗氏公司却毅然进军磺胺类药物市场；另一次是在 20 年后，即 20 世纪 50 年代中期，当时几乎所有科学家都对镇静剂持怀疑态度，认为这些东西是"异类"，霍夫曼罗氏公司仍全力投产了利眠宁和安定（Valium）两种镇静剂药物。

杜邦公司也采用过同样的战略来获取成功。经过了 15 年的艰苦探索和无数次失败的洗礼，杜邦公司成功发明了尼龙，这是第一种真正意义上的合成纤维。随即，杜邦公司付出了巨大努力，建立大型工厂，投放大量的广告（它先前从来没有生产过需要做广告的消费品），最终，它开创了我们现在所说的塑料产业。

也许有人会说，这些都是"大公司"的故事，但事实上，霍夫曼罗氏公司在创立之初只是一家默默无闻的小公司。下面是近年来的一些企业的事例。这些企业起初一无所有，但凭借实施"孤注一掷"战略取得了成功。

文字处理器并不能称得上是"科学"发明。它只是将打字机、显示器和比较基础的计算机这三种现有仪器组合在一起。但是，对这些现有仪器的组合却带来了真正的创新，并从根本上改变了办公室的工作模式。20世纪50年代中期，当王安博士（Dr. An Wang）构思这种组合时，他只是一个没有任何创业经验和财务支持的个体创业者。但显然，他从一开始就决心要改变传统办公室的工作模式，创立一个全新产业。如今，王安实验室确实成了一家规模庞大的公司。

苹果公司在成立之初的境况，同样如此。两名年轻的工程师在车库里白手起家，没有财务支持，也没有商业经验。但是从一开始，他们就立志创立一个产业，并成为这个产业的主导者。

尽管"孤注一掷"旨在创办能够主导市场的企业，但并非所有采用这一战略的企业都必须以成为大企业为目标。明尼苏达州圣保罗市的3M公司，从未尝试通过创新成为大企业（这似乎是经过深思熟虑的商业策略）。强生公司，作为一个卫生保健用品制造商，也采取了同样的策略。这两家企业都是成功的创新者，利润也很高。它们寻找的不是可以成为大生意的创新，而是可以成为中等规模业务的创新。但是，这些业务要在市场上占据主导地位。

"孤注一掷"并非仅限于商业企业，也适用于公共服务机构。正如前文提到的，1809年，当洪堡创办柏林大学时，他显然也运用了"孤注一掷"战略。当时，普鲁士被拿破仑打得一败涂地，差点惨遭解体。无论从政治、军事还是财务上来看，普鲁士都已陷入破产困境。这种境况与1945年希特勒战败后的德国非常相似。但是，洪堡却矢志创办一所规模超出当时西方世界见闻的大学，其规模是当时已有的最大的大学的三四倍。随后，他开始聘请各个学科的顶尖学者，受聘的第一位学者是当时的哲学泰斗黑格尔。拿破仑战争后，很多历史悠久的知名大学被迫解散，许多一流学者即将沦为乞丐。然而，洪堡支付给教授们的薪资，是他们先前薪资的10倍。

100年后，也就是20世纪初，罗切斯特（Rochester）小镇的两名外科医生梅奥兄弟决定建立一个医疗中心。罗切斯特是明尼苏达州的一个偏远小镇，远离人口中心和医学院。这个医疗中心应用了全新的医疗理念（在当时被视为"异端"），特别强调医疗团队的建设。它的医疗团队由多名杰出的专家组成，在一名团队领导者的协调下共同施治。被誉为"科学管理之父"的弗雷德里克·泰勒从未见过梅奥兄弟，但在 1911 年著名的国会听证会上，他宣称梅奥诊所是他所知的"唯一彻底地实践科学管理并大获成功的机构"。从一开始，这两个不知名的地方医生就旨在获得该领域的主导地位，力求吸引医学各分支领域内杰出的临床医生和最有天赋的年轻人，并吸引那些有能力也愿意支付高昂医疗费用的病人。

约 25 年后，美国出生缺陷基金会（March of Dimes）在研究小儿麻痹症时，也采用了"孤注一掷"战略。早期的医疗研究机构都是一步一步地收集新知识，而美国出生缺陷基金会从一开始就决心攻克这种神秘疾病。在此之前，从未有人组织过"无界研究实验室"，即针对事先拟定的研究项目，委派许多研究机构的大批科学家负责特定阶段的工作。美国出生缺陷基金会开创的这种模式，不久后被美国用于组织二战期间第一批重大研究项目，包括原子弹、雷达实验室、低空爆炸引信，15 年后又被用于登月计划。这些创新项目都采用了"孤注一掷"战略。

这些例子表明，"孤注一掷"首先要有一个雄心勃勃的目标，否则它必将失败。它通常旨在建立一个新产业或开创一个新市场。至少，如同梅奥诊所或美国出生缺陷基金会一样，创建一个非同寻常的流程。20 世纪 20 年代中期，当杜邦公司邀请卡罗瑟斯时，企业人员肯定没有宣称"我们要建立塑料产业"（事实上，"塑料"这个术语直到 20 世纪 50 年代才被使用），但是，现已出版的杜邦内部文件足以证明，该公司的高层管理者当时确实无法确定卡罗瑟斯以及他的研究是否会成功。但是，他们知道，一旦成功，那会是一项具有开创性的重大创新，远不止一个产品，甚至远不止一条主要的产品线。据我所知，王安博士并没有创造"未来办公室"一词。但是，在他的第一个广告中，他描绘了一个全新的办公环境，并提出了办公室工作的新理念。从一开始，杜邦公司和王安实验室就旨在开创一个新产业，并成为该产业的主导者。

最能体现"孤注一掷"战略的例子并非企业，而是洪堡创办的柏林大学。事实上，洪堡对大学毫无兴趣。对他来说，大学只是用来建立新政治秩序的手段而已。这种新秩序不同于 18 世纪的君主专制，也不同于资产阶级主导的法国大革命所倡导的民主制。确切地说，它是一种均衡制度。在这种制度下，公务员与军官的选拔和晋升都严格遵循唯贤是举的原则，并在各自狭窄的职责范围内自主开展工作，不牵涉政治。这些人，即我们现在所说的技术官僚，只承担有限的任务，并受独立的专职司法机构的严格监管。但是，在自己从事的领域内，他们就是主人。而资产阶级在两个领域内仍享有个人自由的权利，一个是道德和文化自由，另一个是经济自由。

洪堡还著书立说，阐述这些思想。[⊖]1806 年，拿破仑彻底摧毁了普鲁士的君主专制制度。国王、贵族、军队等（这些可能会阻碍洪堡的新思想），随之瓦解。洪堡抓住机会，创办柏林大学，并将其视为传播政治思想的主要载体，大获成功。的确，柏林大学建立了独特的政治结构，也就是 19 世纪的德国人所说的"法治国家"。在这个政治结构中，公务员和参谋员等自主自治的精英，完全控制了政治和军事领域；知识分子中的自主自治的精英与自治的大学，共同营造了"自由的"文化氛围；此外，还创造了一种自主的、不受限制的经济社会。这种政治结构首先赋予了普鲁士道德和文化上的优势，随后又使德国获得了政治和经济上的优势。很快，德国在欧洲取得领导地位，同时也受到外界的推崇，特别是英国和美国。直到 1890 年左右，英美两国依旧将德国视为文化和知识领域的标杆。这一切都是洪堡在普鲁士惨败后陷入绝望时所设想出来的。事实上，在柏林大学的计划书和章程中，他已明确这一目标。

⊖ 书名为 *The Limits on the Effectiveness of Government*，这是由德国人撰写的关于政治哲学方面的少数几本早期著作之一。

也许因为"孤注一掷"战略要求必须创建前所未有的新事物,所以非专业人士和局外人与专家表现得似乎一样好。事实上,相比专家,他们的表现更为出色。比如,霍夫曼罗氏公司战略的制定者不是化学家,而是音乐家。这位音乐家是创始人的孙女婿。他之所以如此行事,是因为公司的微薄红利不足以支持他的管弦乐队。直至今日,霍夫曼罗氏公司也从未交由化学家管理,通常由曾在瑞士大型银行任职的金融人士管理。洪堡则是一名外交官,之前与学术界从未有过交集。杜邦公司的高层管理者都是商人,而非化学家或研究人员。虽然梅奥兄弟是受过良好训练的外科医生,但他们与医疗中心并无接触。

当然,也有真正的"业内人士",如王安博士、3M 公司的人员、设计苹果计算机的年轻工程师。但是,就"孤注一掷"来说,局外人可能具有优势。局外人不知道业内众所周知的知识,因此也不知道其中的"禁忌"。

II

"孤注一掷"战略必须一举击中,否则就会失去一切。打个比方,"孤注一掷"犹如登月发射:角度稍有一点点偏差,火箭就会消失在外太空之中。"孤注一掷"战略一旦实施,就很难加以调整或修正。

也就是说,要采用这种战略,需要仔细思考和审慎分析。大众文学或好莱坞电影中所描述的创业者,突然灵光乍现,并迅速付诸实践,并不会取得成功。事实上,要使这种战略成功,所进行的创新必须在深思熟虑的基础上,充分挖掘一个重要的创新机会(第 3 ~ 9 章提到的)。

例如,洪堡的柏林大学就是利用"感知变化"的最佳案例。在法国大革命和拿破仑战争后,资产阶级知识分子对政治失去了幻想。然而,他们不愿重回 18 世纪的君主专制时代,更不用说封建时代了。他们需要一种毫无政治色彩的"自由的"氛围,也需要一个不带政治色彩的政府,即一个基于他

们所信奉的法律和教育原则而建立的政府。这些资产阶级知识分子都是亚
当·斯密的追随者。在那个时代，斯密的《国富论》可能是读者最多和最受
推崇的政治书。洪堡的政治结构正是利用这一机会，使得他的柏林大学从计
划变为现实。

　　王安的文字处理器则是巧妙地利用了流程需求。20 世纪 70 年代，办
公人员对计算机的恐惧刚刚消除，转而开始思考"计算机能为我做什么？"。
那时，他们逐渐熟悉利用计算机来工作，如编制工资单或控制库存，而且他
们也有了复印机，办公室用纸量随之快速上升。就在这时，王安的文字处理
器出现了。它针对的是办公室里仅剩的尚未实现自动化同时也是每个办公人
员痛恨的琐事：誊写信函、发言稿、报告、手稿。这些文件往往只需要进行
小的改动，但不得不一遍又一遍地重新誊写。

　　20 世纪 20 年代初，霍夫曼罗氏公司利用新知识，将维生素作为发展方
向。众所周知，哲学家托马斯·库恩写了著名的《科学革命的结构》一书。
而早在 30 年前，那个音乐家，也就是霍夫曼罗氏公司的战略制定者，就深
知"科学革命的结构"的内涵。他知道，一项基本科学原理即便已经有大量
证据支持，如果它与科学家所信奉的基本原理相违背，那么也不会被科学家
认可。直到旧"范式"和旧理论不再适用，他们才会关注这个新原理，否则
很长一段时间内，他们都会置之不理。在此期间，那些接受新理论并付诸实
践的人，就会独占这个领域。

　　只有这样审慎地分析，"孤注一掷"才可能取得成功。

　　即便如此，它还需要极度专注。创新者必须有明确的目标，并为之倾注
一切努力。当付出的努力取得成效时，他要做好大规模资源调配的准备。杜
邦公司在刚刚研制出可用的合成纤维时，就立刻着手建立大型工厂，向纺织
制造商和普通公众投放广告，进行产品试验演示，发放样品。而这一切，都
早在市场有所回应之前便已进行。

　　然后，只有在创新成为一项成功的业务之后，工作才真正开始。"孤注

一掷"要求创新者投入持续的努力，以保持领导地位。否则，它所做的一切只是为竞争者创造市场而已。居于主导地位的创新者要比之前更加努力，持续大规模地推进创新工作。相比之前，创新成功之后的研究预算也要更多。此外，还要探索新用途，开拓新客户并说服他们尝试新产品。最重要的是，成功实施"孤注一掷"的企业家必须赶在竞争者之前淘汰自己的产品或工艺。对于成功的产品或工艺，要立即研发其后继产品，与先前一样专注，投入同样的资源。

最后，通过"孤注一掷"取得领导地位的企业家，必须系统地降低其产品和工艺的价格。维持高价只是为潜在的竞争者撑起"保护伞"而已，并给予它们激励（详见下一章"攻其软肋"）。

这是由经济史中最长久的私人垄断组织（即炸药卡特尔）所提出的。阿尔弗雷德·诺贝尔发明炸药后，建立了这个组织。直到一战，甚至之后，炸药卡特尔一直占据全球垄断地位。当时，诺贝尔的专利早已失效。它之所以能够维持垄断地位，是因为采取了降价策略：每当需求增加 10% ～ 20%，它就会降价。那时，卡特尔成员企业为了扩大产能所做的投资已经全部折旧完毕。这样，潜在竞争者就不愿建立新的炸药厂，而卡特尔依然盈利。毫不意外，杜邦公司在美国也始终遵循这一策略，因为它也是炸药卡特尔的美国成员。王安的文字处理器、苹果的计算机、3M 的所有产品，也都采用了这个策略。

Ⅲ

这些都是成功的案例。它们并没有表明"孤注一掷"的风险究竟有多大。失败的企业已经淹没在历史里。我们知道，尽管很多人凭借这种战略取得了成功，但更多人以失败告终。在运用"孤注一掷"战略时，只有一次机会。如果没有即刻奏效，就会一败涂地。

　　瑞士神箭手威廉·泰尔（Wilhelm Tell）的故事家喻户晓。只有他第一箭就射中儿子头上的苹果，暴君才会赦免他；否则，要么儿子中箭身亡，要么他被杀死。这正是企业家实施"孤注一掷"时的处境。"孤注一掷"，没有"几乎成功"或"差点失败"，只有成功或失败。

　　成功往往在事后才为人所知。但至少，我们从前文的两个事例可以看出，失败只有一步之遥，是因为运气和机会才幸免于难。

　　尼龙算是侥幸的成功。在20世纪30年代中期，合成纤维根本没有市场。相比于棉纱和人造纤维（也就是当时比较便宜的纤维），尼龙价格过高，所以没有竞争力。事实上，它甚至比丝绸还要昂贵。丝绸是一种奢侈纤维，30年代末期，日本陷入经济大萧条，被迫抛售丝绸。二战爆发后，日本停止出口丝绸，这使尼龙得以生存。等到1950年左右日本重振丝绸产业时，尼龙已经稳占市场，其成本和价格只是30年代末期的一小部分。3M公司的著名产品透明胶带，同样如此。若非意外事件，它也难逃失败。

　　"孤注一掷"的风险如此之高，另一种重要战略就是基于"孤注一掷"失败的可能性远高于成功的可能性这一假设提出的（该重要战略是"创造性模仿"，我们将在下一章讨论）。"孤注一掷"战略之所以失败，可能是因为意志力不足，也可能是因为努力不够。尽管创新取得成功，但是由于资源不足，资源不能充分发挥效用等，该战略仍会失败。虽然"孤注一掷"的成功会带来巨额回报，但由于风险和难度较高，它只适用于重大创新。例如，洪堡成功地创建了一个新政治秩序，霍夫曼罗氏公司利用维生素开拓了一个新的医药领域，梅奥兄弟开创了医疗诊断和实践的新方式。事实上，它只适用于极少的一部分创新。它要求对创新的来源及动态进行深入分析，并做到真正了解。它需要极度专注，以及投入大量资源。在大多数情况下，有其他战略可以使用，而且更为合适。这并非因为其他战略风险较低，而是因为大多数创新所带来的机会没有大到足以弥补"孤注一掷"战略所需的成本、努力和资源。

"攻其软肋"

美国南北战争时期，一位南方常胜将军说道："攻其软肋。"这句话提出两种不同的创业战略：创造性模仿和创业柔道。

I

创造性模仿

从字面上看，"创造性模仿"[⊖]显然自相矛盾。"创造性"必然是"原创"，而模仿绝不是"原创"。但是，这个术语很贴切。它描述了一种本质上是"模仿"的战略。企业家所做的事情，是他人已经做过的。之所以说它具有"创造性"，是因为相比于最初的创新者，运用创造性模仿的企业家更加深知该项创新的意义。

IBM 最早采用了这一战略，并取得了极大的成功。为获得并保持在肥

⊖ 这个术语由哈佛商学院的西奥多·莱维特（Theodore Levitt）提出。

皂、清洁剂和化妆品市场的领导地位，宝洁公司也广泛地采用了这一战略。另外，日本服部精工株式会社也将其市场主导地位归功于创造性模仿，其精工手表已成为世界领导者。

20 世纪 30 年代初期，为了帮助纽约哥伦比亚大学的天文学家进行计算，IBM 制造了一台高速计算器。几年后，为了帮助哈佛大学进行天文计算，它又研制了一台类似计算机的机器。二战末期，IBM 制造出第一台真正意义上的计算机，它具备真正的计算机的特征："内存"和"可编程能力"。但是，很少有历史书将 IBM 视为计算机的发明者，这一点很好解释。IBM 在 1945 年刚研制出高级计算机后不久（它是在纽约市中心展示厅展示的第一台计算机，吸引了大批观众前来观看），就放弃了自己的设计，转而采用了竞争对手的设计，即宾夕法尼亚大学研发的 ENIAC。ENIAC 更适用于商业用途，如薪酬发放，但其设计者并未发现这一点。IBM 对 ENIAC 进行重新设计，使它能够大批量生产和维修，并进行普通的"数据处理"。IBM 生产的 ENIAC 于 1953 年推出后，立刻成为多功能大型商用计算机的标准。

这就是创造性模仿。当其他企业创造出新事物，有待改进之时，创造性模仿者才开始采取行动。很快它就拿出了自己的产品或服务，有了新事物本来应该有的样子，可以满足客户的需要，完成客户想要完成并愿意为之付费的事情。随后，创造性模仿制定标准，占领市场。

在个人计算机方面，IBM 再次采用了创造性模仿战略。个人计算机的构想源于苹果公司。如前所述（详见第 3 章），IBM 的人都"知道"，这种独立式小型计算机是个错误。它既不经济，也远非完善，而且很昂贵。然而，它却大获成功。随后，IBM 立即着手设计一种机器，希望这种机器能成为个人计算机领域的标准，主导该领域，至少成为该领域的领先者。结果，IBM 的个人计算机出现了。两年之内，它就取代了苹果计算机成为个人计算机领域的领导者，并成为最畅销的品牌和行业标准。

宝洁公司在清洁用品、肥皂、化妆品及加工食品领域，也采用了同样的做法。

半导体问世后，钟表业的业内人士都清楚，相比于传统手表，用半导体做动力的手表精确得多、可靠得多，而且也便宜得多。瑞士钟表公司很快拿出了石英电子表方案。但是，由于之前在传统手表上的大量投入，它们决定逐步推出石英电子表。在这段漫长的时间里，这些新手表依然是昂贵的奢侈品。

与此同时，日本服部精工株式会社（原本是日本市场中的传统手表制造商），看到了这个机会。随后，它立即采取了创造性模仿战略，将石英电子表发展成业界标准。等到瑞士钟表公司觉醒时，一切为时已晚。精工手表已成为世界上的畅销手表，而瑞士钟表公司几乎被挤出市场。

正如"孤注一掷"，创造性模仿战略也旨在成为市场或产业中的主导者，至少是市场或产业中的领导者。但是，相比之下，创造性模仿战略的风险要小得多。当创造性模仿者开始行动时，市场已形成，新生事物也已得到认可。事实上，市场需求已超过原始创新者的供应能力。细分市场已经形成，或者至少是可以去了解的。到这个时候，通过市场研究，可以了解客户购买什么、如何购买，以及什么对他们才是有价值的，等等。原始创新者所面临的不确定性大多已消除，至少可以加以分析和研究。企业无须费心解释个人计算机或电子表是什么，以及功能如何。

当然，原始创新者也可能一击即中，这样创造性模仿的机会之门就关闭了。原始创新者把产品和后续工作做对的可能性是存在的，例如霍夫曼罗氏公司的维生素、杜邦公司的尼龙或王安实验室的文字处理器。不过，从采用创造性模仿战略的创业者的数量及其取得的巨大成功来看，原始创新者做对事和抢先占领市场的可能性不是太大。

另外一个关于创造性模仿的例子是泰诺，它是"非阿司匹林的阿司匹林"。据我所知，这个例子最能说明创造性模仿战略的内容、要求以及如何运用。

对乙酰氨基酚（现在以"泰诺"为品牌在美国销售的药物）多年来一直被用作止痛药，但在美国直到最近几年才有非处方药出售。在这之前，作为传统的止痛药，阿司匹林一直被认为是绝对安全的，独占止痛药市场。相比之下，对乙酰氨基酚的药性较弱。它能够有效止痛，但没有消炎作用，对凝血机制也没有影响。因此，对乙酰氨基酚没有副作用。而为治疗关节炎之类的疾病长期大量服用阿司匹林，则会引起副作用，尤其是胃部不适或胃出血。

在对乙酰氨基酚变成非处方药之后，以其为成分的第一个药剂品牌将目标人群定为那些饱受阿司匹林副作用之苦的患者。它大获成功，事实上，远远超出制造商的预期。正是这项成功，提供了创造性模仿的机会。强生公司看到了市场机会，认为可以推出一种药物替代阿司匹林成为首选止痛药，把阿司匹林局限在那个需要消炎和抗凝血效果的狭窄市场上。从一开始，泰诺就被定位为安全的、适用范围广泛的止痛药。结果，只用了一两年时间，它就占领了市场。

这些例子表明，创造性模仿所利用的先行者的失败，并不是人们普遍理解的那种失败。相反，先行者必须是成功的。苹果计算机大获成功。在泰诺之前，最早推出对乙酰氨基酚的先行者也曾是市场领导者。但是，当时这些原始创新者并没有理解成功的真正含义。苹果公司以产品为中心，而非客户。在客户需要程序和软件时，它却推出更多的硬件。泰诺的例子也说明了，其原始创新者并未领会它们自己的成功的意义。

创造性模仿者利用了他人的成功。创造性模仿并非通常意义上的"创新"，它们并非发明产品或服务，而是将其完善并重新定位。新事物首次出现时，或多或少会少点什么。它可能是产品的额外功能；可能是产品或服务需要进行细分，以满足不同市场的需求；也可能是更合适的市场定位；等等。或者说，创造性模仿提供了一些当前依然缺失的东西。

创造性模仿者从客户的角度来审视产品或服务。从技术层面来看，IBM

的个人计算机和苹果公司的并无实质性差异，但 IBM 从一开始就将程序和软件提供给客户。苹果公司利用传统的销售渠道，即专卖店，来进行销售；IBM 则打破自己多年的传统，开拓各种销售渠道，如专卖店、西尔斯百货之类的主要零售商，自家的零售店，等等。这使客户更容易购买并使用 IBM 的产品。使得 IBM 占领个人计算机市场的，是这些"创新"，而不是硬件特性。

总的来说，创造性模仿始于市场而非产品，始于客户而非制造商。它既以市场为中心，又是由市场驱动的。

这些例子表明了创造性模仿战略的要求。

它需要一个快速增长的市场。创造性模仿者获得成功，并不是要从引进新产品或服务的先行者手中抢走客户，而是要为先行者开拓的但并未满足其需求的市场提供服务。创造性模仿战略是要满足现有的需求，而非创造新的需求。

这一战略存在固有的风险，而且风险很大。创造性模仿者往往会分散力量，以规避风险。另外，创造性模仿者可能会误判市场趋势，对那些不能赢得未来市场的创新进行模仿。

作为世界上最杰出的创造性模仿者，IBM 的发展很好地诠释了这些风险。IBM 对办公自动化领域的重要发明都成功地进行了模仿。结果，在每个领域，它都拥有主导产品。但是，由于这些产品都是模仿的，种类繁多，彼此之间很难兼容，致使人们无法利用 IBM 的产品建立一个完整的自动化办公系统。IBM 能否保持办公自动化领域的领导地位，并提供一套办公集成系统，实在令人怀疑。而集成系统正是计算机市场的未来发展趋势。这说明，"过于聪明"是创造性模仿战略的固有风险。

创造性模仿战略在高科技领域可能更为有效，原因很简单：高科技创新者以市场为中心的可能性最小，以技术或产品为中心的可能性最大。因此，它们往往会误解自身的成功，而无法利用并满足它们所创造的需求。正如对乙酰氨基酚和精工手表的例子中讲到的一样，它们绝非个例。

　　由于创造性模仿战略旨在主导市场，它最适用于主流产品、流程或服务的市场：个人计算机市场、全球手表市场，或者像止痛药这样的巨大市场。相比于"孤注一掷"，该战略对市场的要求较少，风险也较小。在创造性模仿者开始行动时，市场已经形成，需求也已经产生。不过，创造性模仿虽然风险较低，但必须满足诸多要求：要保持警惕和灵活，要愿意接受市场的评判，特别是要进行艰辛的工作和付出巨大的努力。

Ⅱ

创业柔道

　　1947 年，贝尔实验室发明了晶体管。人们立即意识到，晶体管将取代真空管，尤其是用于收音机和电视机等消费电子产品。每个人都知道这一点，但是，没有人对此采取行动。当时的领先制造商（都是美国公司）开始研究晶体管，并计划到"1970 年左右的某个时候"将其转化为真正的产品。它们宣称，晶体管"尚未准备就绪"。当时的索尼公司（除了在日本，几乎没人知道它）甚至从未涉足消费电子领域。但是，索尼总裁盛田昭夫从报纸上了解到晶体管后，立即前往美国，以 2.5 万美元的极低价格从贝尔实验室获得了晶体管的许可权。两年后，索尼推出了第一台便携式晶体管收音机，重量不到市场中真空管收音机的 1/5，价格还不到它的 1/3。三年后，索尼占领了美国低端收音机市场；五年后，日本占领了全球收音机市场。

　　当然，这也是一个拒绝意外成功的经典案例。美国人之所以拒绝晶体管，是因为它是"非我发明的"（Not Invented Here），即并非由电气和电子行业领导者美国无线电公司和通用电气公司发明的。另外，这个案例也是一个以做事复杂为傲的典型案例。当时美国人以优质收音机为傲，认为超外差式收音机可以彰显其精湛工艺。对比之下，他们对硅片嗤之以鼻，甚至认为它们有损尊严。

然而，索尼的成功并非个例。日本人一再应用这一战略，一再获得成功，并令美国人惊讶，这该如何解释呢？他们在电视机、电子表和掌上计算器领域，重复采用该战略。他们在进军复印机市场时，也采用这一战略，从原始创新者施乐公司手中夺走大部分市场份额。换句话说，日本人一再地使用创业柔道来战胜美国人。

MCI 和斯普林特也采用了这一战略。它们利用贝尔系统的定价体系，拿走了贝尔系统的大部分长途电话业务（详见第 6 章）。罗尔姆在利用贝尔系统的策略夺取大部分用户交换机市场时，采用了同样的战略。花旗银行同样如此，它在联邦德国创办了消费者银行，即"家庭银行"。短短几年，花旗银行就占领了联邦德国的消费金融市场。

联邦德国的银行意识到，普通消费者已经拥有购买力，并已是理想的客户。它们做出了为消费者提供银行服务的举动。但是，事实上，它们并不想要这些客户。它们认为，相比于商业客户和富有的投资者，这些散户有损大银行的尊严。如果一个消费者确实想要开户，应该去邮政储蓄银行。无论它们的广告如何宣传，当消费者走进当地银行的办事处时，从银行的行为中可以清楚地感知到这些银行对自己没有什么用处。

花旗银行正是利用了这一机遇，在联邦德国创办了家庭银行。它专注于个人消费者，为消费者设计所需的业务，使消费者更易于与银行进行业务往来。尽管联邦德国的银行实力雄厚，覆盖面极广，几乎在每个市中心的街道上都有分支机构，但是，仅仅五年左右，花旗银行旗下的家庭银行就成了消费者银行业务的主导者。

日本人、MCI、罗尔姆以及花旗银行等新进入者，都采用了创业柔道。在所有创业战略中，尤其是那些旨在领导或主导某个产业或市场的战略中，创业柔道可能是风险最低、成功率最高的战略。

每个警察都知道，惯犯总是以同样的手法作案，无论是撬保险箱还是进大厦抢劫。他都会留下"签名"，如同指纹一般，独一无二。即便这个"签名"会导致他多次被捕，他也不会有所改变。

并非只有罪犯才有这种习惯。人都是如此，企业和产业也是如此。即便某种习惯致使企业一再失去领导地位、失去市场份额，企业依旧会坚守这一习惯。正是由于美国制造商所固守的习惯，日本人才一再地夺走它们的市场。

如果罪犯被抓，他很少会认为是习惯出卖了他。相反，他会找出各种理由来解释，并坚持使其被捕的习惯。同样，企业也很少会将失败归咎于习惯，反而会找出各种理由来解释。比如，美国电子产品制造商就将日本人的成功归因于日本的廉价劳动力。不过，少数几家美国制造商能够直面现实。例如，电视机制造商美国无线电公司和美国米罗华公司（Magnavox），尽管支付了较高的薪水和福利，但它们的产品在价格和质量上都可以与日本的产品相抗衡。联邦德国银行一致将花旗银行旗下的家庭银行的成功归功于冒险精神，而它们自己不愿冒险。然而，家庭银行在消费贷款方面的信贷损失率低于联邦德国银行，而且其贷款条件同联邦德国银行一样严格。当然，联邦德国银行知道这些情况。不过，它们始终不愿直面自己的失败和家庭银行的成功。这种情况十分典型。这也解释了同一战略，即创业柔道战略，为何可以经久不衰。

现有企业有五种相当常见的坏习惯，使得新进入者可以采用创业柔道战略对付这些老牌企业，并从它们手中夺取行业领导地位。

1. 第一个坏习惯是美国俚语所说的"非我发明的"。这种傲慢会使企业或者产业认为，如果一个新事物不是自己发明的，就没有价值。这样，新发明就会遭到轻视。美国电子制造商就是如此对待晶体管的。

2. 第二个坏习惯是从市场撇脂，即只关注高利润领域。

正是由于施乐公司采取了这种做法，复印机才成为日本模仿者的目标。

施乐公司瞄准大客户——批量设备或者昂贵的高性能设备的购买者。它虽然没有拒绝其他客户，但不主动寻找它们。特别是，它认为给那些客户提供服务是不合适的。最后，小客户对施乐公司的服务（或者是根本没有服务）不甚满意，进而转向竞争对手。

"撇脂"的做法违背了管理和经济的基本原则，最终总是会受到失去市场的惩罚。

的确，施乐公司的成功是巨大的，也实至名归，但企业不会因为过去的成就而获得回报。"撇脂"就是试图从过去的成就中获利。这个习惯一旦形成，企业这样持续下去，将很容易遭受创业柔道战略的攻击。

3. 第三个坏习惯更为糟糕，就是迷信"品质"。产品或服务的"品质"不是供应商投入的东西，而是客户所能利用并愿意为之买单的东西。很多制造商认为，制造的难度大和成本高就是"品质"。其实不然。那是无能。客户只会为那些能够为自己所用并带来价值的东西买单。就"品质"来说，除此之外，别无其他。

20 世纪 50 年代，美国电子制造商深信，具有很棒的真空管的收音机才是有"品质"的产品。这是因为，经过 30 年的努力，它们才制造出更复杂、更庞大、更昂贵的收音机。整个过程需要大量的技术，赋予了真空管收音机更高的"品质"。相比之下，晶体管收音机如此简单，仅仅靠不熟练的流水线工人就能生产出来。但是，从消费者的角度来看，晶体管收音机的"品质"更高。它足够轻便，可以随身携带去海滩或去野餐。它也很少出故障，不需要更换晶体管。它的价格要低得多。从接收范围和接收效果来看，它很快就超越了拥有 16 根真空管的超外差式收音机。更何况总是在需要使用收音机的时候，那些真空管会烧坏一两根。

4. 第四个坏习惯与"撇脂"和"品质"紧密相关，就是对"高价"的错觉。"高价"容易创造竞争对手。

自法国萨伊和英国大卫·李嘉图所处的 19 世纪初期开始，200 多年来，经济学家普遍认为，除了垄断，获取高额利润的唯一方式就是降低成本。通过抬高价格来获取高额利润，往往会弄巧成拙。这为竞争者撑起了"保护伞"。在位的领先企业看似获得了高额利润，实际上是在补贴新进入者。几年后，这些新进入者就会掀翻领导者，自己取而代之。"高价"并不是享受胜利的方式，也不是提高股价或市盈率的方式，它会引致攻击行为，遭受威胁。

尽管"高价"会为竞争对手采取创业柔道提供可乘之机，但为获取高额利润而迷恋"高价"依然是普遍行为。

5. 最后一个坏习惯是力求最大化而非最优化。这个坏习惯常见于现有企业，它会导致企业失败，施乐公司就是一个很好的例子。随着市场的发展，现有企业往往会试图用同样的产品或服务来满足每个客户的需求。

举个例子，用于测试化学反应的新型分析仪器，起初，它的市场有限，假定为产业实验室。随后，大学实验室、研究机构和医院都开始采购这种仪器，但它们的需求有些许不同。于是，为满足不同客户的需求，制造商数次增加产品的功能，直到原本简单的仪器变得异常复杂。制造商将仪器的功能最大化，最后却无法满足任何人的需求。为了尽力满足每个人的需求，结果却适得其反。这种仪器变得非常昂贵，而且难以操作和维护。制造商却以此为傲，用整页的广告列出该仪器的 64 种功能。

毫无疑问，这家制造商将成为创业柔道战略的牺牲品。它自认为的优势，将会阻碍其发展。新进入者将推出针对特定市场（如医院）的仪器。它并不包含医院所不需要的功能，但具备医院所需的全部功能。而且，相比于多功能仪器，它的性能更为完善。随后，这个新进入者将陆续推出针对研究实验室、政府实验室、产业实验室的专用仪器。很快，依靠这些为客户量身定制的仪器，新进入者就会占领市场。它所采用的理念是最优化，而非最大化。

同样，当日本人进军复印机市场与施乐公司竞争时，他们也是针对特定客户群体设计机器，如办公室复印机特别适用于牙医、医生和校长的小型办公室。他们并不推崇产品要具备施乐公司引以为傲的功能（如复印速度快、清晰度高等）。他们为小型办公室提供它们迫切需要的产品，即低价的简单复印机。一旦他们在这个市场站稳脚跟，接着就进入其他市场，即针对每个特定细分市场专门设计产品。

索尼公司也采取了同样的策略，首先进军低端收音机市场，推出价格低廉、接收范围有限的便携式收音机。一旦在这个市场站稳脚跟，它就开始转向其他细分市场。

创业柔道旨在先攻占一个"滩头堡"，也就是领先企业忽略或轻视的环节。比如，花旗银行建立家庭银行时，联邦德国银行置之不理。一旦占领了"滩头堡"，也就是说，一旦新进入者赢得了足够的市场并获得可观的收益，它们将会拓展到其他"沙滩"，最终占领整个"岛屿"。上述每一个案例中，新进入者都采用了同样的战略。它们针对特定的细分市场设计产品或服务，使之最优化。现有的领先企业很少会应战，甚至很少设法改变自己的行为，直到新进入者取得领导地位和主导市场。

对于下面三种情况，采用创业柔道尤为有效。

第一种情况比较常见，领先企业对意外事件置之不理，无论是意外成功，还是意外失败（要么忽视，要么拒之门外）。索尼公司就是在这种情况下抓住了机会。

第二种情况就是施乐公司的那种情况。一项新技术出现，并迅速发展。但是，新技术（或新服务）的创新者，犹如传统的"垄断者"——利用自身的领导地位从市场"撇脂"，卖"高价"。它们或许是不知道，或许是拒绝接受这一既定事实：只有"仁慈的垄断者"（熊彼特提出的说法）才能保持领导地位，更不必说垄断地位了。

在竞争者有能力降低价格之前，"仁慈的垄断者"会主动降价。在竞争对手推出新产品之前，它就会主动淘汰自己的产品，并推出新产品。有很多例子可以证明这一论点的有效性。多年以来，杜邦公司一直如此行事。贝尔电话公司在 20 世纪 70 年代由于通胀而衰败之前，也是采取这种策略。如果领导者通过利用领导地位提高价格而非低成本来获取利润，那么任何创业柔道战略实施者都能将其击败。

同样，快速发展的新市场或新技术的领导者，如果力求最大化而非最优化，也会受到创业柔道战略实施者的攻击。

第三种情况是市场或产业结构快速变化，此时创业柔道尤其有效，这就是家庭银行抓住的那种机会。20 世纪五六十年代，联邦德国日渐繁荣，除了传统储蓄或抵押贷款之外，普通群众对其他金融业务也有需求。但是，联邦德国银行却固守先前的市场。

创业柔道总是以市场为中心，以市场为导向。它可能以技术为起点，如盛田昭夫从二战后刚刚复苏的日本前往美国，以获取晶体管的许可权。他瞄准的是便携式收音机市场。这是现有技术最不能满足的细分市场，根本原因是真空管笨重且脆弱。他使用晶体管设计出适合这个市场的收音机。这是一个年轻人组成的市场，他们收入较低，对收音机的接收范围和音质要求不高。换句话说，这是一个老技术根本无法充分满足的市场。

同样，美国的长途电话业务折扣公司发现一个机会，从贝尔系统批量购买长途电话业务，然后以零售价转卖给客户。它们先是为数量不太多的某类企业提供服务。这些企业的规模没有大到足以建设自己的长途电话系统，但又大到需要支付高昂的长途电话费用。等获得足够的市场份额后，它们开始转向很大的客户或者小客户。

要采用创业柔道，首先要对所在产业进行分析，对生产商和供应商的习惯，尤其是坏习惯，以及它们的策略进行分析。然后，再关注整个市场，设法找到一个突破口，使替代战略能取得最大成功，使遭遇的阻力最小。

创业柔道需要一定程度上的真正创新。一般来说，仅仅以较低价格提供同样的产品或服务，是远远不够的。它必须与现有事物有所区别。罗尔姆公司为了与 AT&T 竞争而推出的用户级交换机（用于企业和办公室的电话总机），增加了一些围绕小型计算机设计的功能。这些创新并非高科技，更算不上新发明。事实上，AT&T 也设计了类似的功能，只是没有将其推向市场。同样，当花旗银行在联邦德国创建家庭银行时，提供了一些创新服务，如旅行支票或税务咨询，而联邦德国银行通常不会为小储户提供这些服务。

换言之，对新进入者而言，仅仅以较低的价格或更好的服务提供与现有企业相同的产品或服务，是远远不够的。它们必须具有独特之处。

与"孤注一掷"和创造性模仿一样，新创企业实施创业柔道旨在获取领导地位，最终主导市场。但是，它并不与领先企业展开竞争，至少不会进军使领先企业感到竞争威胁的领域。创业柔道就是"攻其软肋"。

生态利基

到目前为止，我们讨论了"孤注一掷"、创造性模仿和创业柔道这三种创业战略。它们都旨在获取领导地位，甚至主导市场，而本章所讨论的生态利基战略则旨在取得控制权。前面讨论的三种战略是使企业在一个巨大市场或重要行业中占据一席之地，而生态利基则旨在于小领域内取得垄断地位。前三种战略都是竞争性战略，而生态利基则力求使企业避开竞争和挑战。成功实施前三种战略的企业，会成为大企业，享有高知名度，甚至家喻户晓，而成功实施生态利基的企业则享有实利，不慕虚名。它们默默无闻，却怡然自得。事实上，最成功的生态利基战略的重点是，尽管一个产品在某个流程中必不可少，它依旧看似不起眼，以至无人想要与之竞争。

我们将讨论以下三种不同的生态利基战略，以及它们的独特要求、局限性和风险：

- 收费站战略
- 专门技术战略
- 专门市场战略

I

收费站战略

在本书的第 4 章，我讨论了爱尔康公司所采取的战略。该公司研制出一种酶，使眼科医生在进行老年白内障外科手术时可以减少一个步骤，而这个步骤会使整个手术流程不协调。一旦研制出这种酶，并获得专利，爱尔康公司就占据了"收费站"位置。所有眼科医生都需要这种酶。不管爱尔康公司对这种酶如何要价，与整个白内障手术的成本相比，这点花费都微不足道。我估计眼科医生或医院甚至都不会去询问酶的价格。这种酶的市场如此之小，一年的销售总额只有 5 000 万美元，以至于没有人会想要研发新的竞品。即便这种酶的价格降低，世界上的白内障手术也不会多出一例。因此，潜在竞争者若想进入，所做的只可能是降低酶的价格，而这样做自己却无利可得。

同样，五六十年前，一家中等规模的企业因研制出一种防井喷装置，多年来一直占据"收费站"位置。钻一口油井的成本高达数百万美元，但一次井喷就会破坏整个油井，让所有努力毁于一旦。在钻井的时候，这种防井喷装置能够保护油井。无论价格如何，它都是一部廉价的保护装置。与前一个案例相似，防井喷装置的市场如此狭小，以至于无法吸引任何潜在竞争者。这种装置的价格只是钻油井成本的 1%，即便价格降低，人们也不会去钻更多油井。竞争只会降低价格，但无法刺激需求。

另一个采用收费站战略的例子是杜威 – 阿尔米公司（Dewey & Almy），如今它是美国格雷斯公司（W. R. Grace）的一个分支机构。20 世纪 30 年代，这家公司研制了一种能密封锡罐的化合物。密封是罐头工艺流程中必不可少的环节，如果罐头食品变质，后果将不堪设想。任何一个因罐头食品变质而发生中毒的事故，都可以轻易毁掉一家罐头食品厂。因此，能够防止食物变质的密封化合物，无论价格多高，都不算贵。相较于整个罐头的成本以及食物变质引致的风险，密封成本实在微不足道（最高不到 1 美分），以至于没人会关心它的价格。人们更关心的是它的密封性能，而非价格。与白内障手术中的酶或防井喷装置相比，这种化合物的市场要大一些，但仍然有限。即便密封罐头的化合物的价格降低，罐头的需求量也很难增加。

从很多方面来看，收费站位置是企业最渴望占据的位置，但是它要求严苛。首先，产品必须用于某个流程的必要环节。如果不使用这种产品，所带来的风险将远远高于使用该产品的成本。在上述例子中，不使用这些产品，可能会导致失明、失去一口油井，或罐头变质。其次，产品的市场规模有限，先占领者可以独占。最后，它必须是真正的"生态利基"，一种产品就足够满足需求，同时，这个市场要足够小且低调，不足以吸引竞争对手。

这种收费站位置很难被发现。通常情况下，它们只出现在不协调的情况下（详见第 4 章）。在爱尔康公司酶的例子中，这种不协调是流程的节奏或逻辑的不协调，而在防井喷装置或密封罐头的化合物的例子中，是经济现实中的不协调，即故障或事故引致的成本与保护措施的花费之间的不协调。

收费站位置也存在严重的局限性和风险。基本上，这个位置是静止不变的。生态利基一旦被占据，就很难发展。处于收费站位置的企业，很难增加或控制其业务。"收费站"产品属于产品或流程的一部分，无论其质量多好、价格多低，它的需求都取决于产品或流程的需求。

对于爱尔康公司，这点可能并不重要。无论经济繁荣还是萧条，白内障手术的数量都不会受影响。但是，生产防井喷装置的企业对经济波动深有感触。1973 年的石油危机和 1979 年的石油恐慌，导致石油钻井数量攀升，该企业不得不大量增资建厂。即便它意识到，繁荣不会永久，投资可能难以收回，但它依旧要加大投资。如果不这样做，企业会永久失去市场。几年后，石油繁荣的局面彻底崩溃，石油钻井数量在 12 个月内骤降了 80%，钻井设备需求随之下降。面对这种情况，企业完全无能为力。

采用收费站战略的企业一旦实现目标，企业就"成熟"了。它的发展速度只能与最终用户保持一致。但是，它也可能迅速衰败。如果某种方式同样能满足最终需求，它可能一夜之间就惨遭淘汰。比如，杜威－阿尔米公司对锡罐的替代品（如玻璃、纸张或塑料）以及食物的其他保存方法（如冷冻或放射线处理）都无法防备。

此外，采用收费站战略的企业决不能利用自己的垄断地位成为德语中的强盗贵族（德语为 Raubritter，与英语"robber baron"的意思并不完全相同）。强盗贵族把城堡建在山顶，俯瞰着山口和河谷，有人从那里经过，就会惨遭抢劫或强奸。如果企业像他们一样行事，客户将会引入其他供应商，或者转向虽然不太有效但能够加以控制的替代品。

杜威－阿尔米公司至今已经执行了 40 多年的战略才是正确的。它为客户，尤其是第三世界的客户，提供广泛的技术服务和员工培训，还为它们设计更新、更好的装罐机和封罐机，与罐头密封化合物一同供客户使用。它还不断对这种化合物进行升级换代。

收费站位置可能坚不可摧，或几乎不可摧。但是，它只能控制一个狭窄的领域。为了克服这种局限性，爱尔康公司实施多元化战略，进军与眼睛相关的消费品市场，如人工泪液、隐形眼镜清洗液、抗过敏眼药水，等等。从某种程度上讲，这项举措非常成功。它引起瑞士雀巢公司（一家全球领先的消费品跨国公司）的注意，并被其以优厚的价格收购。据我所知，在占据收费站位置的公司中，爱尔康公司是唯一在其原有位置之外拥有一席之地并获得成功的公司。此外，它的新产品的经济特征与原有的产品并不相同。但是，一家企业以多元化方式进入自己不甚了解的高度竞争的消费品市场，是否能够获利，我们就不得而知了。

II

专门技术战略

主要汽车品牌，众人皆知。但是，为这些汽车品牌提供电气和照明系统的企业，却少有人知。而且，这些企业的数量远远少于汽车品牌。在美国，有通用汽车的德科集团（Delco）；在联邦德国，有博世公司；在英国，有卢卡斯公司；等等。几十年来，美国客车的车架都是由密尔沃基市的 A.O. 史密斯公司生产的；美国汽车业的刹车装置都是由本迪克斯公司（Bendix）制造的。然而在汽车业之外，很少有人知道这些。

这些企业如今都是历史悠久的企业，但这只是因为汽车业具有悠久的历史。早在一战之前，汽车业尚处于萌芽期，这些企业就在市场中取得了控制地位。例如，罗伯特·博世（Robert Bosch）在 19 世纪 80 年代就创办了自己的公司。他与同时期的卡尔·本茨和戈特弗里德·戴姆勒这两位德国汽车业先驱是好友。

一旦这些企业在专门技术领域取得了控制地位，就会保持这一地位。不同于占据收费站位置的企业，这些企业占领的利基市场虽然也是独特的，但是规模比较大。这种利基市场的占领，是因为它们很早就开发出高水平的技术。一战期间及之后不久，A.O. 史密斯公司就发展出了我们如今所说的汽车车架的"自动化"制造技术。早在 1911 年左右，德国博世公司就为奔驰的指挥车设计了先进的电气系统，直到二战结束后，这种系统也只用于豪华汽车。俄亥俄州代顿市的德科集团在 1914 年加入通用汽车之前，就研发出了汽车自动启动器。这些专门技术使它们在各自的领域内遥遥领先，其他人很少会去挑战。它们就是业界标准。

专门技术战略并非局限于制造业。过去 10 年来，一些私营贸易公司（大部分位于奥地利维也纳）也建立了相似的利基市场。这种市场上的贸易，人们过去称之为"易货贸易"（barter），如今称之为"对等贸易"（counter-trade），即用发达国家的商品（如火车头、机械设备或医药）来交换发展中国家的商品（如保加利亚的烟草、巴西制造的灌溉水泵）。更早的时候，一位富有开拓精神的德国人掌握了一个专门技术利基。如今，很多旅行指南还以他的姓氏"贝德克尔"（Baedeker）命名。

这些例子表明，要想建立一个专门技术利基，时机至关重要。在新产业、新习惯、新市场、新趋势形成之初，就要建立起来。当莱茵河上的蒸汽轮船首次向中产阶层提供旅行服务时，卡尔·贝德克尔（Karl Baedeker）就于 1828 年出版了他的第一本旅游指南。直到一战爆发西方国家抵制德国图书之前，贝德克尔一直占据着这一市场。维也纳的对等贸易开始于 1960 年左右，当时这种贸易实属罕见，大都局限于当时同为苏联集团成员的小国家中（这也说明了为什么对等贸易集中在奥地利）。10 年后，当第三世界国家的硬通货短缺时，它们已能熟练地开展对等贸易，并成为该领域的专家。

要占据专门技术利基市场，往往需要一些新的东西、额外的东西或某种真正创新的东西。早在贝德克尔之前，就有旅游指南了。但是，这些旅游指南只介绍文化方面的知识，如教会、景点等，而对旅行中的具体问题，如旅馆、马车租金、路程以及小费标准，却不曾涉及。因此，当时的英国绅士在旅行时，会携带专门的仆从负责这些事务。然而，中产阶层却无力雇用专门的旅行仆从，这正是贝德克尔的机会。当弄清楚了游客所需的信息，和如何获取这些信息及以何种方式呈现（目前许多旅游指南依然遵循这一呈现方式），贝德克尔就出版了更为全面的旅游指南。其他人如果重复同样的工作，创办与之竞争的产品，将一无所获。

在重大创新的初始阶段，专门技术利基提供了难得的机会。这种例子比比皆是。比如，多年来，美国只有两家企业生产飞机螺旋桨，而它们早在一战之前就已创立。

专门技术利基的形成，很少出于偶然。上述例子中，专门技术利基都源于对创新机会的系统分析，企业家都在寻找专门技术可以发展的领域，以使新创企业取得控制地位。罗伯特·博世在新兴的汽车业上花费多年时间，来找到自己的新创企业的定位，使其迅速成为业界领导者。多年来，汉密尔顿公司一直是美国领先的飞机螺旋桨制造商，这主要得益于其创始人早期在动力飞行领域所进行的系统研究。在决定出版旅游指南之前，贝德克尔也多次尝试为游客提供服务。这本旅游指南以他的名字命名，使他声名远扬。

由此看来，专门技术战略有三个要点。第一个要点是，在新产业、新市场或新趋势形成初期，通过系统研究，找到发展专门技术的机会，这样就有足够的时间发展这一独特技术。

第二个要点是，专门技术战略要求技术必须是独特的。毫无例外，早期的汽车先驱都是机械师。他们熟知机械、金属和发动机的相关知识，但对电学一窍不通。他们既没有电学的理论知识，也不知如何获取这些知识。这就为汽车电气设备制造商创造了机会。在贝德克尔所处的时代，也有很多其他的出版商。但是，旅游指南需要实地搜集大量信息、持续考察、聘请旅游顾问，这些并不在出版商关注的范围之内。"对等贸易"既不是贸易业务，也不是银行业务。

因此，如果一家企业拥有专门技术利基市场，它将不易遭受客户或供应商的威胁。无论客户或供应商，都不会盲目涉足自己不熟悉的领域。

第三个要点是，拥有专门技术利基市场的企业，必须不断提升自身能力。它必须保持技术上的领先地位，不断自我超越。早期的汽车制造商经常抱怨德科集团和博世公司给它们带来了很大的压力。这两家企业的照明系统非常先进，远远超出了普通汽车的需求，也超出了当时它们对客户需求以及支付能力的预期，还超出了它们的装配能力。

虽然专门技术战略具有独特的优势，但也有严重的局限性。首先，它会使企业陷入"视野狭隘"的状态。为了保持控制地位，企业不能左顾右盼，只能专注于狭窄的专业领域。在早期，飞机电子系统与汽车电子系统并无显著差异。但是，德科集团、博世公司和卢卡斯公司等汽车电气设备制造商并没有成为飞机电子系统领域的领先者。它们甚至未曾发现这一领域，也从未尝试进军该领域。

其次，拥有专门技术利基市场的企业，需要依赖他人才能将产品或服务推向市场。它的产品或服务只是一个组件而已。汽车电气系统公司的优势在于，汽车买家不知道它们的存在。但是，这也是它们的劣势。如果英国汽车业衰落了，卢卡斯公司也将走向衰落。能源危机爆发后，A.O. 史密斯公司的汽车车架业务也不再繁荣。美国汽车制造商开始转向无车架式汽车。相比于有车架式汽车，这种汽车更为昂贵，但更为轻便、油耗更低。面对这种局面，A.O. 史密斯公司完全束手无策。

最后，拥有专门技术利基市场的企业所面临的最大危险是，专门技术不再独特，成为通用技术。

维也纳对等贸易商现在占据的利基市场，在 20 世纪二三十年代是由外汇交易商占据的（它们大都是瑞士公司）。那时的银行家成长于一战之前，依然认为货币应该保持稳定。当货币不再稳定，也就是出现货币被冻结、货币的不同用途对应着不同汇率以及其他异常现象时，银行家甚至不再愿意处理这些业务。他们巴不得瑞士的外汇交易商接手这些他们认为费力不讨好的业务。因此，小部分外汇交易商占据了这个获利颇丰的专门技术利基市场。二战后，世界贸易迅速发展，外汇交易成为常态。如今，每家银行在重要的金融中心都有外汇交易商。

与其他生态利基一样，专门技术利基在范围和时间上都有局限性。生物学告诉我们，对占据某一利基的物种来说，外界环境稍有变化，它们就难以适应。专门技术战略亦是如此。尽管存在这些局限性，专门技术利基仍然是有利位置。在快速扩张的新技术领域、新产业或新市场中，专门技术战略或许是最优战略。1920 年的汽车制造商已所剩无几，但电气和照明系统的制造商却存活至今。企业一旦拥有专门技术利基，并维持这个地位，就可以避免竞争。汽车买家不知道也不会关心汽车的前灯或刹车出自谁手，也不会为此货比三家。一旦"贝德克尔"成为旅游指南的代名词，只要市场不出现急剧变化，就不需要担心竞争对手的攻击。在新技术领域、新产业或新市场中，专门技术战略的成功率最高，风险最低。

Ⅲ

专门市场战略

专门技术战略与专门市场战略非常相似，二者的主要区别在于，前者以产品或服务为基础，后者则以市场的专门知识为基础。

有两家中等规模的企业，一家在北英格兰，另一家在丹麦。它们生产的用来烘焙西点的自动烤箱，在西方国家占据大部分市场份额。几十年来，两家最早的旅行社，欧洲的托马斯·库克公司（Thomas Cook）和美国运通公司（American Express），实际上一直垄断旅行支票业务。

据我所闻，制造烤箱并不需要什么深奥或独特的技术。许多企业都能生产出这种产品，而且同英国和丹麦的这两家企业的产品一样好。不过这两家企业熟知市场，它们了解每个知名糕点公司，这些糕点公司也了解它们。只要这两家企业表现尚可，这个不大的市场也就不足以吸引他人参与竞争。同样的，在二战以后兴起的旅游热潮之前，旅行支票领域犹如一潭死水。事实上，这项业务利润颇丰。在旅行支票被兑现之前（有的支票售出之后数月才被兑现），其发行商，无论是库克公司还是美国运通公司，都可以使用这笔资金获取利息。但是，这一市场规模并不大，不足以吸引他人进入。此外，旅行支票发行商要成为全球性组织，这是库克公司和美国运通公司为了服务客户无论如何都要维持的，也是其他任何企业那时没有任何理由去建设的。

要想发现一个专门市场，就要带着以下问题来审视一项新进展：这项新进展存在哪些机会来提供一个独特的利基市场？为占据这个利基市场，我们需要做什么？旅行支票不是伟大的"发明"，它与已经存在几百年的信用证并无二致。它的创新之处在于，旅行支票的面额是标准化的。库克公司和美国运通公司先向自己的客户发售，随后向普通大众公开发售。购买者可以在库克公司或美国运通公司在全球范围内的任意一个分支机构或代理处兑换。对那些不愿携带大量现金又没有资格从银行获取信用证的游客来说，这具有独特的吸引力。

早期的烤箱也没什么特别之处，就算是今天的烤箱，也没什么高科技含量。这两家企业之所以领先，是因为它们意识到糕点烘焙的主要场所正在从家庭转向工厂。于是，它们开始研究专业糕点公司的需求，以使其能烘焙出在杂货店和超市里受欢迎的产品，进而吸引家庭主妇购买。烤箱的成功并不在于工艺，而在于市场调研。实际上，任何人都可以采用这种工艺。

专门市场战略具有同专门技术战略一样的要求：对新趋势、新产业、新市场进行系统分析；具体的创新或许只是一个"转变"，如将传统的信用证转变为现代的旅行支票；持续改进产品，尤其是服务，这样才能保持所获得的领导地位。

专门市场战略也具有与专门技术战略同样的局限性。对占据专门市场位置的企业而言，最大的威胁是市场的成功，也就是专门市场发展成为大众市场。

如今，旅行支票已成为大众商品，竞争激烈。这主要是因为旅游市场成了大众市场。

香水业同样如此。法国科蒂集团（Coty）开创了现代香水业。它意识到，一战改变了人们对化妆品的态度。在此之前，只有"轻佻的女性"才使用化妆品，或者敢于承认自己使用了化妆品。一战后，化妆品开始为人接受，并受到尊重。到 20 世纪 20 年代中期，科蒂集团在大西洋两岸几乎都建立了自己的垄断地位。1929 年之前，化妆品市场是"专门市场"，只针对中上层人士。在经济大萧条时期，它发展成一个真正的大众市场，并且形成两个细分市场：一个是以昂贵的价格、专门的分销渠道和包装为特色的高端市场，另一个是以亲民的价格在一般销售点（包括超市、杂货店和药店）进行销售的大众市场。短短几年，由科蒂集团主导的专门市场就消失得无影无踪了。它试图停留在那个不复存在的市场之中，在化妆品大众市场营销商和奢侈品制造商之间摇摆，结果一直处于飘摇不定的状态。

改变价值和特征

到目前为止，本书所讨论的创业战略都旨在推出创新。本章所讨论的创业战略，其本身就是创新。这种战略涉及的产品或服务，可能存在已久（本章第一个例子中的邮政服务，大约有 2 000 年之久）。但是，这种战略将已存在的产品或服务转换成新事物。它改变了产品或服务的效用、价值和经济特征。从物质意义来看，这些产品或服务并无变化，但从经济意义来看，它们已是全然不同的新事物。

本章讨论的各种战略具有一个共同点，即创造客户。这是企业的终极目的，事实上，也是经济活动的终极目的。[⊖]不过，它们以如下四种不同的方式来实现这一目的：

- 创造效用
- 定价
- 适应客户的社会和经济现实
- 向客户提供所需的价值

⊖ 正如三十多年前我在《管理的实践》一书中提到的。

I

创造客户所需的效用

　　英国学生曾被教导，罗兰·希尔（Rowland Hill）于1836年"发明"了邮政服务。这纯属谬论。早在恺撒大帝执政时期，罗马的邮政服务就已相当完善，信使定期将邮件投递到罗马帝国的每个角落。1 000年后，即1521年，德国国王查理五世以真正的文艺复兴的方式，效仿古罗马，将邮政服务全权交由王室成员特恩（Thurn）和塔克西斯（Taxis）家族负责（这两个家族为查理五世竞选慷慨捐赠，使他可以收买足够多的选民，最终赢得王位）。集邮爱好者知道，直至1866年，特恩和塔克西斯的后代依然为德国境内很多地方提供邮政服务。到17世纪中期，欧洲国家都纷纷效仿德国，开创自己的邮政服务。100年以后，美洲殖民地也是如此。事实上，早在希尔"发明"邮政服务之前，所有西方传统的伟大作家（书信作家），从西塞罗（Cicero）到塞维尼夫人（Madame de Sévigné），从查斯特菲尔德勋爵（Lord Chesterfield）到伏尔泰（Voltaire），就已开始写信寄信了。

　　然而，希尔的确创造了我们今天所说的"邮件"。他既没有发明新技术或新"事物"，也没有什么成果能够申请专利。过去邮资通常按照距离和重量计算，由收件人支付。每封信件都要送到邮局去称重，这使邮件服务既昂贵又耗时。希尔提议，只要在英国境内，无论距离远近，邮资要统一；邮资由寄件人预付；邮资通过贴邮票的方式支付（这种方式一直被用于支付各种费用和税费）。一夜之间，邮件服务变得简单便捷，寄件人只需直接将邮件投入邮箱。同时，邮资也变得极其便宜。以往至少要花费1先令的邮件（1先令当时相当于一个手艺人一天的收入），现在只需1便士。邮件的大小也不再受限制。简言之，"邮件"诞生了。

希尔创造了效用。他也许曾问过：邮件服务需要给客户提供什么，才能真正成为对客户的服务？在改变效用、价值和经济特征的创业战略中，这往往是首要问题。事实上，尽管邮资至少降低了 80%，但这只是次要的。更重要的是，邮件服务变得更为便利，人人可用。邮件不再仅仅限于"书信"，比如裁缝也可以用它来寄送账单。邮件数量大增，在邮政改革后的 4 年内翻了一番，再过 10 年又增长了三倍。邮资随之下降，在很长一段时间里，寄一封信的费用几乎可以忽略不计。

在创造效用战略中，价格几乎无关紧要。这个战略之所以奏效，在于它使得客户可以做满足他们自身目的的事情。它之所以奏效，在于它回答了这个问题：什么是真正的"服务"和给客户的真正的"效用"？

美国新娘都想拥有一套"优质瓷器"。然而，作为结婚礼物，整套瓷器过于昂贵，送礼人也不知道新娘喜欢哪一套以及已有哪些单件，于是就改送其他礼物。换句话说，客户需求已经存在，但无人提供效用。一个生产餐具的中型企业，雷诺克斯瓷器公司（Lenox China Company），从中发现了创新机会。它采用了"结婚登记簿"这一老方法。这种簿子只登记雷诺克斯的瓷器。准新娘选择一家瓷器零售商，告诉它自己心仪的雷诺克斯的瓷器款式，然后递交一份可能的送礼人名单。这个零售商会逐个询问送礼人："你的预算大概是多少？"然后解释道："这可以买两只带茶托的咖啡杯。"或者回答："她已经有咖啡杯了，现在需要一个甜点盘。"最后的结果皆大欢喜，新娘、送礼人和雷诺克斯公司都心满意足。

这个例子同样与高科技、专利无关，仅仅是关注了客户需求。"结婚登记簿"这一方式相当简单，或许正因如此，雷诺克斯公司成为备受欢迎的"优质瓷器"制造商，也是发展最为迅速的美国中型制造企业之一。

创造效用战略使得人们可以用自己希望的方式满足欲求和需要。如果裁缝要花 3 个小时将信件交给邮局营业员，随后作为收信人的客户还要支付一大笔邮费（甚至与账单金额一样），那么他就不会以邮寄方式将账单交给客户。希尔并没有为邮政服务增添什么新服务。邮局营业员并未改变，邮车和邮递员也没有变化。但是，希尔提出的邮政服务的确是一种完全不同的"服务"。这种邮政服务具有独特的功能。

II

定价

多年来，人们最熟悉的美国人面孔，非金·吉列（King Gillette）的面孔莫属。他的头像印在吉列剃须刀刀片的包装上，这种刀片销往世界各地。每天早晨，世界上数以百万计的男士都使用吉列刀片。

安全剃须刀并非吉列发明的。19世纪晚期的几十年间，获得专利的安全剃须刀就有几十种。直到1860年或1870年以前，只有贵族、一些专业人士和商人等少数男士必须刮胡须，也只有他们才请得起理发师。突然之间，商人、店主、职员等大多数男士，都想让自己必须看起来"体面"。人们很少会使用折叠式剃须刀，或者对这种危险工具感到不舒适，但是光顾理发店又过于昂贵，而且也很耗时。许多人发明了"自助式"安全剃须刀，却都没有销路。究其原因，当时日薪1美元算是很高的工资了，而去一趟理发店的花费是10美分，最便宜的剃须刀也需要5美元——这算得上一大笔钱了。

吉列的安全剃须刀并不比其他很多剃须刀更好，而且生产成本要高得多。但是，吉列"卖"的并非剃须刀。吉列剃须刀的零售价为55美分，批发价为20美分，略高于生产成本的1/5，相当于贴钱赠送。但是，这种剃须刀只能用受专利保护的吉列刀片。吉列刀片的生产成本不到1美分，售价为5美分。由于每片刀片可以用六七次，一次刮脸的花费不到1美分，不到去一趟理发店花费的 1/10。

　　吉列根据客户购买的服务（即修面）而非产品本身来定价。如果花 5 美元购买吉列的竞争对手的安全剃须刀，然后再花 1 美分或 2 美分购买该竞争对手的刀片，会比购买吉列的产品更为划算。吉列的客户清楚地知道这点，其实客户比广告商或拉尔夫·纳德（Ralph Nader）所预想的更为明智。但是，在他们看来，吉列的定价很合理。他们购买的是修面服务，而非一件"物品"。而且，相比于危险的直刃剃须刀，吉列的产品（剃须刀和刀片）给他们带来更为愉悦的体验，而且花费远比去附近的理发店要低。

　　为何复印机的专利权会落到纽约罗切斯特一家不知名的小企业（当时称为哈罗伊德公司（Haloid））手中，而不是大型印刷机制造商手中？一个原因是，大型印刷机制造商并未看到复印机的销路。经计算，它们认为一台复印机的售价至少应为 4 000 美元。在复写纸便宜到几乎不要钱的情况下，没人会愿意为一台复印机支付这一高价。此外，要花费 4 000 美元购买机器，必须向董事会申请资金拨付，并附上投资收益分析报告。从这两点看，为秘书购买这样的"玩意儿"，实属不可思议。哈罗伊德公司，也就是现在的施乐公司，做了大量技术性工作来设计复印机。但是，它的主要贡献在于定价。它销售的并非机器，而是复印件。一份复印件只需 5 ～ 10 美分，无须申请资金拨付。这属于"小额备用金"，秘书可以自主决定，无须上报。施乐公司将复印机定价为"每份复印件 5 美分"，才是真正的创新。

　　大多数供应商，包括公共服务机构，从未想过将定价视为一项战略。但是，定价让客户得以为其购买的东西（如修面、复印件）而不是供应商生产的东西买单。当然，客户最终支付的金额是一样的。但是，支付方式是根据客户需求和实际情况来确定的，是根据客户实际购买的东西来确定的。价格代表的是客户的"价值"，而不是供应商的"成本"。

Ⅲ

客户的实际情况

　　美国通用电气公司之所以能在大型汽轮机领域取得领先地位，是因为早在一战之前，它就考虑到了客户的实际情况。不同于活塞蒸汽机，汽轮机结构复杂，其设计需要高水平的工程技术，建造和安装也需要一定的技能。单个电力公司根本无法做到这一点。也许每隔5年或10年，当建新的发电站时，电力公司才会购买一台汽轮机。然而，相关的技术服务需要随时能够提供。因此，制造商必须建立和维持一个规模庞大的咨询机构。

　　但是，通用电气公司很快发现，电力公司根本不会为咨询服务买单。根据美国法律，这项开支须经州公用事业委员会批准。该委员会认为，电力公司能够自行解决相关问题。通用电气公司也发现，它不能将咨询服务的费用追加到汽轮机的价格中，因为州公用事业委员会不会批准这项提议。汽轮机的寿命很长，大概每隔5～7年就需要更换叶片，而这些叶片必须出自该汽轮机的原始制造商。于是，通用电气公司成立了世界上第一家工程咨询服务机构（为谨慎起见，通用电气公司称之为"设备销售部"而非"咨询工程部"），为电力公司免费提供咨询服务。相比于竞争对手，通用电气公司的汽轮机并没有卖得更贵。但是，它将咨询机构的成本和一大笔利润加到更换叶片的价格中。10年内，其他汽轮机制造商纷纷采用这一价格体系。彼时，通用电气公司已取得了世界领导地位。

　　早在19世纪40年代，就存在基于客户的实际情况进行类似产品或流程设计的做法，由此催生了分期付款。当时，许多美国人发明了收割机，赛勒斯·麦考密克就是其中之一。但是，他却发现，这种收割机根本没有销量，其他发明者也遇到了同样的难题。虽然农民对收割机的需求显而易见，他们却无力购买。众所周知，购买这一机器，只需两三季就可回本。但是，没有银行愿意借钱给美国农民来购买机器。麦考密克提出了分期付款的方式，在接下来的三年内，农民可以将收入的一部分用于偿付机器款项。如此一来，农民就有能力购买而且的确购买了收割机。

事实上，制造商常提到的"不理性的客户"（经济学家、心理学家、伦理学家也是如此称呼他们）根本不存在。正如古话所说："只有懒惰的制造商。"我们应该假设客户是理性的，但客户的实际情况与制造商的实际情况往往相去甚远。比如，州公用事业委员会制定的规章制度看似不讲道理，主观武断，但这是受其管辖的电力公司所面临的实际情况。19 世纪 40 年代，美国农民的信用风险可能低于银行家的预期，但是那个时期的美国银行家并不愿意借钱给农民来购买机器。因此，"客户的实际情况"这一创新战略包含一个观念：实际情况与产品并非毫无关联，对客户而言，二者紧密相关。客户购买的产品必须符合其实际情况，否则这种产品毫无用处可言。

Ⅳ

向客户提供所需的价值

这类创新战略的最后一个是向客户提供所需的"价值"，而不是制造商所生产的"产品"。实际上，这只是将"接受客户的实际情况，并将其视为产品或客户所购买的东西的一部分"这一战略，向前推进一步。

美国中西部有一家中型企业，为大型推土机和牵引机（如承包商修建公路所用的推土机和拉铲挖土机、清理露天矿覆盖物的重型设备、煤矿运煤的重型矿车，等等）提供专用润滑油，拥有超过一半的市场份额。这家企业的竞争对手是大型石油公司，这些石油公司拥有众多润滑油专家。但是，它并不以销售润滑油而是以"保障"服务来提升竞争力。对工程承包商而言，真正有"价值"的不是润滑油，而是设备的正常运转。由于重型设备无法正常运转而在 1 小时内遭受的损失，远远高于承包商全年在润滑油上的花费。一般的工程项目中，如果承包商未能如期完工，将受到严厉惩罚。只有争分夺秒，尽可能缩短工期，承包商才能中标。这个润滑油制造商采取的做法是：先对承包商进行机器维护的需求分析，然后确定维护方案以及相应的年度维护费用，并向它们保证，重型设备因润滑问题停止运转的时间，在一年之内不会超过特定时长。毋庸置疑，这个维护方案总是规定使用该制造商的润滑油。但是，承包商购买的并非润滑油，而是机器正常运转的保障。对它们来说，机器正常运转尤为重要。

最后一个例子，可以被称为"从产品到系统"，是关于美国密歇根齐兰的赫曼米勒公司（Herman Miller）的。这家公司最初以设计和生产现代家具伊姆斯椅而著称。当其他制造商开始跟风效仿时，它却转向了生产和销售整体办公室和医院工作台，都大获成功。最后，当"未来办公室"开始流行时，赫曼米勒公司成立了办公室管理研究所。这个机构并不出售家具或设备，而是向企业提供办公室设计咨询，即如何以最低成本构建最佳工作流程，提高生产率和员工士气。赫曼米勒公司所做的是，为客户定义"价值"。它告诉客户："你也许是为家具买单，但实际上购买的是工作、士气、生产率。因此，这些才是你应该为之花钱的东西。"

这些例子看似明显，似乎只要稍加思考就能想出类似的战略。系统经济学之父大卫·李嘉图曾说过："利润并非源于聪明级差，而是源于愚蠢级差。"上述战略之所以成功，不是因为它们很聪明，而是因为大多数产品或服务的供应商（企业和公共服务机构）未曾这样思考过。正是因为如此"显而易见"，这些战略才得以成功。那么，为什么采用这些战略的人如此之少呢？上述例子表明，任何人只要问"客户真正想买什么？"，就会赢得比赛。由于没有其他参赛者，这甚至不能称为比赛。到底原因何在？

其中一个因素是经济学家以及他们所说的"价值"。经济学类图书都指出，客户购买的不是"产品"，而是产品能为他们做的事。随后，这些经济学类图书立即摒弃一切，只考虑产品的"价格"。"价格"的定义是客户为获得产品或服务的所有权需要支付的金额。至于产品能为客户做的事，却不再提及。遗憾的是，产品或服务的供应商往往会遵循经济学家的思路。

"产品 A 的成本是 X 美元"，这样说是有道理的。"我们应将产品定价为 Y 美元，这样可以抵消生产成本和资本成本，获得足够多的利润"，这样说也是有道理的。但是，"……因此，客户若购买产品 A，就必须支付 Y 美元"，这一结论就毫无道理可言。正确的结论应该是："对我们来说，客户为每件产品支付的金额必须是 Y 美元。但是，客户如何支付取决于什么对他更重要，取决于产品能为他带来什么，取决于什么符合他的实际情况，取决于他所认为的'价值'。"

价格不是"定价"，也不是"价值"。正是由于洞悉了这一点，吉列得以在长达 40 年的时间里垄断修面市场，小小的哈罗伊德公司得以在 10 年内成为价值数十亿美元的施乐公司，通用电气公司得以在汽轮机市场占据领导地位。这三家公司都获得了超高的利润，而且理所当然。它们提高了客户满意度，为客户提供所需，换句话说，它们让客户觉得物有所值。

多数读者可能会断言："这只不过是基本的营销理论罢了。"的确如此，这只是基本的营销理论，主要从客户的效用、客户购买的东西、客户的实际情况以及客户所需的价值着手进行分析。但是，为何历经 40 年对营销理论的宣传、教育、传授之后，依然只有少数企业愿意采用这些理论呢？对此，我无法解释。到目前为止，事实依旧如此。任何企业如果将营销理论视为战略基础，就可能会在几乎没有风险的情况下，以最快的速度取得产业或市场的领导地位。

正如有目的的创新和创业管理一样，创业战略也很重要。这三者共同构成了创新与创业。

创业战略为数不多，且清晰易懂。但是，与有目的的创新和创业管理相比，创业战略的具体实施要困难得多。我们知道从哪里找到创新机会，以及如何对它们加以分析。我们知道，要使现有企业或公共服务机构有能力创业，何为正确的策略和实践，何为错误的策略和实践；我们也知道，对于新创企业，做哪些事情是正确的，做哪些事情是错误的。但是，为特定创新选择创业战略，风险很大。一些创业战略更适用于某种情形，比如我所说的创业柔道，就比较适合行业领先者多年持续骄傲自大的情形。我们还可以描述某个创业战略的典型优势和不足。

更重要的是，我们知道，越是从用户出发（考虑用户的效用、价值和实际情况），创业战略越容易成功。创新给市场或社会带来改变。它为用户提高产出，为社会提高财富创造能力，提供更大的价值或更大的满足感。创新的检验标准永远是：为用户带来什么。因此，创业必须以市场为中心，由市场驱动。

即便如此，创业战略依旧属于创业决策范畴，具有风险。它绝非凭直觉行事或者赌博，也不是精准的科学。确切地说，它是一种判断。

I

"每代人都需要新的革命。"这是托马斯·杰斐逊在其漫长的一生终结之时的感悟。与他同时代的德国伟大诗人歌德，虽然是保守主义者，在暮年时期也道出同样的心声：

理性成为胡言
恩惠成为苦难

杰斐逊和歌德都表达了他们那一代人对启蒙运动和法国大革命的遗产不抱任何希望。也许，他们对150年后今日的遗产，即"福利国家"这一伟大承诺，也会感到不满。福利国家始于德意志帝国，初衷是为贫民和残疾人谋取福利，如今却成为"公民权利"，并逐渐成为财富创造者的重担。正如产品、流程和服务终将不合时宜，制度、系统和策略也会变得陈旧迂腐。无论预期目标实现与否，它们总会在历史舞台上多停留一会儿。机制可能仍在运行，而设计这些机制时所依托的假设却已不再成立。例如，过去100年间所有发达国家设计医疗保健计划和退休制度所依托的人口统计特征假设，就已过时。于是，确凿无疑地，理性成为胡言，恩惠成为苦难。

我们知道，理论、价值观以及人类思想和技术的产物都会老化、僵化，变得不合时宜，最后成为"苦难"。

因此，无论社会还是经济，无论公共服务机构还是企业，都需要创新与创业。正是因为创新与创业不是"彻底废除"，而是"每次走一步"，这里推出一个产品，那里出台一项政策或提供一项公共服务；正是因为它们不是事先规划好的，而是专注于这个机会或者那种需要的；正是因为它们是试验性的，如果没有产生预期的和所需要的结果就会消失；或者说，正是因为它们是务实的而不是教条的，是朴实的而不是浮夸的，所以它们有望让社会、经济、行业、公共服务机构或企业保持灵活性和实现自我更新。它们可以实现杰斐逊希望通过每一代人用革命的方式实现的目标，既不流血，又没有内战或集中营，也没有经济危机，而是以有目的、有方向、受控制的方式实现目标。

我们需要的是一个创业型社会。在创业型社会中，创新与创业实属常态，是稳定的、持续的活动。正如管理已成为当今机构的特殊器官、当代社会的整合器官一样，创新与创业也要成为组织、经济和社会的重要生命活动。

这就要求，所有机构的高层管理者要将创新与创业视为正常的、持续的日常活动，视为他们自身工作和组织工作中的实践。本书的目的，就是为完成这项任务提供所需的概念和工具。

Ⅱ

无效的策略

在讨论创业型社会所需的公共策略和政府举措时，首先要明确哪些是无效的策略，尤其在无效策略颇为盛行的当今时代。

人们通常所理解的"规划"与创业型社会和经济格格不入。的确，创新要有目的性，创业要能加以管理。但是几乎可以肯定，创新应该是分散式的、特设的、自主的、具体的，是一种微观经济活动。创新最好始于小规模事物，试探性地、灵活地加以实施。总体来说，只有接近现实事件，才能发掘创新机会。它们并非出现在规划者必须处理的大量事物中。反之，偏差之中（如意外事件中，不协调事件中，"杯子是半满的"与"杯子是半空的"这两种不同的感知中，以及流程的薄弱环节中）孕育着创新机会。当这种偏差具有"统计上的显著性"，并为规划者所知时，为时已晚。创新机会并不会随暴风雨降临，而是在微风中悄然而至。

如今，人们普遍认为一个国家可以进行独立的"高科技创业"。在欧洲国家，这种观点尤为盛行。法国、联邦德国，甚至英国，在制定国策时，都以此为假设。然而，这只是妄想。事实上，只推动高科技创业的策略（在这个领域之外都像如今的法国、联邦德国甚至英国那样敌视创业），甚至无法产生高科技的成果。它唯一的结果是又一次代价高昂的失败，重蹈协和式超音速飞机的覆辙，用巨额的亏损换得一丝荣耀，既没有创造就业岗位，也没有实现技术领先。

高科技只是创新与创业的一部分领域，当然，它的确是本书的重要前提之一。实际上绝大多数创新源于其他领域。而且，高科技政策可能遭遇政治阻力，很快就被废止。从创造就业岗位来说，高科技是未来（而非当下）就业岗位的创造者。正如我们最初看到的（详见引言部分），1970～1985年，美国"高科技"产业创造的五六百万个就业岗位，还不足以弥补"烟囱工业"失去的就业岗位。同期，美国经济的其他新增就业岗位（共3500万个）都是由新创企业创造的，这些新创企业都不是"高科技"企业，而是"中科技""低科技"甚至"非科技"企业。由于劳动力不断增加，欧洲国家面临的就业压力也随之增加。如果创新与创业的重心是高科技，那么这个政策就是牺牲当前的需要，也就是放弃扶持深陷困境的工业巨头，换取高科技扑朔迷离的未来，于是政府就不可避免会被要求放弃高科技政策。1984 年，法国共产党退出密特朗总统的内阁，密特朗本人领导的社会党左翼分子也愈加感到不满和不安，就是因为这个问题。

最重要的是，如果只强调"高科技"创业，而不将其纳入广泛的创业型经济（这种经济有"非科技""低科技"和"中科技"创业），那么"高科技"就犹如无本之木。在这种情况下，高科技人员甚至都不愿任职于高风险的新兴高科技企业，反而偏向"安全的"大型企业或政府机构。当然，高科技企业也需要许多非高科技人员，如会计、销售人员、管理者。在一个只有"耀眼的高科技企业"才重视创新与创业的经济中，高科技人员会追求在"安全的"大型机构中获得就业机会并实现职业发展。这是因为，他们在社会和经济上的相关者（也就是同学、父母和老师）都是如此劝导的。分销商不愿销售新创企业的产品，投资者也不愿给予资金支持。

但是，我们也需要其他类型的创新企业为高科技发展提供所需资本。就基于知识的创新来说，尤其是高科技创新，其投资和收益的间隔时间最长。直到 20 世纪 70 年代末，在 30 年的亏损后，世界计算机业才实现盈亏平衡。当然，IBM 很早就赢利了。20 世纪 60 年代末期，有"7 个小矮人"之称的 7 家美国小型计算机制造商也逐渐开始赢利。但是，这些利润远远不足以抵消其他计算机制造商的巨额亏损，尤其是那些历史悠久的大型企业（如美国通用电气公司、西屋电器、国际电报电话公司和美国无线电公司，英国通用电气公司、普莱西半导体公司和费兰蒂技术公司，法国汤姆森休斯敦公司，联邦德国西门子公司和联邦德国通用电气公司，荷兰飞利浦公司，等等）在计算机领域的溃败。如今，历史在重演，微型计算机和个人计算机也面临同样状况：多年以后，该产业才能在全球范围内赢利。生物技术行业，也是如此。100 年前（即 19 世纪 80 年代）的电气设备业，还有 1900 年或 1910 年的汽车业也经历过同样的发展模式。

在高科技企业的漫长孕育期内，非高科技企业必须创造足够的利润，才能弥补高科技企业的亏损，并为它们提供所需的资本。

当然，法国推动高科技发展的举措是正确的。当今时代，一个国家的经济和政治力量取决于高科技的地位，无论是信息技术、生物学，还是自动化。的确，法国具有科技实力。但是，如果一个国家没有创业型经济，其高科技领域也将很难有创新与创业（我认为甚至不可能有）。高科技的确属于前沿领域，然而刀若不存，何来刀刃？高科技产业根本不能独立存在，犹如健康的大脑不能脱离身体而存在。经济中必须充满创新者和创业者，他们具备创业理念和创业价值观，能够获取风险资本，并保持创业活力。

Ⅲ

必要的社会创新

创业型社会要求在两个领域开展重大社会创新。

第一，制定策略来安置剩余劳动力。剩余劳动力的数量并不大。"烟囱工业"中的蓝领工人集中在少数几个地方，比如，美国 3/4 的汽车工人集中在 20 个县。他们备受瞩目，具有高度组织性。更重要的是，他们没有能力安置自己，也不知如何改行或更换工作。他们的教育水平低，也没有良好的技术和社交能力。更糟糕的是，他们大都缺乏自信。他们从未有过自主求职经历。当他们准备进入就业市场时，在汽车厂工作的亲戚就会将他们引荐给主管，或者教区牧师将其介绍给在工厂工作的教区居民。英国"烟囱工业"的工人（如威尔士的煤矿工人），联邦德国鲁尔、法国洛林或比利时博里纳日的蓝领工人，大都如此。20 世纪初，发达国家的教育和知识水平都大幅提升，然而这些工人并未因此受益。就能力、经验、技能和受教育水平来看，他们与 1900 年的非熟练工人并无差异。不同之处在于，他们的工资和政治权力大幅提升。如果把工资和福利加总，他们作为一个整体是工业社会中收入最高的群体。无论作为个体或群体而言，他们都不具备自我帮助能力，但是有足够的力量去反对、否决和干涉。如果社会不能妥善安置他们，就连收入比过去低的工作也不提供，他们必然成为一股纯粹的消极力量。

如果是创业型经济，这个问题即可迎刃而解。因为创业型经济中的新创企业能够创造新的就业岗位，正如过去10年来美国所发生的情况（这也解释了，为何美国"烟囱工业"中的大规模失业，至今尚未引发政治危机，甚至没有引发大规模的贸易保护主义者的抗议）。即便创业型经济能够创造新的就业岗位，也需要对"烟囱工业"的剩余劳动力有组织地加以培训和安置，他们自己力所不及。否则，"烟囱工业"的剩余劳动力将会愈加抵制新事物，甚至包括那些拯救他们的举措。"短流程钢铁厂"能够为过剩的钢铁工人提供就业机会。自动化汽车厂是汽车工人的最佳去处。但是，"短流程钢铁厂"和汽车厂的自动化受到了现有工人的猛烈攻击，尽管他们知道自己的岗位会保不住。除非我们能让创新成为"烟囱工业"剩余劳动力的机会，否则他们会感到无力、恐惧和走投无路，从而抵制创新——英国（或美国邮政机构）就出现了这种状况。历史上有妥善安置剩余劳动力的成功案例。1906年日俄战争后，日本陷入经济大萧条，三井财阀就安置了不少剩余劳动力。类似地，二战后，瑞典经过深思熟虑制定了一项策略，使得自己从一个拥有大量贫民和林业工人的国家转变为一个高度工业化和高度繁荣的国家。正如前面所提到的，剩余劳动力的数量并非特别大，尤其是1/3的55岁以上的人可以提前退休，1/3的30岁以下的人可以自我安排。剩余的1/3，规模虽小却是核心力量，必须制定一套策略来培训和安置这些"烟囱工业"工人。

第二，有组织、有系统地放弃不合时宜的社会策略和公共服务机构，这项社会创新史无前例，更为激进，也更为困难。在上一个伟大创业时代中，这根本就不是问题。100年前，类似的策略和机构少之又少。如今，我们拥有大量策略和机构。我们现在也清楚，很少有策略或机构能够永存，连能发挥短期效应的也寥寥无几。

过去20年，人们的世界观和认知出现了一个根本性变化，也是真正具有里程碑意义的转变。人们认识到政府策略和机构是人为的，而非神赐的。因此，可以确定的是，这些策略和机构很快会变得不合时宜。但是，政治活动以一个古老的假设为基础，即政府的所作所为都根植于人类社会的本质，因此是"永恒的"。结果，迄今美国尚未出现一种能够摒弃陈旧的、过时的、不再有效的政府策略和机构的政治机制。

或者更确切地说，我们已有的机制尚未发挥作用。最近，美国出台了一系列"日落条款"（sunset laws）。这些条款规定，在一定的时间内，如果政府机构或公共法律没有进行修订，将自动失效。但是，这些条款并未发挥作用。一部分原因是，缺乏一个客观标准来评判机构和法律何时无效；还有一部分原因是，至今没有一个有组织的废除流程；但最主要的原因可能是，还没有找到一个替代方案，能够实现这些无效的法律和机构的最初目标。制定一套原则和流程，以使"日落条款"有效实施并颇具意义，是亟待解决的重要社会创新。我们的社会已准备就绪，迎接这一重要的社会创新。

IV

新任务

上面提到的两项社会策略，只是举例而已。更深层次的需求是，对策略、态度的重新定位，尤其是对优先事项的重新定位。无论对机构还是个人，我们都应倡导灵活应变、持续学习，将变化视为常态和机会。

税收政策是一个重要领域。它深刻地影响着人们的行为，也是社会价值观和优先事项的表征。在发达国家，税制将对"摆脱昨天"的行为处以严罚。比如，美国税务人员将出售或清算业务或产品线的所得计为收入。实际上，这些收入应该被视为资本回收额。但是，在现行税制下，企业要为这笔钱缴纳企业所得税。如果企业将这笔钱分发给股东，股东就要全额缴纳个人所得税。税制将这笔钱视为普通的"分红"，也就是"利润"分配。结果，企业宁愿苦苦挣扎、持续投资，也不愿放弃陈旧、过时、低效的事物。更糟糕的是，它们派遣能力最突出的人去"捍卫"陈旧事物，这是对人才这种最稀缺和最宝贵的资源最严重的错误配置。企业应该将这些资源用于创造明天（如果企业还想有明天的话）。当企业最终清算或出售陈旧、过时、低效的业务或产品线时，它不会把收益分发给股东。因此，股东也无法将它们投资到市场中，不能用于投资创新创业机会。相反，企业会保留这些资金，并投资于其他陈旧、传统、衰落的业务或产品，也就是说，将资金用于难以从资本市场募资的业务和活动。结果，这又一次导致稀缺资源的错误配置。

创业型社会所需的税制，要鼓励资本从旧事物转向新事物，而非阻止甚至惩罚这种行为。

我们还要利用税制来缓解成长中的新创企业最紧迫的财务问题，即资金短缺。一个方法可能是，接受经济现实：对于新创企业，尤其是成长中的新创企业，在最初的五六年中，"利润"只不过是账面上的数字而已。在这段时期，企业所需的经营成本总是大于昨日的运营盈余（即本期收入与上期支出的差额）。这实际上意味着，成长中的新创企业要将所有的运营盈余用以维持生存，特别是当企业快速发展时，企业需要投入更多资金（远远高于它的"当期盈余"，即账面"利润"）。因此，在最初的几年中，成长中的新创企业（无论是独立企业，还是现有企业的一个分支机构）都应免缴所得税。这与我们不能指望一个快速成长的小孩创造"盈余"来支持一个成人是同样的道理。此外，税收是生产者支持其他人（即非生产者）的一种方式。待到新创企业发展壮大时再收税，它们几乎肯定可以缴纳更多税款。

如果政府认为这种做法过于激进，至少应该对新创企业初始阶段的税款予以缓征。在新创企业面临严重的资金压力时，新创企业可以保留收益。而且，政府不能对此加以惩罚或征收利息。

总而言之，创业型社会和经济需要一套鼓励资本形成的税收策略。

在资本形成方面，日本有一个秘诀，那就是官方鼓励"逃税"（tax evasion）。从法律上讲，日本成年人可以拥有一个中等规模的储蓄账户，这个账户的利息不需要缴税。但实际上，在日本，这类账户的数量是其人口（包括小孩和未成年人）的 5 倍之多。当然，报纸和政客经常抨击这个丑闻。日本对此持谨慎态度，并未采取任何措施来"根除弊端"。结果，日本的资本形成率居世界首位。这也许是摆脱现代社会困境的一种迂回战术。这种困境就是一种冲突：一方面对高水平资本形成率有强烈需求，另一方面又将利息和红利视为"非劳动所得"和"资本主义作风"，并加以谴责（甚至认为是罪恶的和不道德的）。一个国家如果要在创业时代保持竞争力，就要效仿日本的策略，以半官方形式鼓励资本形成。

与激发创业（至少不加以惩罚）的税收和财政政策同样重要的是，保护新创企业免受政府规制、限制条件、报告和文书工作的妨碍。我个人的建议是（尽管我认为它不会被接受），新创企业（无论独立企业还是现有企业的分支机构）因政府规制、报告和文书工作所产生的费用，如果超过总收入的一定比例（如 5%），可以向政府申请补贴。这对公共服务领域中的新创企业尤其有益，如独立的外科诊所。在发达国家，公共服务机构深受政府繁文缛节的困扰，处理的政府琐事比自身业务还要多。就公共服务机构的财力和人力来讲，它们甚至无力承受这些重担。

在发达国家，政府机构所引致的无形成本持续增加，已成为一种隐伏的恶疾。如果将我的提议拟定为政策，它将是治疗这种疾病的良方，也可能是唯一药方。政府琐事耗费大量资金，甚至会耗费优秀人才的大量时间和精力。这是"看不见的成本",它并不体现在政府预算上,而是隐含在医生的账目中,这些医生的护士要花费一半的工作时间来填写政府表格和报告;也隐含在大学的预算中,有的大学里有 16 名高级管理者专门负责满足政府命令和法规要求;也隐含在小企业的利润表中,一个有 275 名员工的企业,有 19 名员工专门处理与政府相关的税务工作,包括从员工薪水中扣除税款和社会保障金,收集供应商和客户的税号并报告给政府(或像欧洲一样征收增值税)。这些无形的政府相关费用,不能产生任何效益。难道有人会相信,无论在精神上还是物质上,税务会计师能为国家财富、生产力和社会福利做出贡献?但是,发达国家政府却将越来越多的最稀缺资源,即有能力、勤奋且训练有素的人们,投入到这些无效的工作中。

要想控制政府无形成本这个"肿瘤",也许只是奢望而已,更不用说将它根除。但是,我们至少可以保护新的创业型企业免受其害。

对于新的政府策略或措施,我们应该问以下问题:它是否能提升社会创新能力?它是否能推进社会和经济灵活性?或者,它是否会阻碍或惩罚创新与创业?当然,对社会创新能力的推动作用,不能也不应是决定性因素,更不能说是唯一标准。但是,在制定某项新策略或新措施之前,应将其影响考虑在内。然而当下,也许除了日本,没有一个国家或策略制定者做到这一点。

V

创业型社会中的个人

在创业型社会中,个人面临巨大的挑战:需要不断学习和再学习。他们应该将这个挑战视为机会,并加以利用。

在传统社会中,人们认为或者曾经认为,学习随着青春期的结束而终止，最迟也会终止于成年之际。一个人 21 岁时没有学到的知识，永不会再学到；一个人 21 岁时已经习得的知识，将保持不变、受用余生。传统学徒制、传统工艺、传统职业，以及传统教育制度和学校都以此为前提。直到现在，工艺、职业、教育制度和学校大体也都以此为前提。但例外总会存在。一些群体在不断学习和再学习，比如伟大的艺术家和学者、禅僧、神秘主义者和耶稣会士。这些特例如此之少，以至于往往被忽略。

但是，在创业型社会中，这些"例外"成为典范。在创业型社会中，正确的假设是：即便已经是成年人了，也要持续学习（类似的学习，也许不止一次）。5～10 年后，个人在 21 岁时所学到的知识就会过时，因此要不断习得新知识、新技能以替换或更新以前所学的知识。

这意味着，每个人都需要不断学习和再学习，为自身发展和职业发展负责。他们不再认为，在孩提时代和青少年时代所学的知识是未来发展的"基础"。这些知识应是"发射台"、未来的起点，而非依赖或休憩之地。他们也不再认为，"进入某个职业领域"，随后就可以按照预先确定的、规划清晰的、充满光明的"职业路径"前进，进而到达既定目的地。这就是美国军队所说的"进阶之路"。自此以后，每个有自主意志的人在其职业生涯中，都要寻找、选择并发展多个"职业"。

一个人受教育程度越高，所从事职业的创业性质就会越强，在学习中遇到的挑战也越大。木匠可能认为，他们在学徒工和熟练工时期所获得的技能，40 年后依旧有用。但医生、工程师、冶金学家、化学家、会计师、律师、教师和管理者最好能意识到，他们 15 年后需要掌握和应用的技能、知识和工具与今日完全不同。事实上，他们最好假设，他们 15 年后将做不同的事情，具有不同的目标，在多数情况下，甚至从事不同的职业。因此，他们必须不断学习和再学习，并自我指导。传统、惯例和"公司策略"将成为个人进步的阻碍，而非帮助。

这也意味着，创业型社会对现有教育和学习的习惯和假设是一个挑战。

全球当代教育体制起源于 17 世纪的欧洲，并在此基础上进行优化拓展。但是，中小学校和大学的基本架构可以追溯到 300 多年前。现在各级学校都需要采用全新的（甚至激进的）思维方式和教学方法。学龄前儿童使用计算机只是一时的狂热。但是，接触过电视机的 4 岁儿童，与 50 年前的同龄儿童相比，他们对教育的期望、要求及回应截然不同。又比如，将要奔赴职场的年轻人，也就是当今 4/5 的大学生，都需要接受"博雅教育"（liberal education）。这显然不是 17 世纪英语国家的" liberal education"课程（或者德国的" Allgemeine Bildung"课程）的 19 世纪新版本。如果不正视这一变化，我们将丧失"博雅教育"的真正内涵，将使其沦落为纯粹的职业化、专业化教育。这会危及社区教育的基础，最终危及社区本身。教育者也必须接受，教育的对象不仅限于年轻人，而学校最大的挑战（也是最大的机会）在于受过良好教育的成年人持续进行再学习。

迄今为止，尚未有一套教育理论体系，可以指导我们完成这些任务。似乎也没有人能比得上捷克 17 世纪的教育界伟大改革者约翰·科梅纽斯和耶稣会的教士（他们为现在所说的"现代"中小学校和"现代"大学的发展，做出了巨大贡献）。至少在美国，教育实践的发展远远超过教育理论的发展。在我看来，过去 20 年来，最积极和振奋人心的教育成就是，针对需要学习和再学习的成人，尤其是受过高等教育的专业人士，美国教育所做出的努力。这也是美国不设"教育部"以后，一个令人愉悦的意外收获。虽然没有"总体规划"，也没有"教育理念"，甚至没有教育机构的大力支持，但为受过良好教育并取得一定成就的成人提供的继续教育和培训项目，成为美国过去 20 年来真正的"增长型产业"。

创业型社会的出现可能是历史的一个重要转折点。

1776 年，亚当·斯密出版了《国富论》，自由放任主义随之出现。1873 年，席卷全球的经济恐慌终结了自由放任主义，现代福利国家取而代之。众所周知，现代福利国家在诞生 100 年后也将走到终点。尽管遭遇人口老龄化和出生率下降的冲击，现代福利国家也许不会马上结束，但是只有当创业型经济大幅提高生产力时，现代福利国家才能维持下去。我们甚至仍可以为这座福利大厦做一些小的增补，在这里建一个房间，在那里提供一项福利。但是，哪怕是老自由主义者如今也已明白，福利国家已属过去，而不是未来。

福利国家时代之后，会是创业型社会时代吗？

推荐书目 ◀ SUGGESTED READINGS

关于创业的书大都描述奇闻逸事和街头趣闻。在这类书中，最好的当数乔治·吉尔德（George Gilder）的《企业之魂》（*The Spirit of Enterprise*，New York：Simon & Schuster，1984）。这本书介绍了几个企业家的奋斗故事，但并没有过多讨论我们从中能学到什么。另外，该书仅限于新创企业，并未涉及现有企业和公共服务机构的创业。但是，吉尔德至少没有错误地将创业局限于高科技领域。

对企业家和想要了解创业的人来说，华盛顿大学西雅图分校的卡尔·H. 维斯珀（Karl H. Vesper）的研究更有帮助，尤其是他的《新创企业战略》（*New Venture Strategy*，Englewood Cliffs，N.J.：Prentice-Hall，1980）和年度出版物 *Frontiers of Entrepreneurship Research*（Babson Park，Mass.：Babson College）。维斯珀的研究也仅限于新创企业，尤其是小企业。虽然存在一定的局限性，但他的研究成果充满了真知灼见。

约瑟夫·R. 曼库索（Joseph R. Mancuso）在纽约创办并主导的创业管理中心以及他的著作《小企业的创立、融资与管理》（*How to Start, Finance and Manage Your Own Small Business*，Englewood Cliffs，N.J.：Prentice-Hall，1978）都只专注于小企业。

有两本书探讨了现有企业（尤其是大型企业）的创业管理。这两本书有很大不同，但互为补充。一本是安迪·S. 格鲁夫（Andrew S. Grove）的著作《高产出管理》（*High-Output Management*，New York：Random House，1983）。格鲁夫现在是英特尔公司的总裁，也是它的创始人之一。书中探讨了快速发展中的大企业要保持创业所需的策略和实践。另一本是耶鲁大学组织心理学家罗莎贝斯·M. 坎特（Rosabeth M. Kanter）的著作《变革大师》（*The Change Master*，New York：Simon & Schuster，1983），书中探讨了创业型企业领导者的态度和行为。到目前为止，对现有企业创业的最具洞察力的讨论，当数麦肯锡咨询公司的两位成员理查德·卡夫诺和小唐纳德·克利福德的文章《美国中等规模成长型企业给我们的启示》（Lessons from America's Mid-Sized Growth Companies）。这篇文章发表在 1983 年秋的《麦肯锡季刊》上。这两个人还将他们的文章和研究成果结集成书，计划于 1985 年或 1986 年出版。

在战略类图书中，最好的当数迈克尔·波特（Michael Porter）的《竞争战略》（*Competitive Strategies*，New York：Free Press，1980）。

在我早期的著作中，《为成果而管理》（*Managing for Results*，New York：Harper & Row，1964），尤其是它的第 1～5 章，以及《管理：使命、责任、实践》（*Management：Tasks，Responsibilities，Practices*，New York：Harper & Row，1973）中的第 11～14 章（服务机构）、第 53～61 章（战略和结构），也对创业和创业管理进行了探讨。

译者后记 ◀ POSTSCRIPT

　　"在快与变之中，在速生与速朽之间，那旋转的万花筒，有一个坚定稳固的内核，它经历时间的淬炼，依然散发出不变的灼灼光芒。"㊀在管理学界，彼得·德鲁克的著作无疑是当之无愧的"内核"。德鲁克深信，管理学不应局限于理论和学术研究，更重要的是，要为社会和企业解决实际问题。正因为如此，德鲁克终其一生都在坚持做咨询工作，深入企业实践活动，而这一切增强了他对事物的洞察力，并内化为其管理学思想的源泉。正如德鲁克所言，旁观者"犹如在剧院中坐镇的消防队员，能见人所不能见，注意到演员或观众看不到的地方"。同样，作为管理的旁观者，德鲁克能够把握时代的脉搏，从不同的角度来审视企业和社会的发展，一窥究竟。时至今日，德鲁克的著作依然备受推崇，不仅能帮助人们了解现代管理理论和实践，也能为企业家答疑解惑。

　　值此世界百年未有之大变局之际，人工智能、数字技术、虚拟现实、区块链系统等的蓬勃发展，深刻影响着产业发展和国际产业分工，也为企业家重塑创新驱动的发展战略路径提供了绝佳机会。透过这些"乱花渐欲迷人眼"的技术情境，回归管理理论的本源和管理实践的真谛，可以发现管理的

㊀　南方周末编辑部 . 在巨变的时代相依前行 [N]. 南方周末，2016-01-01.

基本逻辑其实是相对稳定的。技术一方面驱动管理理论和实践演化，另一方面驱使我们冷静看待管理实践背后的规律，让我们越来越发现管理的科学成分是长青的。正是基于这样的判断，我才来翻译《创新与企业家精神》一书。不管是在德鲁克时代还是数字时代，企业创新精神、企业家精神其实没有根本性的变化，相信本书的再次翻译出版，能够让我们从似是而非的管理窘境中，识别出最真实的管理问题。

感谢机械工业出版社的邀请，让我们得以有机会重新翻译《创新与企业家精神》这一经典之作。在翻译过程中，我们最大程度地忠于原著本意，再结合中文阅读习惯，尽量以简单明了的方式传达作者的思想，力求其易解。

德鲁克从 20 世纪 50 年代开始对创新和创业进行研究，历经几十年的观察和实践，于 1985 年出版了《创新与企业家精神》。它遵循了德鲁克的一贯思想，坚持倡导实践的重要性，以翔实的案例、直指人心的故事，引领人们去感悟"创业是一种实践"。当美国经济转向创业型经济时，一种"新技术"即"创业管理"成为美国就业现象的最好解释。在书中，德鲁克用生动的案例，打破人们固有的认知，给人以启发与思考。他告诉我们创业并非难以捉摸的，并非高风险的，而是一项有目的的、系统的工作；创业的具体工具是创新，有七个创新机会源；创业实践应遵循一定的原则，有一些策略，也有一些禁忌；企业需要在市场中实施创业战略。最后，他告诉我们如何将挑战化为机会，在创业型社会中开展创新与创业实践。

历史车轮滚滚向前，时代潮流浩浩荡荡。面对新的挑战和机遇，我们又该如何把握？翻开本书，细细品味，相信它会给你带来耳目一新的感觉。最后，限于译者水平和阅历，书中必定存在疏漏之处，敬请各位读者批评指正。

魏江

2020 年秋于启真湖畔

本书翻译/审校得到了"纪念彼得·德鲁克翻译基金"的资助。"纪念彼得·德鲁克翻译基金"由杨琳、刘忠东、鲁振华、聂卫华、孙志勇等企业家支持，获得多方资助成立，旨在为德鲁克系列著作的翻译优化工作提供资金支持，以鼓励审译团队精雕细琢、反复考证，为广大读者提供更为准确易读的译本。

纪念彼得·德鲁克翻译基金

发起人：孙志勇　康至军

资助方名单：志邦家居　容知日新　锐捷网络　VeSync　西安华中

《创新与企业家精神》
审译团队名单

译　者：魏　江　陈侠飞

审校者：辛　弘　曾　佳

彼得·德鲁克全集

序号	书名	要点提示
1	工业人的未来 The Future of Industrial Man	工业社会三部曲之一，帮助读者理解工业社会的基本单元——企业及其管理的全貌
2	公司的概念 Concept of the Corporation	工业社会三部曲之一，揭示组织如何运行，它所面临的挑战、问题和遵循的基本原理
3	新社会 The New Society：The Anatomy of Industrial Order	工业社会三部曲之一，堪称一部预言，书中揭示的趋势在短短十几年都变成了现实，体现了德鲁克在管理、社会、政治、历史和心理方面的高度智慧
4	管理的实践 The Practice of Management	德鲁克因为这本书开创了管理"学科"，奠定了现代管理学之父的地位
5	已经发生的未来 Landmarks of Tomorrow：A Report on the New "Post-Modern" World	论述了"后现代"新世界的思想转变，阐述了世界面临的四个现实性挑战，关注人类存在的精神实质
6	为成果而管理 Managing for Results	探讨企业为创造经济绩效和经济成果，必须完成的经济任务
7	卓有成效的管理者 The Effective Executive	彼得·德鲁克最为畅销的一本书，谈个人管理，包含了目标管理与时间管理等决定个人是否能卓有成效的关键问题
8 ☆	不连续的时代 The Age of Discontinuity	应对社会巨变的行动纲领，德鲁克洞察未来的巅峰之作
9 ☆	面向未来的管理者 Preparing Tomorrow's Business Leaders Today	德鲁克编辑的文集，探讨商业系统和商学院五十年的结构变化，以及成为未来的商业领袖需要做哪些准备
10 ☆	技术与管理 Technology，Management and Society	从技术及其历史说起，探讨从事工作之人的问题，旨在启发人们如何努力使自己变得卓有成效
11 ☆	人与商业 Men，Ideas，and Politics	侧重商业与社会，把握根本性的商业变革、思想与行为之间的关系，在结构复杂的组织中发挥领导力
12	管理：使命、责任、实践（实践篇） Management:Tasks,Responsibilities,Practices	为管理者提供一套指引管理者实践的条理化"认知体系"
13	管理：使命、责任、实践（使命篇） Management:Tasks,Responsibilities,Practices	
14	管理：使命、责任、实践（责任篇） Management:Tasks,Responsibilities,Practices	
15	养老金革命 The Pension Fund Revolution	探讨人口老龄化社会下，养老金革命给美国经济带来的影响
16	人与绩效：德鲁克论管理精华 People and Performance: The Best of Peter Drucker on Management	广义文化背景中，管理复杂而又不断变化的维度与任务，提出了诸多开创性意见
17 ☆	认识管理 An Introductory View of Management	德鲁克写给步入管理殿堂者的通识入门书
18	德鲁克经典管理案例解析（纪念版） Management Cases(Revised Edition)	提出管理中10个经典场景，将管理原理应用于实践

彼得·德鲁克全集

序号	书名	要点提示
19	旁观者：管理大师德鲁克回忆录 Adventures of a Bystander	德鲁克回忆录
20	动荡时代的管理 Managing in Turbulent Times	在动荡的商业环境中，高管理层、中级管理层和一线主管应该做什么
21 ☆	迈向经济新纪元 Toward the Next Economics and Other Essays	社会动态变化及其对企业等组织机构的影响
22 ☆	时代变局中的管理者 The Changing World of the Executive	管理者的角色内涵的变化、他们的任务和使命、面临的问题和机遇以及他们的发展趋势
23	最后的完美世界 The Last of All Possible Worlds	德鲁克生平仅著两部小说之一
24	行善的诱惑 The Temptation to Do Good	德鲁克生平仅著两部小说之一
25	创新与企业家精神 Innovation and Entrepreneurship:Practice and Principles	探讨创新的原则，使创新成为提升绩效的利器
26	管理前沿 The Frontiers of Management	德鲁克对未来企业成功经营策略和方法的预测
27	管理新现实 The New Realities	理解世界政治、政府、经济、信息技术和商业的必读之作
28	非营利组织的管理 Managing the Non-Profit Organization	探讨非营利组织如何实现社会价值
29	管理未来 Managing for the Future:The 1990s and Beyond	解决经理人身边的经济、人、管理、组织等企业内外的具体问题
30 ☆	生态愿景 The Ecological Vision	对个人与社会关系的探讨，对经济、技术、艺术的审视等
31 ☆	知识社会 Post-Capitalist Society	探索与分析了我们如何从一个基于资本、土地和劳动力的社会，转向一个以知识作为主要资源、以组织作为核心结构的社会
32	巨变时代的管理 Managing in a Time of Great Change	德鲁克探讨变革时代的管理与管理者、组织面临的变革与挑战、世界区域经济的力量和趋势分析、政府及社会管理的洞见
33	德鲁克看中国与日本：德鲁克对话"日本商业圣手"中内功 Drucker on Asia	明确指出了自由市场和自由企业，中日两国等所面临的挑战，个人、企业的应对方法
34	德鲁克论管理 Peter Drucker on the Profession of Management	德鲁克发表于《哈佛商业评论》的文章精心编纂，聚焦管理问题的"答案之书"
35	21世纪的管理挑战 Management Challenges for the 21st Century	德鲁克从6大方面深刻分析管理者和知识工作者个人正面临的挑战
36	德鲁克管理思想精要 The Essential Drucker	从德鲁克60年管理工作经历和作品中精心挑选、编写而成，德鲁克管理思想的精髓
37	下一个社会的管理 Managing in the Next Society	探讨管理者如何利用这些人口因素与信息革命的巨变，知识工作者的崛起等变化，将之转变成企业的机会
38	功能社会：德鲁克自选集 A Functioning society	汇集了德鲁克在社区、社会和政治结构领域的观点
39 ☆	德鲁克演讲实录 The Drucker Lectures	德鲁克60年经典演讲集锦，感悟大师思想的发展历程
40	管理（原书修订版） Management(Revised Edition)	融入了德鲁克于1974~2005年间有关管理的著述
41	卓有成效管理者的实践（纪念版） The Effective Executive in Action	一本教你做正确的事，继而实现卓有成效的日志笔记本式作品

注：序号有标记的书是新增引进翻译出版的作品